21 世纪高等学校 **高校**
经济管理类规划教材 **系列**

赵曙明 赵宜萱 ◎ 主编

人力资源管理理论、方法、工具、实务系列教材

人才测评

——理论、方法、工具、实务

Theories, Methods, Tools, Practices

微课版 第 2 版

ECONOMICS
AND
MANAGEMENT

人民邮电出版社

北 京

图书在版编目（CIP）数据

人才测评：理论、方法、工具、实务：微课版 /
赵曙明，赵宜萱主编. -- 2版. -- 北京：人民邮电出版
社，2019.6
21世纪高等学校经济管理类规划教材. 高校系列
ISBN 978-7-115-49883-0

Ⅰ. ①人… Ⅱ. ①赵… ②赵… Ⅲ. ①人员测评—高
等学校—教材 Ⅳ. ①C962

中国版本图书馆CIP数据核字(2018)第253153号

内 容 提 要

本书共 12 章，主要内容包括人才测评概述、人才测评指标体系的建立、人才测评的方法及选择、人才测评的设计与实施、笔试测评、面试测评、心理测验、评价中心、绩效考核测评、胜任素质测评、管理能力测评和各类人员素质测评。

本书可作为大学本科、高职高专院校人力资源管理专业的教材，同时也适合企业经营管理者、人力资源管理人员、咨询师、培训师阅读使用。

◆ 主　　编　赵曙明　赵宜萱
　　责任编辑　孙燕燕
　　责任印制　焦志炜
◆ 人民邮电出版社出版发行　　北京市丰台区成寿寺路 11 号
　　邮编　100164　　电子邮件　315@ptpress.com.cn
　　网址　http://www.ptpress.com.cn
　　北京天宇星印刷厂印刷
◆ 开本：787×1092　1/16
　　印张：12.5　　　　　　　　　2019 年 6 月第 2 版
　　字数：276 千字　　　　　　　2025 年 8 月北京第 13 次印刷

定价：39.80 元

读者服务热线：(010)81055256　印装质量热线：(010)81055316
反盗版热线：(010)81055315

总 序 Preface

全面数字化的世界正在改变着人们的生活和工作方式，同时深刻影响着企业的运营方式，这些改变促使企业的人力资源管理模式发生相应改变。这就要求我们面对新形势，站在新高度，确立新思维，加强对人力资源管理新的理论问题的学习和研究，特别是要重视对人力资源管理方法和工具的掌握与运用，以适应新形势下企业竞争和发展的需要。

人民邮电出版社出版的"人力资源管理理论、方法、工具、实务"系列教材，在系统阐述人力资源管理理论的基础上，围绕招聘甄选与录用、绩效管理、薪酬管理、人员培训与开发和人才测评五大业务职能，按照"专业理论系统化，操作方法简便化，操作工具灵活化，管理实务精细化"的编写思路进行编写，既突出了人力资源管理理论的系统性，又强化了人力资源管理方法和工具的运用，增强了可操作性和应用性。

本系列教材现已出版六本，包括《人力资源管理——理论、方法、工具、实务（微课版 第2版）》《招聘甄选与录用——理论、方法、工具、实务（微课版 第2版）》《人员培训与开发——理论、方法、工具、实务（微课版 第2版）》《绩效考核与管理——理论、方法、工具、实务（微课版 第2版）》《薪酬管理——理论、方法、工具、实务（微课版 第2版）》《人才测评——理论、方法、工具、实务（微课版 第2版）》，其内容覆盖了人力资源管理理论与方法的方方面面。

《人力资源管理——理论、方法、工具、实务（微课版 第2版）》一书，系统介绍了人力资源管理的核心概念、基本原理、技术方法和管理实践中的重点、难点，既引进了国外先进的人力资源管理理念和知识体系，又总结了我国企业人力资源管理的实践经验和经典案例，非常贴近现阶段我国企业人力资源管理的实际。

招聘甄选与录用是人力资源管理链条中的第一个环节，是人员入口关的把控环节。在《招聘甄选与录用——理论、方法、工具、实务（微课版 第2版）》一书中，既有对招聘规划准备、甄选技术、录用评估等若干具体招聘环节的详细阐述，又有关于公职人员招聘与录用技能训练的案例体验，以帮助人力资源管理人员科学鉴别、选择和录用适合企业发展需要、有发展潜质的人才。

企业通过培训向员工传授与工作相关的知识和技能，通过开发挖掘员工的潜能以提高其终身就业能力。《人员培训与开发——理论、方法、工具、实务（微课版 第2版）》围绕需求分析、计划、运营、评估等主题，详细阐述了需求调查、课程设计、培训外包等方面的内容，以实现企业和员工的共同发展。

绩效管理是把企业内的组织管理与成员管理高效结合起来的一种考核体系，是企业人力资源管理中的一项重要职能。在《绩效考核与管理——理论、方法、工具、实务（微课版 第2版）》一书中，既有绩效考核的目标、指标、方法、制度的设定以及绩效与薪酬等各个细节的阐述，又提供了各岗位和业务人员绩效考核实务操作演练方面的案例，避免了人力资源管理人员孤立、片面、静止地看待绩效管理而使企业绩效管理陷入机械、僵化的陷阱的风险。

薪酬管理是企业激励机制的核心，是企业吸引和保留人才的重要支撑。在《薪酬管理——理论、方法、工具、实务（微课版 第2版）》一书中，既详述了薪酬管理的基础及前提工作中工作分析、评价、诊断、调查等各方面的细节，又提供了包括制度体系在内的七大薪酬福利设计方法等，以帮助人力资源管理人员有效解决在企业薪酬管理中遇到的困惑。

在人力资源管理工作中，找到合适的人才并达到"人事相宜、岗职相配"十分关键。《人才测评——理论、方法、工具、实务（微课版 第2版）》一书以人才测评指标标准的建立和体系设计为基础，运用科学的工具和方法对人才进行测评，指导人力资源管理人员对人员素质做出准确的评价和预测，让优秀或合格、合适的人才为企业所用。

总之，这套"人力资源管理理论、方法、工具、实务"系列教材，通过对人力资源管理、招聘甄选与录用、人员培训与开发、绩效管理、薪酬管理和人才测评等方面的介绍，可以为读者从事人力资源管理工作提供全方位的指导。

南京大学商学院名誉院长、资深教授、博士生导师

赵曙明 博士

2018年7月1日于韩国SolBridge国际商学院

前言 Foreword

党的二十大报告指出，教育、科技、人才是全面建设社会主义现代化国家的基础性、战略性支撑。素质是绩效提高与能力发展的内在条件，任何一个有成就的人，都离不开其优良的综合素质。在日益激烈的市场竞争环境中，企业需要构建科学有效的人才素质测评系统，以明确人员的职业倾向、工作能力、潜力以及事业的发展方向，达到"找对人、放对位""使大者小者、长者短者、强者弱者无不适其所任者焉"的目的。

那么，企业如何构建人才测评指标标准体系？人才测评实施的流程是什么？有哪些注意事项？如何根据胜任素质模型有针对性地设计各类人员的测评方案？人才测评管理的方法、工具又如何选择、如何运用才能体现适用性、实用性，并最大限度地控制成本？对于这些问题的回答正是编写本书的出发点和落脚点。

本书主要有以下 4 个特点。

（1）理论体系：用知识导图的形式展现每章的知识结构。本书每章开篇均以特色设计的树状知识导图展现该章的主题内容，使整章的内容逻辑更为清晰，便于读者直观地把握整章的知识框架。

（2）方法工具：操作简便，拿来即用。一般来说，方法和工具都是从工作经验中通过抽象和升华提炼出来的，是达成工作目标的手段与行为方式。本书中提供的人才测评方法和工具，既有理论模型和业务流程，也有实施步骤和操作技巧，可方便读者"拿来即用"。

（3）实务内容：本书不仅提供了人才测评工作中的实用技巧、解决方案，还在每章后面设计了实践性极强的"技能实训"栏目，供读者进行演练，从而为其搭建一座理论与实践紧密相连的桥梁，以指导读者更规范、更高效地完成相关工作。

（4）体例编排：做到了实用性和创新性的有机结合。本书体例编排新颖且贴近教学："微课"为教师提供了丰富的教学资源；"微课堂"便于师生在课堂上进行互动交流，更有助于加强读者对知识点的掌握；"复习与思考"意在对一个阶段所学知识进行概括和总结，起到对已学知识巩固、加深的目的。此外，作为人力资源管理者，除了需要掌握必要的知识技能外，还需要了解人力资源管理领域的前沿动态。对此，本书设置了"知识链接"栏目，以扩大读者的专业视野。

赵曙明教授和赵宜萱博士担任这套人力资源管理系列教材的主编，本书是该系列教材中的一本。在本书的编写过程中，编者参阅了国内多位专家、学者关于人力资源管理的著作或译著，也参考了同行的相关教材和案例资料，在此向他们表示崇高的敬意和衷心的感谢。

编　者

目 录 Contents

人才测评概述 | 第1章

【本章知识导图】

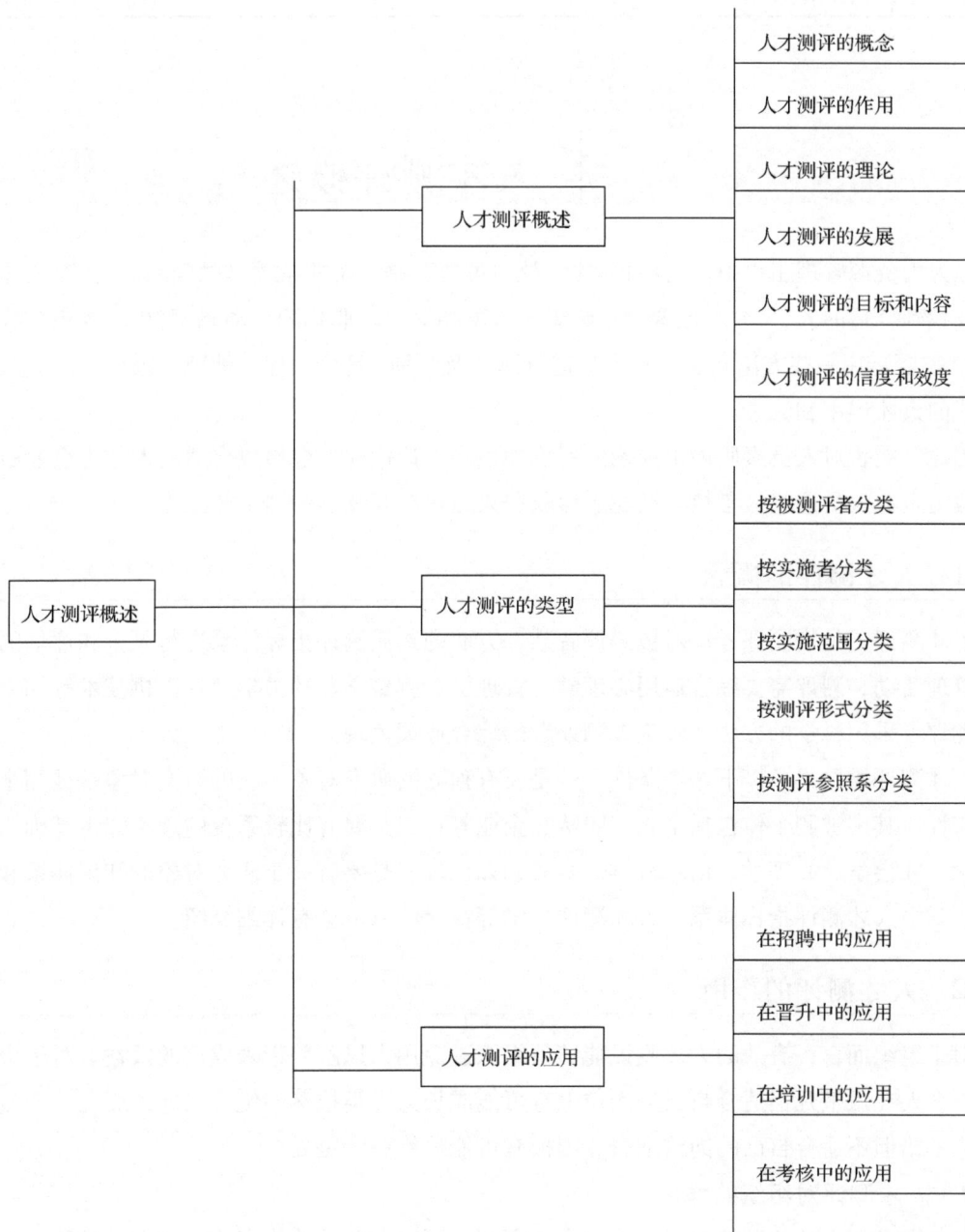

```
人才测评概述 ─┬─ 人才测评概述 ──┬── 人才测评的概念
              │                 ├── 人才测评的作用
              │                 ├── 人才测评的理论
              │                 ├── 人才测评的发展
              │                 ├── 人才测评的目标和内容
              │                 └── 人才测评的信度和效度
              │
              ├─ 人才测评的类型 ─┬── 按被测评者分类
              │                 ├── 按实施者分类
              │                 ├── 按实施范围分类
              │                 ├── 按测评形式分类
              │                 └── 按测评参照系分类
              │
              └─ 人才测评的应用 ─┬── 在招聘中的应用
                                ├── 在晋升中的应用
                                ├── 在培训中的应用
                                └── 在考核中的应用
```

【学习目标】

职业知识	• 了解人才测评的内容与作用 • 知晓人才测评的有关理论
职业能力	• 明确人才测评结果的应用范畴 • 掌握人才测评方法的发展趋势
职业素质	具备人才测评的专业知识以及测评经验，具有较强的数据统计分析能力、思维分析能力、学习能力、沟通表达能力

1.1 人才测评概述

在人力资源管理工作中，"找对人才、放对位置"是一个非常关键的问题。"找对人才"意味着要找到合适的人，"放对位置"意味着"人事相宜、岗职相配、动态调整"。要想"找对人才"，就需要运用一些方法和工具对人员进行测评及鉴别，且最大程度地减少因单一的主观判断而造成的人才误用和流失。

因此，能否对人员素质做出准确的评价和预测，让优秀、合格或合适的人才为企业所用，已经成为企业人员选拔、考核、调配、诊断和人力资源开发的一项重要工作。

1.1.1 人才测评的概念

人才测评，是指测评者针对被测评者某一方面的素质测评指标体系进行测量和评估的人力资源管理活动，测评需要综合运用心理学、管理学、测量学、社会学及计算机技术等知识，并要求测评者采用科学的方法，收集被测评者的综合业绩表现。

人才测评需要具备以下3个条件：一是要有独立的研究对象，它的研究对象是被测个体的各种特性，其中被测个体包括个人、团队、企业等；二是要有比较系统的理论知识基础，包括管理学、社会学、心理学、信息科学等学科的知识；三是要有关于研究对象的知识体系和方法体系，其中人才测评指标体系、人才测评技术等在后续章节会有详细介绍。

1.1.2 人才测评的作用

对于组织而言，有效的人才测评能够帮组织避免用人风险并带来成倍的效益。对于个体而言，一个人在虽平凡但适合自己的岗位上有可能成长为出类拔萃的优秀人才，而在一个虽然别人看来不错但不适合自己的岗位上奋斗则极有可能最终一无是处。

1．人才测评对组织的作用

（1）有助于人才的理性选拔。通过人才测评，可以发现并选拔人才。在招聘过程中，为保证招聘的信度和效度，组织不仅会查看履历表、申请表，进行简单的面试，而且会采用基于素质的招聘甄选方法。它采用既定的岗位标准与技能要求对应聘者进行评价，还依据应聘者具备的素质辨析其未来的绩效以实施招聘甄选。

基于素质的招聘甄选将组织发展战略、经营目标、岗位需求与个人素质联系起来，在遵循有效选拔决策程序的同时，提高招聘甄选的质量。

（2）有助于人才的合理配置。通过人才测评，可以为人才的合理配置提供科学依据。人力资源管理的目的是使人的价值和使用价值最大化，所以要采用科学的人才测评方法，了解个人能力与职位要求的匹配性，了解个人性格、兴趣、动机、气质等与职位发展的匹配性，了解个人工作风格与团队风格的匹配性，把最合适的人才放到最适当的岗位上，实现组织效能的最大化。

（3）有助于人才的有效开发。通过人才测评，可以为人才的培训开发提供科学依据。人才测评有利于对人力资源状况进行全面普查，了解每个人的优势与不足，从而能够有针对性地制订人才开发与培养方案。

（4）有助于人才的考核。组织中的人才考核不仅要考核绩效，而且要考核员工对组织的忠诚度、对工作的投入度、对同事的态度等方面的内容。从广义上讲，考核属于人才测评的内容。随着组织经营环境和经营目标的变化，组织需要随时掌握人力资源的状况，确保组织人才发展的需要，实现组织的经营目标。

（5）有利于团队的建设。优秀的团队不是团队中成员的简单叠加，而是取决于成员之间素质的匹配性和凝聚力的强弱等，这些都与人力资源的管理活动相联系。人才测评不但能为人力资源管理中的各个环节提供科学依据，还能实现人力资源的动态管理。通过人才测评，明确人员选拔、配置、考核、开发等方面的科学化程度，从而为建设一个优秀的团队提供依据。

2．人才测评对个人的作用

（1）有利于个人的择业。人才测评对刚刚毕业的学生和所有职场中的人都有着十分重要的意义。全面正确地了解自己的能力、性格和兴趣，发现自己的长处与短处，是个人在社会上生存与发展的基础。通过人才测评，可以帮助个人进行自我认知，有针对性地做好职业生涯规划。

（2）有利于个人的发展。通常在人员测评时会有一个指标体系（参考系）与被测评人的行为特征进行比较，以确定其素质的构成与水平。每个被测评人都有积极上进、自我荣誉、自我尊重的愿望，人才测评可以使被测评人明确自己的优势和劣势，及时设定或调整自己的人生方向，从而有效地规划人生。

1.1.3　人才测评的理论

1918 年，美国心理学家桑代克（E.L.Thorndike）说："凡是客观存在的事物都有其数量。"1939 年，另一位美国心理学家麦柯尔（William A.McCall）进一步指出："凡是有数量的东西都可以被测量。"对物体的长度、重量、温度等物理特征进行的测评，早已为世人所熟悉和认同。而对人的能力、气质、性格等素质特征进行的测评，大多数人都缺乏相关的科学知识。要做好人员素质测评工作，就必须对素质测评的科学原理有比较清楚的了解。

人的素质能不能被准确的测试？为什么要进行人才测评？人才测评具有可操作性吗？人才

测评科学吗？这 4 个问题关系着人才测评的必要性和可能性。要了解人才测评的科学原理，首先必须了解与这 4 个问题相关的一些基本知识。

1．人的差异理论

每个人的素质是有差异的，而人们素质的差异性的存在正是人才测评存在的基础和前提。

（1）生理方面的差异。个体生理方面的差异体现在个体的性别、年龄和身体等方面。男女生理上的差异导致他们在不同的工作方面各有优势，而且在认知特征上也存在着明显的差异。人在不同年龄段的心理状态和身体状况会有所不同，认知特点和行动特点也会有所不同。

（2）心理方面的差异。心理差异可归结为个性倾向差异和个性心理特征差异，其中个性倾向差异包括个体的兴趣、需要、动机、信念、世界观和价值观等方面的差异。

（3）社会文化方面的差异。人具有社会属性，生活在现实社会中的人，必然是生活在一定社会关系中的人，如生产关系、亲属关系和同事关系等。由于生长与工作的环境不同，所接受的教育程度不同、所接触的文化不同、所从事的社会实践不同，因此每个人所形成的素质也就不同。

（4）职位类别的差异。职位类别是对组织中的各种职位，按照工作性质、责任轻重、难易程度、任职资格、职位权限等因素综合划分所形成的序列等级。不同职位对任职者有着不同的素质要求，当任职者的素质水平符合职位要求时，则人事匹配，人员工作绩效就高；否则，人员工作绩效就相对较低。因此，职位类别的差异为人才测评提供了客观条件。

2．人的素质稳定性

人的素质具有一定的稳定性，主要表现在 3 个方面：一是人的生理品质具有稳定性，人的生理方面的特征有时在相对较长的时间内不会发生太大的变动；二是人在社会文化影响下所形成的社会品质具有稳定性，如宗教信仰方面；三是人的个性特质较稳定，主要包括人的能力、气质和个性倾向等方面。

每个人都有自己的独特性，经过长期的社会生活，逐步形成了对待生活的态度和个人的行为风格，因而在不同的时间和不同的地点通常会表现出相似的心理特征。比如说，一个性格很内向的人，不仅在家庭生活中比较安静，在社交场合也不会非常活跃。个人素质的相对稳定使人才测评变得有必要，如果个人素质不具备稳定性，人才测评就没有意义。

3．人的素质的可知可测性

素质具有抽象性，它是隐蔽在人的个体身上的一种内在抽象的东西，但可以通过人的行为表现出来，个人的素质和行为之间存在着一系列的相关性。

人的内在特性和外显行为是一个动态的整体系统，内在素质会通过外显行为表现出来，而外显行为又受制于它的内在素质。人才测评可以通过观察被测评者的语言行为或非语言行为（如体态行为、工作行为、生活行为等）来测评被测评者的内在素质。

4．人的素质的可量化性

量化即数量化，是指将事物以数学形式表示。素质测评量化，即用数字形式描述素质测评的过程，它是通过科学的测量手段来揭示素质的数量特征与质量特征，使定性测评中不便于归纳处理的行为特征信息得到统一的数学处理。

量化使素质测评的结果以分数或等级的形式表现出来，简化了对各个素质水平与差异的比较与评定，将选拔录用、资源配置、绩效考核、人员开发中的测评标准落到了实处，使测评分数与诊断评语互相结合、互相补充。

1.1.4　人才测评的发展

人才测评古已有之，早在我国古代就已经有了大量的人才测评思想。人才测评的概念源于对人的心理特征和能力的测量，随着测评工作更加专业化，人才测评方法和人才测评工具不断被丰富，使得对人才的测评更加客观准确。现在，人才测评已经在各行各业得到了广泛应用。

1．人才测评的起源

人才测评的起源可以追溯到 20 世纪初心理测量的诞生，它以 1905 年法国心理学家 A. 比奈（A. Binet）与 T. 西蒙（T. Simon）经过研究合作发表的智力测验量表——比奈—西蒙智力量表（Binet-Simon Scale）为标志，至今已有百年的历史。

（1）比奈—西蒙量表的发展。

① 1905 年的比奈—西蒙量表有 30 个由易到难排列的项目，其中既有对较低级的知觉方面的测量，也有对较高级的判断、推理和理解等方面的测量。

② 1908 年，比奈发表修订后的比奈—西蒙量表，使测验项目总数达到 59 个，并把测验题目按年龄分组，从 3 岁到 15 岁，只要每个年龄组的儿童中有半数人能通过的题目即属于这个年龄组的题目。

③ 1911 年比奈发布了修订版的量表。这次修订没有重大变化，只是改变了几种年龄、水平分组，并扩展到成人组。

（2）比奈建构量表的基础。

比奈测验的基础是年龄差异和一般心理能力。

① 年龄差异。年龄差异（Age Differentiation）指的是不同年龄儿童之间存在着能力差别，年长的儿童比年幼的儿童具备更高的能力。

② 一般心理能力。在选择测试任务时，比奈采取的指导思想是只测量各种分离的、有区别的智力要素的综合结果，即一般心理能力（General mental Ability）。在这一思想的指导下，比奈不再试图在智力中艰难地寻找所有成分和各个独立的方面，也不再寻找每一成分同总体的相关关系。

2．古代的人才测评

在中国古代有很多人才识别的思想和方法，它们的形成过程大致代表了人才测评研究在中国古代的发展过程，具体可以从春秋战国时期和三国时期来划分。

春秋战国时期，各主要学派关于人才测评的观点如图 1-1 所示。

儒家	孔子："学而优则仕""性相近，习相远"
	孟子：提出"义、志、气、巧、达、自省"等观点，丰富了儒家学说中关于素质的理论，提出"权然后知轻重；度然后知长短；物皆然，心为甚"
	荀子：尊贤使能是强国之本，君主任用贤才要专一，不论等级、血缘，秉公举贤任贤
道家	庄子："九征"，即"远使之而观其忠，近使之而观其敬，烦使之而观其能，卒然问焉而观其知，急与之期而观其信，委之以财而观其仁，告之以危而观其节，醉之以酒而观其则，杂之以处而观其色……"
墨家	墨子："听其言，迹其形，察其所能而慎予官，此谓事能。故可使治国者，使治国、可使长官者，使长官、可使治邑者，使治邑"
法家	韩非子："外举不避仇，内举不避子""论之以任，试之以事，课之以功""因任而授官""程能而授事"
	商鞅变法期间：实行军功制，即按军事战争中功绩大小任命官职

图 1-1　春秋战国时期各思想派别的人才测评思想

三国时期的人才测评以诸葛亮的"七观法"和刘邵的《人物志》为代表。诸葛亮在识别人才和选择人才时使用 7 种观察方法，即"七观法"，具体内容包括"问之以是非而观其志""穷之以辞辩而观其变""咨之以计谋而观其识""告之以祸难而观其勇""醉之以酒而观其性""临之以利而观其廉""期之以事而观其信"。

刘邵编写了我国第一部人才专著《人物志》，它是我国研究人事制度的早期著作。在《人物志》中，刘邵把人才的特征归结为"神、精、筋、骨、气、色、仪、容、音"9 个方面的标准，将人分为"上等（即最上等之才）、大雅（即大才）、小雅（即偏才）、依似（即逊于偏才）、无常（即无常之人）"5 类来考察人才的心理活动的状态和性格气质。这种标准，将"德"扩大到人的心理、生理和伦理方面，从心理学意义上进一步考核了人的才与德。

另外，刘邵还提出了"八观五视"法来识别和选择人才。"八观"即"观其夺救，以明间杂；观其感变，以审常度；观其至质，以知其名；观其所由，以辨依似；观其爱敬，以知通塞；观其情机，以辨恕惑；观其所短，知其所长；观其聪明，以知所达"。"五视"即"居，视其所安；达，视其所举；富，视其所与；穷，视其所为；贫，视其所取"。

3. 现代的人才测评

现代人才测评包括心理测验、能力测验（包括智力测验、特殊能力测验、多重能力倾向测验等）、人格测验、职业兴趣测验、价值观测验等。

（1）心理测验。

1879 年，威廉·冯特（Wihelm Wandt）在德国莱比锡大学设立第一所心理实验室。他在研究中发现，对于同一刺激，每个人的反应不同。经过长时间的实验才认识到，此种差异是由个人在能力上的真正差别引起的。这一发现引起了对个别差异的研究。心理测验的发展历程具体如图 1-2 所示。

萌芽期 1869～1904 年	这一时期，心理测验尚未形成自己的体系，它依附于实验心理学与个别差异的研究而存在，测验内容限于感觉——动作或简单的反应时间测量，属于简单的身体素质测评
成熟期 1905～1915 年	（1）20 世纪后期，德国的 W. 冯特、英国的 F. 高尔顿等对感觉能力的测量进行了研究 （2）A. 比奈和 T. 西蒙于 1905 年合作编制了比奈—西蒙量表，这是世界上第一个标准化的心理测验
昌盛期 1916～1940 年	（1）心理测验的理论得到完善：一般能力测验、人格测验、特殊能力测验等 （2）测验的表现形式：文字、图形和操作等非文字的智力测验相结合；由直接测量扩展到投射与预测的测验 （3）测验功用：由研究走向社会服务
完善发展期 1941 年至今	这一时期，心理测验一方面接受教育评价运动的挑战，另一方面测验的理论、技术与编制方法在不断地完善发展。例如，哈威特（Hathaway）和麦金利（Mckinley）编制了调查个人适应和社会适应的明尼苏达多项人格测验（MMPI）

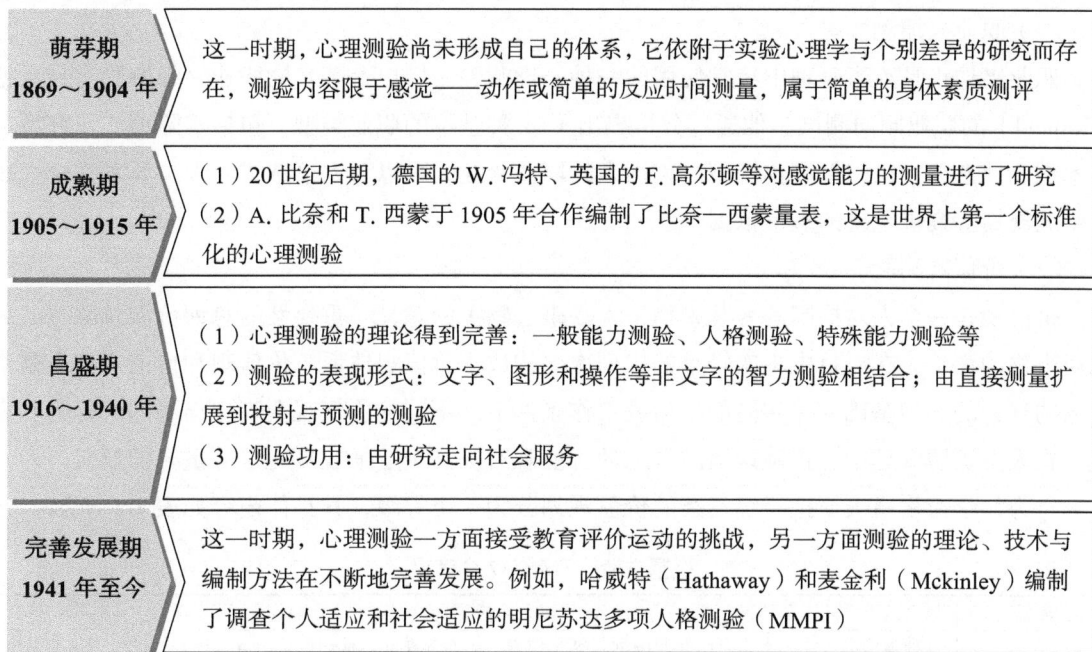

图 1-2　心理测验的发展历程

（2）能力（智力）测验。

能力测验用于测定应征（聘）者完成某些活动所必须具备的个性心理特征。按照能力的种类，能力测验分为一般能力测验和特殊能力测验。

在人事管理中应用能力测验，既有考查能力水平的目的，也有考查能力结构的目的。一方面，不同的人能力水平不同，选择能力强的人，可期望高绩效。另一方面，能力水平相近的人，其能力结构可能不同。有的人擅长对言语的理解、加工和表达，有的人擅长对数字的加工，有的人则擅长对形象的分析和加工。

能力测验常用的工具有图文推理测验，主要是以抽象的图形推理形式检测智力，还有一些专门为企业开发的能力测验，它们大多专门针对某些具体的能力进行测验，如数量分析能力测验、逻辑推理能力测验等。另外，还有针对特殊技能的测验，如打字测验、音乐美术测验、精确度与灵敏度测验等。

（3）人格测验。

人格主要是指人所具有的与他人相区别的独特而稳定的思维方式和行为风格，它是一种有自我意识和自我控制能力，有感觉、情感、意志等机能的主体。人格的组成特征因人而异，所以每个人都有其独特性。

人格会影响人在工作中对事物的理解，会影响人处理事务的方法，会影响人在工作中与他人相互沟通的方式等，因此不同的人格会对工作产生不同的影响。心理学家研制出了种类相当多的人格测验，其中著名的人格测验有明尼苏达多项人格问卷（MMPI）、卡特尔 16 人格因素问卷（16PF）、加州人格问卷（CPI）、梅耶—布里基斯人格特质问卷（MBTI）等。

（4）职业兴趣测验。

职业兴趣也是人事管理中经常使用的一种心理测验。历史上著名的职业兴趣测验有霍兰德（Holland）的职业倾向测试。他通过分析提出了 6 种基本的职业类型，包括实际型、研究型、艺术型、社会型、组织型和传统型。鉴别人的职业兴趣，可以对人事选拔、人员开发、个人职业生涯规划等提供重要的参考依据。

（5）价值观测验。

价值观是一个人对周围的客观事物（人、事、物）的意义、重要性的总评价和总看法。人们对事物的评价，在心目中主次轻重的排列次序构成了价值观体系。价值观和价值观体系是决定人的行为的心理基础。在相同的生活或工作条件下，不同的价值观会表现出不同的行为和态度。在人力资源管理中，正确地运用员工的价值观对提高企业绩效具有十分重要的意义。

行为科学家格雷夫斯把错综复杂的价值观划分为 7 个等级，其具体内容如表 1-1 所示。

表 1-1　　　　　　　　　　　　　　　格雷夫斯价值观的 7 个等级

类型	内容
反应型	这种类型的人并不意识自己和周围的人类是作为人类而存在的。他们可是照着自己基本的生理需要做出反应，而不顾其他任何条件
部落型	这种类型的人依赖成性，服从于传统习惯和权势
自我中心型	这种类型的人粗犷、富有闯劲，为了取得自己想要的东西，愿意做任何工作
坚持己见型	这种类型的人对模棱两可的意见不能容忍，难以接受不同的价值观，希望别人接受他们的价值观
玩弄权术型	这种类型的人通过摆弄别人，篡改事实，以达到个人目的，非常现实，积极争取地位和社会影响
社交中心型	这种类型的人把被人喜爱和与人善处看得重于自己的发展，受现实主义、权力主义和坚持己见者的排斥
存在主义型	这种类型的人能高度容忍模糊不清的意见和不同的观点，对制度和方针的僵化、空挂的职位、权力的强制使用等敢于直言

（6）态度测验。

态度测验是对态度的方向和强度的测量，它是重要的心理测验方法。它由一组相互关联的叙述句（态度语）或项目构成，根据被测评者对态度语或项目做出的反应推测被测评者的态度。反应包括认知（同意或不同意）、情感（喜欢或不喜欢）和行为（支持或反对）3 类。

1.1.5　人才测评的目标和内容

1. 人才测评的目标

人才测评具有多方面的目标，归纳起来主要有以下 3 个。

（1）实现对人才的评定。

人才的评定是对人才内外特征进行分析了解后，通过衡量被测评者素质的构成及成熟程度，来判断不同人才发展水平的一种方法。人才评定，可以了解个人、团队或企业的特点及发展水平，根据评定结果有效地调整其发展方向。

人才评定的标准有两种：一种是外在的客观标准，如中学教师资格考试的目的是考查教师是否符合中学教师的任职要求标准，与其他人员的成绩没有关系；另一种是比较标准，它是对测评群体的成绩进行相互比较后产生的评定，如研究生考试和公务员考试就属于这种类型。

（2）完成人才素质诊断和结果反馈。

诊断是指通过一定的人才测评工具和方法对人员的精神、体质和能力素质等做出判断；反馈是指针对诊断结果，分析被测评者的优缺点及其产生的原因，并提出诊断意见和人才素质优化方案，以推动个人和企业的全面发展。

（3）实现对人才的预测及激励功能。

由于人才素质特征具有相对稳定性，通过对人才内外素质进行有效的鉴定测评，企业可以预测人才今后的发展趋向。企业通过对人才的预测，可以有效地识别人才，针对人才所表现出的特质有针对性地进行培训开发，从而降低企业的管理成本。

对人才素质进行诊断和反馈后，能够使个人或企业对自己有全面的认识，促使其进行自我检查、自我反省和自我管理。

人才测评的内容

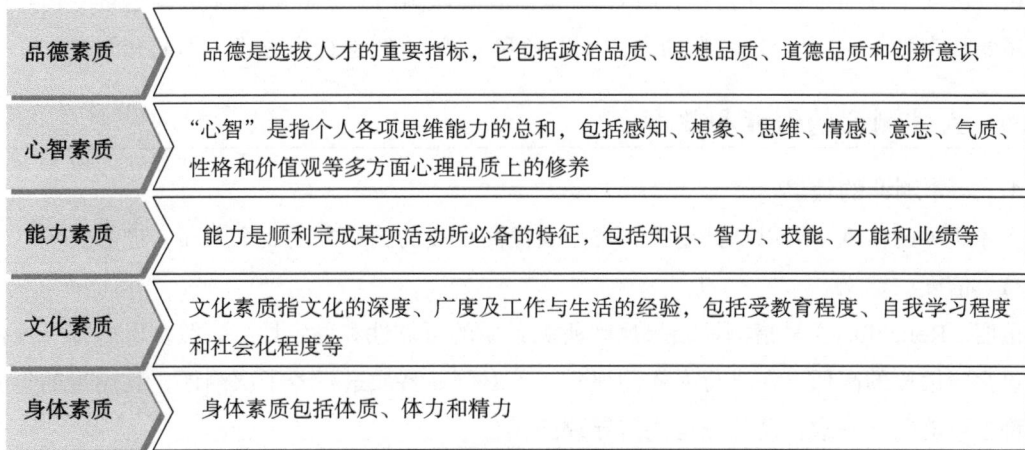

2．人才测评的内容

人才素质主要包括品德、心智、能力、文化、身体等方面，其主要内容如图 1-3 所示。

品德素质	品德是选拔人才的重要指标，它包括政治品质、思想品质、道德品质和创新意识
心智素质	"心智"是指个人各项思维能力的总和，包括感知、想象、思维、情感、意志、气质、性格和价值观等多方面心理品质上的修养
能力素质	能力是顺利完成某项活动所必备的特征，包括知识、智力、技能、才能和业绩等
文化素质	文化素质指文化的深度、广度及工作与生活的经验，包括受教育程度、自我学习程度和社会化程度等
身体素质	身体素质包括体质、体力和精力

图 1-3　素质的构成要素

人才测评主要考查具有稳定性的个人素质。根据素质的构成要素，人才测评具体包括个人品德因素、能力因素、动力因素和人格因素 4 个因素。

（1）个人品德因素。

个人品德包括政治品质、思想品质和道德品质等，它是个人在社会化过程中形成的稳定的心理特征和倾向，是个人遵守的社会规范，是个人进行社会活动的内在调节机制。品德水平的高低直接影响着个人在社会情景中的价值选择。

（2）能力因素。

能力因素包括知识、智力、技能、才能、业绩、创新意识等，可以将其划分为科学智能和社会智能。其中，科学智能包括人与自然交往中获得的经验或个人通过书本学习到的间接经验；社会智能则来自个人在社会实践中通过人与人之间的沟通、联系、竞争与合作获得的经验。

（3）动力因素。

动力因素包括价值观、动机和兴趣等。

价值观是指一个人对周围客观事物（包括人、事、物）的意义、重要性的总评价和总看法，它是层次最高、影响面最广的因素。

动机是指由特定需要引起的，欲满足各种需要的特殊心理状态和意愿，它是推动一个人行为的内在原因。动机的强烈程度对行为过程的效率和结果有很大的影响。

兴趣是指个体对某种活动或某种职业的喜好。当个人的兴趣与行动方向一致时，其行为将更加有效。

（4）人格因素。

人格是个体在行为上的内部表现，是个体在适应环境中的感情、能力、气质、价值观等方面的内部综合表现。它可以离开人的肉体，离开人所处的物质生活条件而独立存在于人类的精神文化维度里。

人的个性差异表现为 4 种气质类型，包括多血质、胆汁质、黏液质和抑郁质。另外，人格测验可以从 4 个方面考察人的行为风格：一是一般心理倾向（外倾和内倾）；二是接受信息的方式（感觉和直觉）；三是处理信息的方式（思考和情感）；四是行为方式（判断和知觉）。

1.1.6 人才测评的信度和效度

1. 人才测评的信度

人才测评的信度，可以从其定义、类型及提高信度的测量方法 3 个方面来理解。

（1）信度的定义。

信度（Reliability）是指测评结果反映所测素质的可靠性和稳定性。一般多以内部一致性来表示该测验信度的高低。在进行人才测评时，若对同一特质进行若干次测评，其测得的每一次结果都不可能完全一致，这是测量误差导致的。

一般来说，人才测评的误差可分为两类：一类是随机误差；另一类是系统误差。其具体内容如表 1-2 所示。

表 1-2　　　　　　　　　　　　人才测评中误差的类型

随机误差	系统误差
随机误差是指由偶然因素引起的无规律的误差，导致测评结果围绕某一个值发生不一致、不稳定的变化	系统误差是由测验工具本身引起的有规律的变化的误差，导致测评结果偏离真值。其特点是测量结果向一个方向偏离，且其数值按一定规律变化，具有重复性和单向性

（2）信度的类型。

① 再测信度（Test-retest Reliability）也称"重测信度"，是指用同一测验在不同时间对同一群体实施两次测验所得分数的相关系数。

② 复本信度（Alternative-form Reliability）又称"等值性系数"，是以两个占值但题目不同的测验（复本）（即测验的题目在内容、形式、难度等方面，类似或相等）来测量同一群体的特

质，然后求得被测试对象在这两个测验上得分的相关系数。复本信度的高低反映了这两个测验复本在内容上的等值性程度。

③ 同质信度（Homogeneity Reliability）主要反映测验内部题目之间的信度关系，考查测验的各个题目是否测量了相同的内容或特质。

④ 评分者信度（Raters Reliability）是指不同评分者对同样的测试对象进行评定时的一致性。如对上级进行 360 度考核时，3 个或 3 个以上的同事根据上级的表现进行评分，这时如果想了解同事评分的一致性，可以采用肯德尔和谐系数来求其信度。

（3）提高测量信度的方法。

① 测验要保证标准化。测验的一系列程序、指标等应经过严格的设计，按照测量学的要求去做，以保证测验的内部一致性和稳定性。

② 样本特征要具有广泛的代表性。在总体内抽样，样本应体现出多层次、异质性，这样样本的分布会宽广些，得出的信度指数也会相对较高。如果选择的样本都集中于某一个层次，可能会导致分数分布比较集中，影响信度系数。

③ 注意测验环境的影响因素。测验环境包括心理环境和物理环境，在测试时尽量在物理环境相对一致的前提下使被测评者保持轻松的心态，以免影响其正常发挥。如在晋升测试中，很多人由于情绪紧张而发挥失常。

④ 根据测验内容选择合适的信度系数指标。对于跨时间稳定性的测验可采用再测信度，如个性测验；对于易于找到复本的测验可采用复本信度，如职业资格考试。

⑤ 注意测验的难度和长度。在实际情况下，如果某个测验适用范围广，其难度水平通常适用于中等能力水平的被测评者，而对较高水平的被测评者和较低水平的被测评者可能较易或较难，这就会使得分数分布范围缩小，信度水平降低。因此一个标准化的测验，在难度设计上应该基本满足不同能力水平的被测评者。

另外，测验时还要注意测验时间的长度，虽然在一个测验中增加同质的题目，可以使信度提高，但测验时间也不宜过长，否则会引起被测评者的疲劳和厌倦，从而影响测验的质量。

2．人才测评的效度

人才测评的效度可以从其定义、类型及提高效度的影响因素 3 个方面来理解。

（1）效度的定义。

效度（Validity）即有效性，它是指测量工具或手段能够准确地测出所需测量事物的真实程度。效度所测量的结果能反映出所想要考察内容的真实程度，测量结果与要考察的内容越吻合，则效度越高；反之，则效度越低。

（2）效度的类型。

① 内容效度（Content-related Validity）是指实际测评到的内容与期望测评的内容的一致性程度，它是测评内容反映测量目标特质的程度。

② 效标效度（Criterion-related Validity）又称实证效度，反映的是测验预测个体在某种情境下行为表现的有效性程度。

③ 结构效度（Construct-related Validity）是指一个测验实际测到所要测量的理论结构和特质的程度，或者说它是指测验分数能够说明某种学科（如心理学、管理学理论）的某种结构或特质的程度。

（3）提高效度的影响因素。

① 测验本身的因素。测验取材的代表性、测验长度、试题类型、难度、区分度以及编排方式等都会影响效度。

② 测验实施中的干扰因素。测验物理环境太差、计分错误等会干扰测评；被测评者的兴趣、动机、情绪、态度和身体状况等也会影响测评结果的效度。

③ 样本团体的性质。不同性质的团体，针对同一个测评的效度可能有很大的不同。样本团体的性质包括年龄、性别、教育水平、智力、动机、兴趣等特征，由于受这些特征的影响，测验对于不同的团体具有不同的测验能力。

④ 效标的性质。效标必须能够有效地反映测验的目标；效标必须具有较高的信度，不随时间等因素的变化而变化；效标必须可以客观地加以测量，并可以用数据或等级来表示；效标测量的方法力求简单，经济实用。效标具备以上条件时，其所测评的行为与效标行为越相似，效度系数就会越高。

【微课堂】

1. 人员测评能够将被测评者的行为特征与某种标准进行比较，以确定其素质构成和成熟水平，这属于人才测评的什么功能？
2. 人才测评的内容有哪些？

1.2 人才测评的类型

人才测评中针对被测评者、实施者、实施范围、测评形式、测评参照系的不同会有不同的分类，本节按照不同的标准对其进行具体的分类。

1.2.1 按被测评者分类

按被测评者分类，人才测评主要包括以个人为中心的测评和以岗位为中心的测评两种类型。

1. 以个人为中心的测评

以个人为中心的测评是指围绕人的自然特性、社会特性和职业特性而进行的测评。人是自然与社会的统一体，人的自然特性包括生理基础、本能及心理潜能；人的社会特性是个体在与社会的相互作用中通过社会实践建立起来的。除了自然特性和社会特性外，人在社会中往往还从事着某种职业，显示出了某种职业的特性。

一个人要想客观地了解自己，了解自己的能力优势、职业兴趣、适合从事的工作等，就应该有针对性地选择测评工具进行系统的测评，以达到客观了解自己的目的。

2．以岗位为中心的测评

以岗位为中心的测评是基于一个特定岗位的任职资格或胜任特征而进行的测评。它是在建立特定岗位的素质标准后，围绕这个特定岗位所要求的素质而开展的系列测评活动。以岗位为中心的测评一般应用于人才选拔、晋升、诊断、培训与开发等人力资源管理过程，如以市场部经理岗位为中心的测评活动。

1.2.2　按实施者分类

按实施者分类，人才测评主要包括自我测评、他人测评、群体测评、上级测评、同级测评与下级测评等类型。

1．自我测评

自我测评指由被测评者本人对自己所进行的测评活动，如毕业生对自己职业兴趣的测评。

2．他人测评

他人测评指由被测评者以外的人对被测评者开展的测评活动，通常所讲的人才测评活动一般是他人测评活动。

3．群体测评

群体测评指由某一群体共同组织对某一类人员进行的测评。例如，常见的各种资格证书的考试，通常是由某一具体单位来组织、策划；研究生考试也涉及各种测评主体，包括命题组、审查组和阅卷组等。

4．上级测评、同级测评与下级测评

最常见的上级测评、同级测评与下级测评的人才测评方式就是 360 度考核。上级测评主要根据一定考核周期内的工作成果进行测评；同级测评主要根据被测评者在工作中表现的协作能力、团队组建能力进行测评；下级测评主要根据被测评者在工作中表现的领导能力、对下级的关心和培养进行测评。

1.2.3　按实施范围分类

按实施范围分类，人才测评的种类可以从 3 个角度分析，即参与人员的数量、测评目的及选择的测评工具。

1．按参与人员的数量划分

（1）个体测评是指在单次测评活动中只有一个被测评者的测评活动。

（2）团体测评是指在单次测评活动中有两个以上被测评者的测评活动。

2．按测评目的划分

在进行人才测评时，实施者可能有一个或多个测评目的。测评目的的多少不同，人才测评的实施范围也不同。例如，人才测评的目的仅仅是对晋升的候选人进行人格测评，则实施范围及测评题目仅考虑晋升这一小的范围；人才测评的目的是选拔岗位人才，则被测评者的范围会很广，在题目设置时也要考虑能够将不同的人区分开来。

3．按选择的测评工具划分

在进行人才测评时，实施范围也会受到所选择的测评工具的影响。例如，选择360度考核方式，则实施范围要包括与被测评者有关系的所有人员；选择关键业绩考核方式，仅仅需要对其关键指标进行考核即可。

1.2.4 按测评形式分类

人才测评根据测评形式进行分类，可分为笔试、面试、情境测评、计算机测评及操作测评五种方式。

1．笔试

笔试是被测评者按要求在纸面上完成测评过程的方式。它可以有效测量被测评者的基本知识、专业知识、综合分析能力和文字表达能力等方面。在人才测评中，笔试的方式有两种，一种是被试者填写答题卡完成测评；另一种是被评者直接在卷面上作答完成测评。

2．面试

面试是考官根据测评目的对被测评者提出有关问题，并由被测评者进行回答的过程。它以考官与被测评者的面对面交谈与观察作为主要手段，由表及里地测评被测评者的知识、能力、经验等有关素质的一种测评方式。

3．情境测评

情境测评是指设置一个模拟场景，要求被测评者扮演某一角色去处理各种事务、问题和矛盾，考官通过观察被测评者在完成任务过程中的心理与行为表现来对被测评者的素质及其潜力进行科学的评价。

4．计算机测评

随着计算机、网络技术的发展，很多单位将心理测验开发成计算机软件，被测评者需要在计算机上完成测评活动，或完成人机对话。

5．操作测评

操作测评是指被测评者在测评过程中进行实地演练，来展现其实际操作能力的测评方式。例如，招聘打字员时测试应聘者在规定时间内的打字速度，就可以称为操作测评。

1.2.5 按测评参照系分类

人才测评根据测评的参照系可以划分为常模测评和标准测评两种类型，具体如表 1-3 所示。

表 1-3 按测评参照系划分的人才测评类型

常模测评	标准测评
常模测评是将被测评者的测评结果与对某一特定人群测评结果的平均成绩进行对比，来确定被测评者在特定人群中的素质水平。例如，用大学生的常模解释某一人员的计算机操作能力	标准测评是指建立特定岗位的素质标准后，围绕这个特定岗位所要求的素质标准对被测评者开展的系列测评活动。它一般用来确定岗位胜任程度或职业胜任程度。例如，确定某企业部门主管的素质标准后，对该企业所有部门主管进行测评，以判定他们的胜任程度

【微课堂】

1. 依据测评形式划分，人才测评可以分为哪几种？
2. 依据测评参照系划分，人才测评可以分为哪几种？

1.3 人才测评的应用

人力资源是企业中最重要的资源之一，只有有效地开发和合理科学地管理人力资源，企业才能健康地发展。人才测评可以针对特定的人力资源管理目的，如招聘、配置、晋升、考核、培训等，对人的素质进行多方面、系统性的测量和评价，进而为人力资源管理与开发提供参考依据。

人才测评在人力资源中的应用

1.3.1 在招聘中的应用

根据企业所要求的人力资源规格、规模、质量来招聘人才或进行内部选拔，将其安置到预先规定的岗位从事所要求的工作，以实现期望的绩效。在这个过程中，考察应聘者是否满足岗位需要是最关键的问题之一，人才测评可以有效地解决这个问题。人才测评在招聘中的应用主要体现为选拔性测评的应用。

1. 选拔性测评的定义

选拔性测评是根据岗位需要以选拔优秀人才为目的的人才测评。选拔性测评的目的是区分和选拔优秀人才，这是人力资源管理中最常用到的一种测评。当某一岗位有许多可供选择的合格人选时，通常需要采用此种测评方法。

2. 选拔性测评的特点

（1）选拔性测评特别强调测评的区分功能。选拔优秀的求职者是一种相对性的测评，要求测评工具能够把最优秀的求职者与一般性的合格者区分开来，便于企业录用。

（2）测评标准的刚性最强。由于选拔性测评特别强调区分功能，那么人们对它的要求就非常严格、非常精确。因此，测评的标准无论是否合理，一旦实施决不允许在中途有丝毫变动，否则会使测评标准产生不一致性，且通过该标准所选拔出的优秀求职者也难以服众。

（3）测评过程特别强调客观性。选拔性测评方法的改革过程实际上就是使其测评过程不断客观化的过程。这种客观化的明显标志就是测评方法信度的不断提高，表现为对数量化与计算机化的追求。

（4）测评指标具有选择性。选拔性测评方式的指标以客观、便于操作与具备相关性为前提，允许针对测评内容有选择性的制定。

（5）测评的结果或是分数或是等级。选拔性测评要求结果明确，以分数或等级的形式展现，评语式的测评结果无助于区分功能的发挥。

3．选拔性测评操作与运用的原则

选拔性测评操作与运用的原则是指在操作和运用过程中讲究公平性、公正性、差异性、准确性与可比性。

（1）公平性原则要求整个人才测评过程对每个被测评者相对平等，不是对某些人特别有利而对其他人不利。

（2）公正性原则要求测评者按统一的标准要求进行客观的测评，不是对某些人特别严格而对另一些人却相对宽松。

（3）差异性原则要求人才测评既要以差异为依据，又要能够反映求职者素质的真实差异。

（4）准确性原则要求人才测评尽可能精确地反映求职者的素质差异，限于在允许误差范围之内。

（5）可比性原则要求对求职者进行人才测评的结果具有纵向的可比性。

1.3.2 在晋升中的应用

晋升是员工向挑战性更高、所需承担责任更大以及享有职权更多的工作岗位流动的过程。每个岗位对其任职者都有知识技能等方面的基本要求，当任职者现有的素质符合岗位要求时，其能力就能得到充分发挥，为企业创造出高水平的绩效；否则，就可能导致低效能。

人才测评可以通过对人才素质与岗位需求进行测评来实现合理配置人力资源的目的。人才测评在晋升中的应用主要体现为配置性测评。

配置性测评是以人力资源的合理配置为目的的测评，是人力资源管理中常见的一种人才测评方式。人力资源开发与管理是以"人"为中心的管理，要求员工素质与岗位要求相匹配，实现人尽其才、才尽其用，从而使人力资源发挥最佳效益。与其他类型的测试相比，配置性测评的特点表现为针对性、客观性、严格性和准备性。

第一，针对性。主要体现在整个测评的组织实施与目的能够做到"有的放矢"。配置性测评的目的是以所配置的岗位要求为依据，寻找合适的申请者，整个测评活动都是围绕这一目的而进行。

第二，客观性。主要体现在测评的标准与实际客观要求能够相符合。配置性测评的标准必须是实实在在的，必须以岗位的客观要求为标准，不能主观随意制定。

第三，严格性。主要体现在测评的标准和测评活动的组织与实施要精准。人力资源配置在体现严格性的同时，也要体现适应性。为了保证最后测评结果的准确性与人事配置的适切性，不仅要对测评标准、测评方法、测评实施及整个测评过程严格要求，而且还需要考虑人员配置的环境要求与合格人员的整体情况。

第四，准备性。主要体现在人力资源过程的开端性上。依据配置性测评结果所做的人力资源配置，是保证工作成效的一个必要条件，随着岗位要求与人员素质的变化，配置也要进行适当的调配。

1.3.3 在培训中的应用

培训需求主要有以下两种情况：一是由于人力资源供给市场的限制，招聘到的员工不一定完全符合岗位的需要；二是由于企业自身的发展，原有的人力资源素质已达不到企业发展的要求。

人才测评是进行培训的基础，可以保证培训的针对性和有效性。对企业的人力资源现状进行诊断性评价，结合企业的目标要求、岗位需求等制订培训方案，提升企业人力资源的素质，进而提升工作绩效以满足企业持续发展的需要。人才测评在晋升中的应用主要体现为开发性测评。

开发性测评是一种以开发素质潜能与企业人力资源为目的的测评，它为人力资源开发提供了科学性与可行性依据。开发性测评是以开发人员的潜能为目的，所以这种测评并不强调好坏之分，而是强调通过测评来勘探个人的优势、劣势和潜在的发展可能。

人的素质具有可塑性与潜在性，有些人也许现在不具备某方面的素质，但他可能具有发展这方面素质的潜力，而实施开发性测评则可以发现这方面的潜力。

每个企业中存在着不同类型的人力资源，因此人力资源的开发应该具有针对性。例如，有的人热心于技术运用，有的人专注于技术革新，有的人擅长于技术传播，这些人实际上具备了不同的人力资源形态，应该分别采取不同的开发策略，以最大限度地发挥他们的作用。

与其他测评类型相比，开发性测评的特点体现为勘探性、配合性和促进性，具体如表 1-4 所示。

表 1-4   开发性测评的特点

特点	具体含义
勘探性	勘探性指开发性人才素质测评对人力资源带有调查性，主要了解并区分个体或企业的总体素质结构中的优势素质、短缺素质、显性素质、潜在素质或有开发价值的素质等
配合性	配合性指开发性人才素质测评一般是与素质潜能开发或企业人力资源开发相配合进行的，是为开发服务的
促进性	促进性指开发性人才素质测评的主要目的是通过测评来激励并促进各种素质的和谐发展与进一步提高，不在于评定素质的好坏和有无

1.3.4　在考核中的应用

考核是人才测评的一种，它针对员工所承担的工作，运用各种科学的定性和定量的方法，对员工的工作行为、工作态度、工作效果进行测量和评价，达到提高企业绩效的目的。考核是企业人力资源管理的重要内容，也是企业管理强有力的手段之一。人才测评在考核中的应用主要体现为考核性测评。

1. 考核性测评的定义

考核性测评是用来鉴定与验证某种素质是否具备，或者具备程度大小的素质测评方式。它主要是对被测评者素质结构与水平的鉴定与验证，要求测评结果具有较高的信度和效度。考核性测评经常穿插在选拔性测评与配置性测评之中。

2. 考核性测评的特点

（1）测评结果主要为向想了解素质结构与水平的人或雇主提供依据或证明，是对被测评者素质结构与水平的鉴定，而其他类型的测评结果并不以此为目的。

（2）测评侧重于被试者现有素质的价值与功用，比较注重素质的现有差异，而不是素质发展的基础或者发展过程的差异。

（3）测评具有概括性的特点。考核性测评的范围比较广泛，涉及素质表现的方方面面，是一种总结性的测评。

（4）测评结果具有较高的信度与效度。考核性测评要求所做的评定结论充分全面、有据可查，并且能够验证相关的结果。

3. 考核性测评的原则

在操作与运用考核性测评时，应注意满足全面性原则、充足性原则、可信性原则、权威性原则和公众性原则。

（1）全面性原则要求考核性测评的范围要包括纵向时间的跨度与横向空间场所的跨度，尽可能包含素质形成的全过程及素质结构中的所有要素，这样才能突出考核性测评的概括性特征。

（2）充足性原则要求每一个测评结论都要有充足的依据，是事实本身的反映而非事实的主观推论。另外，在测评依据与测评信息的收集与选择上也要展现这一原则。

（3）可信性原则要求人才测评的方法科学、测评指标客观可验，要求测评的结果既令被测评者本人信服又令他人信服。

（4）权威性原则要求测评主持者应具有一定的权威性和专业性，从质量上保证测评结果的有效性。

（5）公众性原则要求在测评过程中应该多让一些有代表性的人员参加，从量上保证测评结果的有效性。

【微课堂】

1. 人才测评在人力资源管理中的应用有哪些？
2. 考核性测评的特点是什么？

复习与思考

1. 企业为什么要进行人才测评？
2. 比率智商和离差智商的区别是什么？
3. 简述提高人才素质测评信度的方法。
4. 现代的人才测评方法有哪些？

知识链接

北森测评简介

北森融合运用人才管理专业技术和云计算技术，为大中型企业提供覆盖人才测评、招聘、绩效、核心人力、敬业度调查等人才管理全流程的解决方案。

北森推出的 iTalent 人才管理云计算平台，为招聘管理、绩效管理和继任管理等人才管理关键流程提供了一体化的管理平台，集成了人才测评、360度评估、员工调查等评价工具，为企业打造了一个完整的人才供应链。

第2章 人才测评指标体系的建立

【本章知识导图】

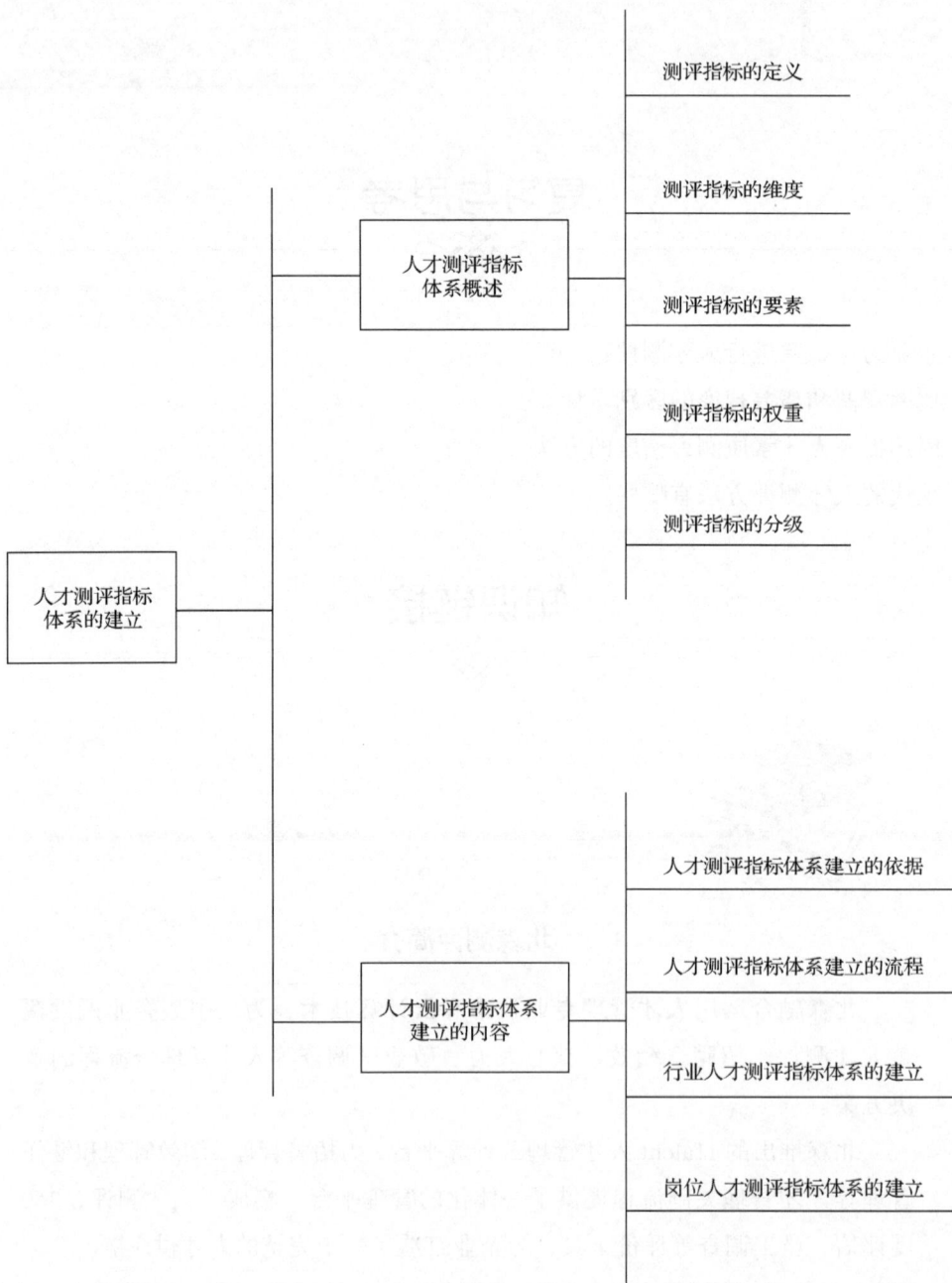

人才测评指标体系的建立
- 人才测评指标体系概述
  - 测评指标的定义
  - 测评指标的维度
  - 测评指标的要素
  - 测评指标的权重
  - 测评指标的分级
- 人才测评指标体系建立的内容
  - 人才测评指标体系建立的依据
  - 人才测评指标体系建立的流程
  - 行业人才测评指标体系的建立
  - 岗位人才测评指标体系的建立

【学习目标】

职业知识	• 明确建立人才测评指标体系的依据和流程
职业能力	• 掌握人才测评指标设计的基本技能，能够根据测评要求设计测评要素和编制测评标准 • 掌握建立人才测评指标体系的技巧，能够为企业选拔、开发、培养人才提供支持
职业素质	具备人才测评的专业知识以及测评经验，具有较强的数据统计分析能力、逻辑思维能力和判断能力

上一章主要介绍了人才测评的基本理论知识，本章主要介绍人才测评指标体系的建立，即把抽象与广泛的测评内容转化为具体可操作的指标体系。

2.1 人才测评指标体系概述

人才测评是一项系统、复杂的工作，测评内容广泛、影响因素众多。测评主体的价值观、专业、经验及测评角度的差异，会导致不同的测评主体对同一被测评者的评定结果有所区别。建立人才测评指标体系，可以统一测评主体的评价标准，提高人才测评的准确性和客观性。

2.1.1 测评指标的定义

测评指标是人才测评目标操作化的表现形式，是指能够反映被测评者特定属性的一系列考察要素或维度，用于表征被测评者的特征状态。例如体温（通常指人体内部的温度），正常人腋下温度为 36℃～37℃。但是体温是一个不便测评的内容，人们通过体温表将其操作化地表现出来，体温表中水银柱的长短即是"体温"这一测评目标的测评指标。

人才测评指标是通过测评要素、测评标志与测评标度的形式，把被测评者物化为指标内容或细化为条目的形式，把测评标准物化为测评标志与标度，使被测评者与测评标准连接起来，它是衡量和评价与工作有关的个人素质的维度。

2.1.2 测评指标的维度

测评指标的维度是人才测评工作的核心，人才测评是按照特定目标对人才素质进行的评价。离开了测评维度，人才测评工作就会失去目标。

一般来说，常用的测评维度包括意愿素质、智能素质、人格素质、知识素质 4 个。其中意愿素质包括动机、态度、责任心、诚信、兴趣等；智能素质包括管理能力、领导能力、组织能力、创新能力、计划能力、控制能力、语言表达能力、文案写作能力、应变能力等；人格素质包括性格、气质、情绪稳定性等；知识素质包括专业知识和社会知识等，旨在测评被测评者知识的广度和深度。

测评指标的维度具有严密性、简明性和准确性的特点。

严密性，就是测评维度的设计必须经过科学论证，坚持理论和实践相结合的原则来设计。

简明性，就是测评维度的名称应简洁明了，言简意赅，便于直观理解，便于进行人才测评。

准确性，就是测评维度的设计要符合测评目的的需要，要能准确地把测评目的所要求的最关键、最必需的素质项目包括进去。

2.1.3 测评指标的要素

测评指标的要素包括测评要素、测评标志及测评标度。

1. 测评要素

测评要素是测评内容的细化条目，即确定测评要素到底有哪些方面。例如，对领导者进行测评的一个要素就是管理能力，而管理能力又可以细分为领导能力、组织能力、协调能力、决策能力及判断能力等内容。测评要素的范例具体如表2-1所示。

表2-1　　　　　　　　　　测评要素的范例

测评要素	测评内容	
管理能力	领导能力	……
	组织能力	……
	协调能力	……
	决策能力	……
	判断能力	……

2. 测评标志

测评标志是测评要素确立的关键性界定特征或描述特征，需具有易操作性、可分辨性。一个测评要素可以通过多个测评标志来说明，且其表现形式多种多样，具体内容如表2-2所示。

表2-2　　　　　　　　　　测评标志的表现形式

分类方法	类别	内容	举例
按照对测评指标的提问方式划分	评语短句式	对所要测评的要素做出判断与评论的句子	对于学习态度的测评，可以用以下评语短句来表述：学习积极主动，经常提出一些问题或建议；学习较主动，偶尔提出一些问题或建议
	设问提示式	以问题的形式提示测评主体把握考评要素的特征	对协调性的测评，可以用以下设问提示来表述：合作意识怎么样？思想固执吗？自我本位感强吗？
	方向标志式	规定从哪些方面来测评，但没有具体规定测评的标志与标度	对求职者工作经验的测评，可以用以下方向标志式的形式来表述：主要从求职者所从事工作的年限、对工作的熟悉程度、工作成果的大小等方面进行考评
按照测评指标的操作方式划分	评定式	指无法用仪器、仪表等工具测量或计算出有关标志的精确数据时，需要根据对现场的观察、对相关资料的分析等，由测评者根据有关标准评定出结果的标志	人才测评中的品德素质指标就属于评定式标志
	测定式	利用各种测量仪器或测试工具等直接测出或计量，并根据有限标准直接确定测评标度	绩效测评中的产品数量、产值大小等都属于测定式标志

3．测评标度

测评标度是对测评标准外在形式的划分，常常表现为对素质行为特征或表现的范围、强度和频率的规定。测评标度大致可以分为量词式、等级式、数量式、定义式、综合式等。

（1）量词式标度，是用带有程度差异的形容词、副词、名词等修饰的词组刻画与揭示有关测评标志状态、水平变化与分布的情形，如"多、较多、一般、较少、少"。

（2）等级式标度，是用一些等级顺序明确的字词、字母或数字揭示测评标志状态、水平变化的刻度形式，其中等级与等级之间的级差应该具有顺序关系，最好还要有等距关系。例如"优、良、中、差"；"甲、乙、丙、丁"；"A、B、C、D"；"1、2、3、4"等。

（3）数量式标度，是以分数来揭示测评标志水平变化的一种刻度。它有连续区间标度与离散点标度两种，如表 2-3 和表 2-4 所示。

表 2-3　　　　　　　　　　　连续区间标度示例

测评内容	测评标志	测评标度
合作性	亲密合作	5～4
	积极合作	4～3
	愿意合作	3～2
	尚能合作	2～1
	不合作	1～0

表 2-4　　　　　　　　　　　离散点标度示例

测评内容	测评标志	测评标度
理解分析能力	能抓住实质，分析透彻	5分
	能接触到实质，分析较为透彻	3分
	抓不住实质，分析不透彻	0分

（4）定义式标度，是用许多字词规定各个标度的范围与级别差异，如表 2-5 所示。

表 2-5　　　　　　　　　　　定义式标度示例

测评要素	定义式标度		
要素描述	A	B	C
迟到情况	基本无	很少有	经常
业绩如何	超出目标	基本达标	与目标有很大差距

（5）综合式标度，一般是综合上述两种或更多的标度形式来揭示测评标志不同状态与水平变化的情况。

2.1.4　测评指标的权重

权重是一个相对的概念，即测评指标在测评体系中的相对重要性或测评指标在总分中应占的比重，其数值表示即为权数。测评指标权重是根据测评指标来确立的，首先必须有测评指标，然后才有相应的权重。指标权重的选择，实际上也是对人才测评指标进行排序的过程。

测评指标权重的确定与被测评者和测评目的相关。不同对象的同一测评指标，其具体解释和分数是不一样的，如"语言表达能力"这一测评指标，在招聘销售专员、行政专员和研发人员时的要求是不一样的。考虑到不同测评方法对同一测评指标的要求不同，其评价标准（分数）也是不一样的，如同一指标同时在笔试、面试、情景模拟和小组讨论中被检测时，其权重就不一样。

所以对不同的企业性质、企业文化、部门、人员和测评方法来说，各个指标的权重应不一样，测评实践中应综合运用各种方法科学设置指标权重，并根据需要适时进行调整。

1. 测评指标权重的设置方法

通常来说，可以通过以下 3 种方法来设置权重。

（1）主观经验法。主观经验法是设计者凭自己以往的经验直接给测评指标设置权重，一般适用于设计者对被测评者非常熟悉和了解的情况。

（2）主次指标排队分类法。主次指标排队分类法也称 A、B、C 分类法，具体操作分为排队和设置权重两步。其中，排队是将测评指标体系中所有指标按照一定标准，如按照其重要性程度进行排列；设置权重是在排队的基础上，按照 A、B、C 3 类指标进行设置。

（3）专家调查法。专家调查法是指聘请有关专家，对测评指标体系进行深入研究，由每位专家先独立地对测评指标设置权重，然后对每个测评指标的权重取平均值以作为最终权重的方法。

2. 测评指标加权的形式

测评指标的权重如有变动，绝对指标值和平均数也会有所变动，所以权重是影响测评指标数值变动的一个重要因素。给测评指标加权一般以赋分和权重系数两种形式来表现。

（1）赋分的形式，是把一定数量的总分按照特定的比例分派到不同层次的测评指标上的过程，通常以绝对数（频数）表示。

（2）权重系数，是依据测评指标体系中各部分指标相对总体的不同"价值"赋予不同的百分数，以区分测评指标在总体中的重要性，通常以相对数（频率）表示。相对数是用绝对数计算出来的百分数（%）表示的，又称比重。

以手机销售人员的测评指标体系为例，表 2-6 所示为一个简化的测评指标的赋分形式。

表 2-6　　　　　　　　　　赋分形式示例

测评内容	赋分的形式	权重系数
品行素质	30 分	30%
知识素质	20 分	20%
技能素质	16 分	16%
能力素质	28 分	28%
身体素质	6 分	6%
合计	100 分	100%

3．测评指标权重的确定原则

（1）系统优化原则。每个指标对人才测评指标体系都有相应的作用和贡献，所以在确定测评指标的权重时，不能只从单个指标出发，而是要遵循系统优化原则，处理好各测评指标之间的关系，把整体最优化作为出发点和追求的目标，合理分配权重。

在系统化原则的指导下，对测评指标体系中各项测评指标进行分析对比，权衡每个指标对整体的作用和效果，然后对指标的相对重要性做出判断。确定测评指标的权重，既不能平均分配权重，又不能片面强调某个指标的最优化而忽略其他指标的功用。在实际测评工作中，应该使每个测评指标发挥其应有的作用。

（2）设计者的主观意图与客观情况相结合的原则。测评指标的权重反映了设计者和企业对人员工作的引导意图和价值观念。当他们觉得某项指标很重要，需要突出其作用时，就必然会赋予该指标较大的权数。但客观情况往往与人们的主观意愿不完全一致，所以确定权重时要考虑历史指标和现实指标，社会公认要素和企业的特殊性，同行业、同工种间的平衡等 3 个问题。

在设计测评指标时要考量以上 3 个问题，实现测评中引导意图与现实情况的结合。

（3）民主与集中相结合的原则。权重是对测评指标重要性的认识，是定性判断的量化，往往受个人主观因素的影响。不同的人由于个人能力、价值观和态度的不同，对同一指标也会有不同的看法，因此在确定测评指标权重时就需要实行民主与集中相结合的原则，集中相关人员的意见形成统一的方案。这个过程有以下 3 个优点。

① 考虑问题比较全面，使权重得到合理分配，防止个人认识和处理问题的片面性。

② 客观地协调了相关人员的意见，经过讨论、协商、考察各种具体情况后所确定的方案具有很强的说服力，预先消除了许多不必要的纠纷。

③ 这是一种参与管理的方式，在方案形成过程中，由各方提出意见，进一步了解测评目的和测评体系，在日常工作中可以更好地按原定目标进行工作。

2.1.5　测评指标的分级

测评指标的分级是指对测评指标广度和深度的精细化划分。这有利于精确地测评到被测评者在该测评指标上的素质水平。

按照测评指标的广度划分，从横向来看，指标体系具有一定的层次结构，第一层称为一级指标，第二层称为二级指标，第三层称为三级指标；从纵向来看，测评指标由各个不同的维度组成，各测评维度按照由浅入深的顺序，又分为不同的等级，如表 2-7 所示。

表 2-7　　　　　　　　　　　　　　　测评指标的分级示例

测评指标	等级	内容
人际理解能力	1 级：理解情感或内容	对现有情感或明显内容有所理解，但却不是两者都能理解
	2 级：理解情感及内容	对目前情感和明显内容都理解
	3 级：理解意义	对当前的、未表达出或表达得很拙劣的意义都能明白
	4 级：理解深层意义	对他人潜在问题有所理解，理解某人持续的或长期的感觉、行为或者关切之原因

续表

测评指标	等级	内容
献身企业精神	1级：有努力适应的行为	该行为包括穿着得体，尊重企业的做法和决定，达到企业的期望
	2级：表现出忠诚的样子	尊重并接受上级认为重要的事情，希望帮助他人把他们的工作做好，可能表示对企业有感情，或表示出对企业形象的关切
	3级：支持企业	表现出支持企业的使命和目标，为了达到企业的要求、适应企业的使命，能与他人合作达到企业目标，表现出以企业使命为重的行为
	4级：为企业牺牲个人利益	把企业利益置于个人利益之上，包括牺牲自己的专业形象、嗜好和家庭生活，或为了整个企业的利益，做出顾全大局的决定

【微课堂】

1. 测评指标权重的设置方法有哪些？

2. 请分别说明行政管理岗位、技术研发岗位、销售岗位的测评维度和测评内容。

2.2 人才测评指标体系建立的内容

人才测评指标体系是由一群特定组合、相互关联的测评指标组成的，该体系体现了各个指标之间的内在联系及其在整个评价体系中的重要性。设计测评指标体系有利于统一评价标准，有利于对被测评者进行比较分析，因此建立人才测评指标体系是人才测评工作的基础。

2.2.1 人才测评指标体系建立的依据

建立人才测评指标体系需要解决两个问题：一是对被测评者的素质进行分解，这是人才测评指标体系的横向结构，它注重测评要素的明确性、完整性和独立性等；二是将每个要素用规范化的行为或表征进行规定或描述，这是人才测评指标体系的纵向结构，它侧重于测评要素的针对性、可操作性、合理性等。

1．人才测评指标体系的纵向结构

在人才测评指标体系中，一般在人才测评目的下规定测评内容，在测评内容下设置测评目标，在测评目标下设置测评项目，在测评项目下设置测评指标。

（1）测评目的。确定测评目的是设计人才测评指标体系的前提和基础。一般来看，企事业单位组织人才测评有以下3个目的：一是作为人力资源获取的依据，如任职性测评、选拔性测评；二是为人力资源的提升提供依据，如发展性测评；三是为人力资源使用提供参考，如配置性测评、考核性测评。

（2）测评内容。测评内容是指测评所指向的具体内容和相应的范围，如科技工作者测评中的"思维能力"和"创造力"，研究生考试中的"数学""英语""专业课考试"等。

测评内容的正确选择与规定应根据测评目的而定，应尽最大的努力使测评内容具体化，切忌抽象和空洞。在确定测评内容时，应先分析被测评者的特点，找出其值得测评的因素，进而针对测评目的和职位要求进行筛选。

（3）测评目标。测评目标是对测评内容的抽象性概括，是对测评内容筛选、综合后的产物，它具有实在独立的意义。测评内容与测评目标具有相对性和转化性，如"管理能力"作为测评内容，而它相对于"才能"来说可能是一个测评目标；"品德"作为测评内容，而它表现出的"诚实""正直""谦虚"则是测评目标。

（4）测评项目与测评指标。测评项目是对人才测评目标的具体规定，如测试英语能力（测评目标）时注重听、说、读、写（测评项目）4 个方面；而测评指标是对测评项目的具体分解，如测试英语听力时分为听短语、听句子、听情景对话等。

人才测评指标体系对人才被测评者的数量和质量起着"标尺"的作用，人员素质的特征只有通过测评体系才能表现出它的相对水平与内在价值。

2. 人才测评指标体系中的横向结构

人才测评指标体系中的横向结构要素有 3 个，即结构性要素、行为环境要素、工作绩效要素。

（1）结构性要素。结构性要素主要关注被测评者身体素质和心理素质，这从静态的角度反映了人员素质及其功能行为的构成。身体素质包括生理方面的健康状况和体力状况两方面；心理素质主要包括品德素质、文化素质和心智素质等，这 3 个方面共同构成个体内在的精神动力，调节和控制着被测评者能力的发挥。

（2）行为环境因素。行为环境因素主要考察被测评者的实际工作表现及其所处的环境条件，它是从动态的角度反映被测评者素质及其功能行为特性。在进行人才测评指标体系设计时，可以通过建立行为环境指标体系来全面反映被测评者的素质及功能特性。其中，行为环境要素中的内外部环境表现形式如表 2-8 所示。

表 2-8　　　　　　　　　　　　内外部环境的表现形式

内部环境	外部环境
内部环境指个人自身所具备的素质，它直接影响个人能力的发挥，如文化水平、技能水平等	外部环境指外界客观存在的，间接影响个人行为表现的环境条件，包括工作性质和企业背景两个方面 （1）工作性质指工作难度、责任、范围、权限和工作条件等 （2）企业背景包括领导因素、团队素质、企业文化、企业沟通等

（3）工作绩效要素。工作绩效要素的理论基础在于个性与环境的相互作用结果形成了一定的工作绩效。工作绩效是个人素质与能力水平的综合体现，如团队工作绩效即团队素质与能力

的综合体现。工作绩效要素主要包括工作数量、工作成果、工作质量、工作效率、人才培养与成长等。

3. 人才测评指标体系的基本模型

根据上述人才测评指标体系的纵向结构和横向结构，其基本模型如图 2-1 所示。

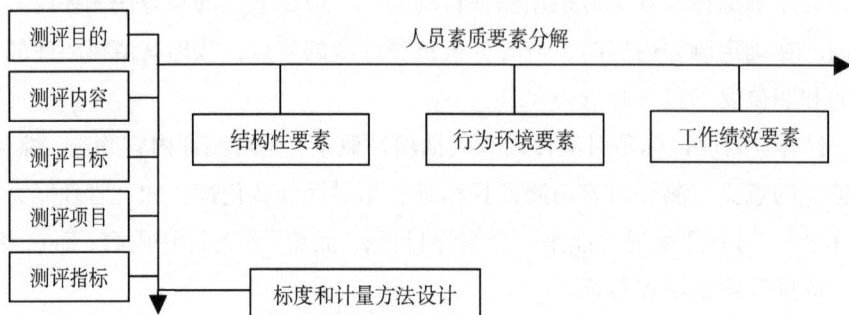

图 2-1　人才测评指标体系的基本模型

2.2.2　人才测评指标体系建立的流程

建立人才测评指标体系一般需要下述 7 个步骤。

1. 明确人才测评的客体与目的

人才测评指标体系的建立，必须以一定的测评客体为对象。人才测评客体的特点不同，测评指标体系就不同，即使是同一个测评客体，若测评目的不同，所制定的测评指标体系也会不同。

人才测评指标体系建立的流程

人才测评客体的特点一般由行业性质和职业特点决定，企事业单位中员工的测评指标体系明显不同于农民的测评指标体系，企业内技术研发人员和销售人员的测评指标体系显然完全不同。测评目的为开发性的人才测评指标体系显然也有别于配置性的人才测评指标体系。

2. 编制人才测评量表

（1）设计测评内容。

设计测评内容主要表现在确定测评要素、设计测评项目与测评指标。

测评要素表示被测评者的总体特征，人才测评指标体系需要有明确的测评要素，如智商、情商、心理素质等。在编制人才测评量表时，首先要根据测评需要明确具体的测评要素。测评项目主要反映测评要素的具体特征，测评指标主要说明测评项目的具体内容。

要从概念和理论上对测评要素、测评项目和测评指标进行探讨，弄清其实质内涵和外延，以确保其内容效度，使测定的问题或条目能准确地反映要测定的内容，如表 2-9 所示。

表 2-9　　指标体系的层次结构

一级指标（测评要素）	二级指标（测评项目）	三级指标（测评指标）
文化素质	知识素质	……
	专业知识	……
	技能素质	……

（2）设计测评内容的基本原则。

① 同质原则：测评指标的内容和标志特征要与被测评者的特征相一致。

② 针对性原则：针对某一具体岗位、职业类别或行为特质设计合理的测评要素体系。

③ 完备性与精练性相结合原则：指处于同一测评体系中的各种指标内容相互配合，使整个被测评者包含在评价标准体系内容之中；同时测评指标的设计应尽量简单，应把不必要的指标删去，在获得所需要功能信息的基础上，提高测评的有效性。

④ 可操作性原则：测评内容应能够使用工具进行客观的测量和评价，在设计测评内容时，措辞应当通俗易懂，避免意义含糊不清。

⑤ 独立性原则：即同一层级上的任何两个指标不能存在重叠和因果关系。

⑥ 结构性原则：指考评指标体系在总体上要有条件、过程与结果 3 个指标，并从多方面多角度进行测评，以确保测评的有效性。

⑦ 不平等原则：进入测评体系的各种测评内容对测评结果的贡献是不一样的，其贡献率可用权重来表示。

3．筛选并表述人才测评指标

对每个人才测评指标都必须进行认真的分析，遵守内涵明确原则和不重复原则，使测评者、被测评者及第三人都能明确测评指标的含义。另外，测评指标还应避免涉及隐私、社会敏感性问题，并把内容上有重复的指标筛掉。同时针对可操作性原则，用比较简单可测的指标去替代可测性较差的指标。

4．制定测评标准

测评标准由测评标志和测评标度两个部分组成。清楚、准确地表述和制定测评标准是使测评指标体系具有可操作性的关键步骤。

5．确定人才测评指标权重

在人才测评指标体系中，各个指标的地位和作用不同，所以每个测评指标所使用的权重也必然不同。要根据实际需求，科学合理地设置人才测评指标的权重。

6．规定人才测评指标的计量方法

在完成人才测评后，需要通过对各指标的测评标度进行综合分析来得到相应的测评结果，所以在设计人才测评体系规定需规定各测评指标的计量问题。

人才测评指标是由多方面的属性和因素构成的集合体，一些测评指标的内涵是模糊的，其外延也必然无法界定。因此，如果没有对每一个指标的计量方法进行科学统一的规定，仅仅靠权数的话，测评结果会产生很大的误差。

测评指标的计量由两个因素决定，具体包括计量等级及其对应的分数和计量的规则或标准。

（1）为了使测评结果规范化和统一化，实现计分的简单化，对于人才测评指标体系中的每一个指标，可采取统一的分等计分法，即每个测评指标均分为 1～5 等。1 等代表最好的水平，记作 5 分；2 等代表较好的水平，记作 4 分；3 等代表一般水平，记作 3 分；4 等代表较差的水平，记作 2 分；5 等代表最差的水平，记作 1 分。这种分等计分法简单规范，便于最后统一运算。

由于不同的两个测评指标在总体中的权数是不同的，因而即使在分等计分法中某些测评指标的测评值相等，它们最终的实际得分也并不相同。如指标 A 的权数为 20%，所得测评值为 5 分，则最后得分为 1；指标 B 的权数为 40%，所得测评值为 5 分，则最后得分为 2。

（2）计量的规则或标准，一般有以下两种常见的情况。

① 客观性测评指标。有些测评指标具有客观性的数据与结果，如打字速度、出勤率、销售业绩等均可采取客观性的计量方法来计量。客观性的计量可以采用"参考标准"法和排序法。

"参考标准"法，即列出与测评指标有关的"参考标准"，"参考标准"可以采用企业内、行业内有关政策的规定，也可采用国内外提供的经验数据，在计量中以"参考标准"为效标，根据被测评者偏离"效标"的实际程度来确定相应的等级。

排序法，即把被测评者在某一测评指标上实际达到的水平按照从高到低的顺序排列，以获最高分者得 5 分为标准，除此之外的按比例量表折算，确定等级得分。假如被测评的总体是 5 个工人，测评指标是产品质量，在某月底抽检到他们的优质产品分别为 15 件、13 件、10 件、8 件和 6 件。这里件数最多的是 15 件，因此规定件数最多（15 件）的这个工人在产品质量上的得分就为 5 分，其余的得分依次为 4.3 分、3.33 分、2.67 分、2.0 分。

② 主观性测评指标。在人才测评指标体系中，有些测评指标没有客观性的数据与结果，也没有可参考的量化标准。这就要求测评者在调查研究的基础上，结合当前实际情况对指标进行定性分析，然后根据以往的经验和实际需求来确定被测评者在该指标上的等级水平并给予相应的分数。

为保证测评结果的相对客观与准确，测评者不能是一个人而必须是一个群体。具体的计量方法是，首先要求每个测评者对同一测评指标按统一的等级量表进行测评，然后统计出各个评判等级上的总人数，并据此算出分数。例如，有 20 个面试官测评同一个应聘者的"语言表达能力"时，4 个面试官的评价为一等 5 分，6 个面试官的评价为二等 4 分，5 个面试官的评价为三等 3 分，5 个面试官的评价为四等 2 分，没有面试官将其评为五等 1 分，则这个应聘者在"语言表达能力"这一测评指标下的得分为：

$$5×（4/20）+4×（6/20）+3×（5/20）+2×（5/20）=3.45$$

主观性测评指标除上面介绍的计量方法外，还有表 2-10 所示的 4 种计量方法。

表 2-10　　　　　　　　　　　　主观性测评指标的计量方法

计量方法	内容
分点赋分法	先将测评指标划分为若干等级，然后根据指标等级的重要程度来指派该测评指标的分数（权重），保证每个分数值与相应的等级对应
分段赋值法	先将测评指标划分为若干等级，然后根据等级的重要性及个数划分为相互连接的数段，来指派各测评指标的分数（权重）
连续赋分法	先把测评指标水平等级看成一个连续的系统，用 0 至 1 之间的任何数值来表示被测评者在相应指标上的水平，然后把这个数值与该指标被赋予的权重分数相乘即得到测评分数

计量方法	内容
积分赋分法	用文字描述测评指标的不同等级或不同要素（指标），把测评指标权重分数分派到各个要素上去，各判定要素分数相加即为该测评指标的测评分数 积分赋分法具体又分为分等积分法和累计积分法两种。其中分等积分即测评指标各要素上分派的分数均相等；累计积分就是测评指标各要素上分派的分数不相等

7. 试测、修改并完善测评指标体系

在试测时要注意主体和客体的选择、情景的控制，并对突发情况进行记录。人才测评指标的设计者需选择自己熟悉的测评客体来做检验，这有利于将实测结果与实际情况进行对比；要尽量选择各种层次中有代表性的客体试测，试测场景要与将来测试时的正式场景无实质性的差别；试测中如发生误解误用、操作时间不平衡等情况，需要进行详细记录。

针对试测的结果，对测评指标体系进行不断完善，使其更加客观、准确、可行，以保证正式测评时的可靠性和有效性。

2.2.3 行业人才测评指标体系的建立

随着社会分工越来越精细，行业也越来越多。虽然所有的行业都具有共性（如对利润的追求、规模的不断扩大，人员素质要求积极主动、敢于承担责任、对企业文化认同等），但各个行业对外却主要表现为自己的特殊性，特别是在人员选拔上，每个行业都有所侧重，如服务业要求人员具有较高的服务意识，高科技行业要求人员要具备较高的创新能力和学习能力。

根据每个行业对人员要求的特殊性以及行业发展成熟度的不同，在建立行业人才测评指标体系时，要有各自不同的侧重点。

表 2-11 所示为对几个较为典型行业的分析，根据各行业的测评重点提供了不同的测评指标。

表 2-11　　　　　　　　　　　　　　　　人才素质的构成体系

行业	需求分析	测评指标
生产制造业	全面严格的质量控制力 安全生产	废品下降率、产品质量合格率、生产伤害频率、有无人员伤亡等
服务行业	人际交往技能 客户服务意识	客户投诉率、客户满意度、应急事件处理能力等
高科技行业	创新能力 科技敏感度 高科技信息学习能力	新产品开发计划达成率、提出新创意次数、技术改进方案可行性、高科技信息与现有工作结合能力等
文化产业	思维创新力 策划能力	项目计划完成率、提出新创意次数、客户接受程度等

2.2.4 岗位人才测评指标体系的建立

企业岗位的设置是与企业所处的内外环境相关的，不同的岗位具有不同的胜任素质要求。

因此，岗位人才测评指标体系的建立主要有 3 个依据。

一是企业的特性。企业的特性是岗位人才测评指标体系建立的最原始资源，所有指标都应当紧紧围绕企业的特性。

二是部门目标。部门会根据部门内部的目标事先对各岗位进行职责设置，包括各岗位的能力、个性及知识技能等。

三是岗位职责。岗位职责是人才测评指标体系设立的重要参考。

表 2-12 所示为某企业基层管理岗位素质测评指标体系的示例。

表 2-12　　　　某企业基层管理岗位素质测评指标体系示例

测评要素	内容	权重	测评标志	测评标度
个人内在能力（A%）	专业知识水平	A1%	仅一般了解本专业知识，对于相关的学科知识知之甚少	1～3分
			掌握本专业知识，仅一般了解与本专业相关的学科知识	3～6分
			熟悉本专业工作、掌握与本专业有关的多学科知识	7～10分
	专业技能	A2%	对本岗位工作有初步经验，基本符合岗位要求	1～3分
			有一定的岗位工作经验，能带领他人工作	3～6分
			有丰富的工作经验，能指导他人工作	7～10分
	开拓进取意识	A3%	对开拓性任务有极大的热情，但是需要导师指导	1～3分
			对开拓性任务能够胜任，且能够提出改进意见	3～6分
			有很强的开拓意识，主动承担挑战性任务，提出好建议	7～10分
人际沟通能力（B%）	人际关系营造能力	B1%	在工作场所，基本能够维持正式的人际工作关系	1～3分
			在工作之外的俱乐部、餐厅等地与同事、顾客进行接触，或能够相互进行家庭拜访	3～6分
			与同事、顾客成为亲密的朋友，并善于对人际资源归类，合理利用人脉	7～10分
	信息沟通能力	B2%	书面和口头表达能力一般，需要上级指导工作	1～3分
			书面和口头表达能力较强，表达清晰，能独立撰写方案	3～6分
			书面和口头表达能力很强，能准确表达意见并切中要害，能独立、快速完成重大方案的撰写	7～10分
组织管理能力（C%）	统筹计划能力	C1%	基本上按工作计划进度的要求工作，通常不能承担较多工作，时间利用率一般	1～3分
			计划性较强，能统筹安排自己的工作，时间利用率较高	3～6分
			计划性强，能合理安排多项工作，时间利用率高	7～10分
	预测判断能力	C2%	判断力、预测力一般，反应较慢	1～3分
			具有较好的判断力，能够根据现状准确预见并做出反应	3～6分
			具有准确的判断力，能根据现状准确预见并及时做出反应	7～10分
	执行能力	C3%	执行能力尚可，但完成任务的质量一般	1～3分
			执行能力较强，能够创造条件，完成多项任务	3～6分
			执行能力很强，能够创造性地执行各项任务	7～10分
	指导能力	C4%	下属1～6人，能进行一般的监督指导；或下属1～3人，能够严格监督指导	1～3分
			下属7人，一般监督指导；或下属4～6人，能够较严监督指导	3～6分
			下属7人，较严监督指导；或下属4～6人，能够严格监督指导	7～10分

【微课堂】

人才测评指标体系按测评的内容划分，可分为传统的德、能、勤、绩 4 个方面，请说明这 4 个方面各包含的内容。

复习与思考

1. 人才测评指标体系建立的依据是什么？
2. 人才测评指标体系建立的流程是什么？
3. 人才测评指标的要素包括哪些？
4. 建立岗位人才测评指标体系的主要依据是什么？

知识链接

微软的用人标准（部分）

微软制定了一套清晰的用人标准，以下是其中的部分内容。

（1）聪明才智：是否有足够的创造力和再学习能力。

（2）足够的热情和激情：能够热爱工作并积极地投入到工作中去。

（3）良好的团队合作精神。

技能实训

实训内容：设计一份客服人员测评要素构成表

假如你是某企业人力资源部的工作人员，因企业业务需要，需招聘一批客服人员。该企业决定对客服岗位的应聘者进行人才测评。请你针对此次测评，设计一份客服人员测评要素构成表（见表 2-13）。

表 2-13　　　　　　　　　　　客服人员测评要素构成表

素质结构	测评要素	
	测评维度	测评内容
生理素质	身体条件	身高……
	……	……
心理素质	一般能力倾向	语言表达能力
	……	……
知识素质	专业知识	客服知识
	……	……
……	……	……

【本章知识导图】

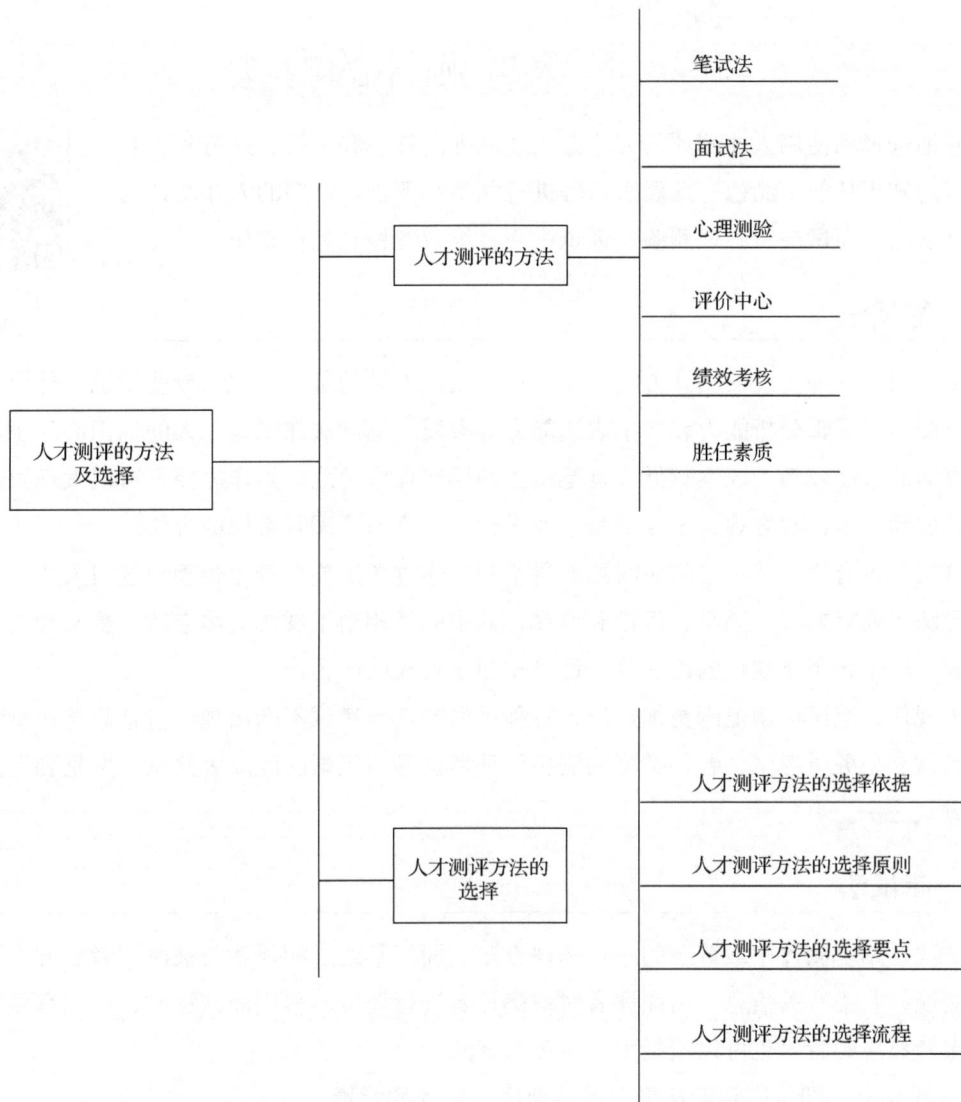

```
                                                            笔试法

                                                            面试法

                                         人才测评的方法       心理测验

                                                            评价中心

                                                            绩效考核

  人才测评的方法                                             胜任素质
     及选择

                                                            人才测评方法的选择依据

                                                            人才测评方法的选择原则

                                         人才测评方法的
                                            选择            人才测评方法的选择要点

                                                            人才测评方法的选择流程
```

【学习目标】

职业知识	• 明确测评方法的类型及适用范围 • 知晓各测评方法选择依据的原则、要点、流程等内容
职业能力	• 能够根据企业测评内容、测评目的和测评方法的适用范围，选择合适的人才测评方法
职业素质	熟悉测评方法在企业招聘、培训、考核中的应用，具备较强的分析能力和归纳思考能力

3.1 人才测评的方法

正确地选择和使用人才测评的方法是人才测评的核心和关键，这有利于对被测评者的知识技能、品德、发展潜力等进行测量和评价。常用的人才测评的方法有笔试法、面试法、心理测验、评价中心、绩效考核和胜任素质。

人才测评的
主要方法

3.1.1 笔试法

笔试法属于一种传统的测评方法，主要用于测量人员的基本知识、专业知识、外语知识、综合分析能力、逻辑分析能力和文字表达能力等素质。笔试法在测定个人的知识面和逻辑分析能力等方面的效度较高、成本较低，且笔试法的操作程序规范、操作方便，可以大规模地进行测试，其成绩评定比较客观，至今仍是企业进行人力资源管理时常用的方法。

笔试法自古有之，特别是隋唐时期的科举制，通过考试能够较为合理地选拔人才。科举制考试的方法主要有贴经、墨义、策论和诗赋，其中贴经相当于现代的填空题，墨义相当于现代的简答题，策论相当于现代的论述题，诗赋相当于现代的命题作文。

到了现代，笔试应用范围更加广泛，各种类型的选拔考试不断出现，包括高等教育考试、研究生考试、公务员考试、各种类型的资格认证考试等。笔试已经成为测试、鉴别和选拔人才的重要方式之一。

3.1.2 面试法

面试法是招聘测评中最普遍的一种测评方法。面试是通过测评者与被测评者双方面对面的观察和交谈，收集有关信息，由测评者对被测评者进行评价。采用面试法时，面试官可以从4个方面来考核应聘者，也可以概括为 STAR 面试法。

S—Situation，即该应聘者从事过的某项事件所处的背景。

T—Task，即该应聘者为完成上述事件所承担的工作任务。

A—Action，即该应聘者为完成上述工作任务所采取的行动。

R—Result，即该应聘者在完成上述工作任务后得到的结果。

由于笔试收集的信息比较死板，难以考察到被测评者的应变能力和解决问题的能力，有时候会出现高分低能的现象。而在面试中，通过沟通交流，可以直接了解被测评者的经验、求职动机、语言表达能力、倾听能力、沟通技巧、仪容仪表仪态等方面的信息。从某种意义上讲，面试与笔试是互补的。面试的这种特性使其在人员的选聘、晋升、岗位调配等管理活动中得到广泛应用。

3.1.3　心理测验

心理测验是通过观察个人具有代表性的行为，依据确定的原则对于贯穿在个人行为活动中的心理特征，进行推论和数量化分析的一种科学方法。心理测验往往是通过人们在特定情境中所表现出来的外显行为来推论其心理特质的，它具有间接性，如内向的人通常表现出安静、保守、内省、喜欢独处等行为特点。

心理测验发展至今数量已有几千个，同时在世界各地得到广泛应用。它能够较好地描述并测量人员的个性特点，在各企事业单位中颇受欢迎。另外，心理测验还为学校心理健康教育的开展提供信息与服务。常见的心理测验有标准化测验和投射测验。

标准化测验通常会事前确定好测验题目、测验答卷、详细的答题说明、客观的计分系统和解释系统、常模说明、测验的信度和效度、项目分析数据等相关资料。它具有使用方便、经济、客观等特点，用于人事测评的心理测验主要包括智力测验、能力倾向测验和人格测验。

投射测验要求对被测评者进行一些模棱两可的刺激，根据被测评者的反应来分析、推断被测评者的内在心理，它主要用于对人格、动机等内容的测量。投射测验可以使被测评者隐蔽的个性特征、心理活动或态度更容易地表现出来，但它在计分和解释上缺乏相对客观的标准，所以对主试和评分者的要求相对较高。

3.1.4　评价中心

评价中心是包含多种测评方法和测评技术的综合测评系统，它的迅速发展始于第二次世界大战后，是现代人事测评的一种重要形式，也是一种针对高级管理人员最有效的测评方法。

评价中心在测评时表现为一项人事评价过程，它由多个测评者，针对特定的目的与标准，使用多种主客观的评价方法和测评技术，对被测评者的综合能力进行评价，为企业的人员选拔、人才鉴别、岗位调整和绩效考核等提供服务。

评价中心源于情景模拟，在一次评价中心中会包含多个情景模拟测验，但它又不同于简单的情景模拟，而是模拟技术、投射技术和面试技术等多种测评技术的有机结合。

3.1.5　绩效考核

绩效考核是针对企业中每个员工所承担的工作，应用科学的方法对员工的工作行为、工作效果及其对企业的贡献或价值进行的考核与评价。

绩效考核最早起源于英国的文官（公务员）制度。在英国实行文官制度初期，由于文官主要凭借资历来晋级，于是造成了所有的人一起晋级加薪的现象，结果是冗员充斥，效率低下。1854—1870 年英国文官制度注重表现、看重才能的考核制度开始建立，改革后的考核制度，充分调动了英国文官的积极性，提高了行政管理的科学性，增强了政府的效能。

绩效考核的目的是增强企业的运行效率、提高员工的工作技能、推动企业的可持续发展，使企业和员工共同受益。绩效考核的有效实施有利于把员工的行为统一到企业的战略目标上来，对企业整合人力资源、协调员工关系、提高企业凝聚力具有重要的意义。

企业对员工的绩效考核应从多方面多角度展开，员工的品德、能力、态度、业绩、个性、适应能力、工作效率和工作成果等均可作为绩效考核的内容。通常情况下，对员工的绩效考核分态度考核、能力考核和业绩考核3个方面。

绩效考核的工具有目标考核法、KPI考核法、BSC考核法、EVA考核法和360度考核法等，在选择考核工具时需要对考核工具的实用性、考核所花费的成本、被考核者的工作性质等因素加以综合考虑。

3.1.6 胜任素质

哈佛大学教授麦克利兰（David McClelland）最早提出了胜任素质的概念。20世纪70年代初期，麦克利兰应美国政府邀请，为之设计了一种能够有效预测驻外联络官（FISO）绩效的方法。

麦克利兰首先采用行为事件访谈法收集第一手材料，然后比较分析工作表现优秀和一般的驻外联络官具体行为特征的各项差异，最终提炼出驻外联络官胜任工作且能做出优秀绩效所应具备的能力素质。麦克利兰的冰山素质模型对岗位胜任素质的构成要素进行了形象的描述，如图3-1所示。

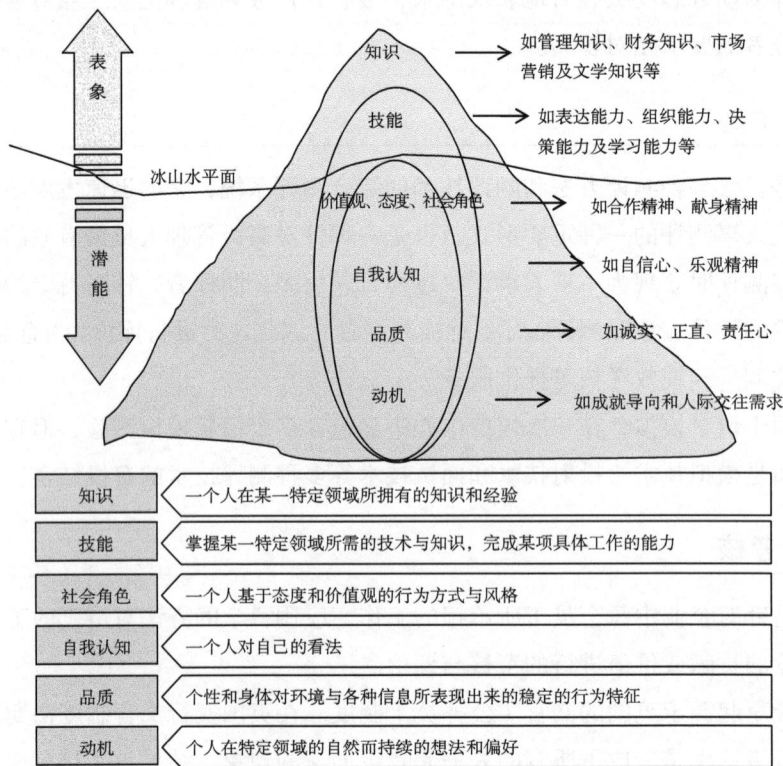

图 3-1 冰山素质模型

"冰山以上部分"包括基本知识和基本技能，是外在表现，是容易感知、判断、测量与培养的部分，但它不能预测或决定个人是否在工作中会有突出表现。"冰山以下部分"包括社会角色、自我认知、品质和动机，是人内在的部分，它与高绩效是相关的。

胜任素质模型自诞生之日起就被应用到人力资源工作的各个方面。实践证明，胜任素质模型可以提高企业的人力资源质量，提升企业的竞争力，还能推动企业发展战略的实现。

【微课堂】

1. 简述上述 6 种测评方法的特点。
2. 在对高潜力人才进行素质测评时，可选择哪些测评方法？

3.2 人才测评方法的选择

由于测评内容、测评目的等方面的不同会选择不同的人才测评方法，本节主要介绍人才测评方法的选择依据、原则、要点和流程。

3.2.1 人才测评方法的选择依据

人才测评方法的选择依据主要有人才测评体系的建立及实施、企业和被测评者。

1. 从人才测评体系的建立及实施的角度来选择

（1）设定人才测评体系时选择人才测评方法。在实施人才测评时，首先需要有测评方案。在测评方案的设计中，人才测评指标体系的建立和测评目的的确定非常关键。因此，需要根据人才测评的具体目的、测评指标的性质及人才测评实施达到的效果来确定测评方法。

如果企业要求建立以选拔为导向的人才测评体系，那么对于一般员工来讲，笔试和面试就是较适合的测评方法；对于高级管理者来讲，评价中心就是较有效的测评方法。

（2）依据人才测评指标的特点选择测评方法。此时人才测评方法的选择关键是看人才测评指标考核的内容和目的，如在进行心理健康状况的测评时可以采用心理健康问卷（如 MMPI）或投射技术；在进行人格测评时可以采用问卷调查法。

（3）依据人才测评方法本身的特点来选择测评方法。任何一种人才测评方法都有其自身的特点和适用范围。在人才测评的实施过程中，为保证测评的信度和效度，大多数情况下会对几种测评方法进行有机结合和应用，以达到人才测评的目的，因此要根据人才测评方法的特点以及其他条件来选择。

2．从企业的角度选择

从企业的角度来选择人才测评方法，主要是以企业文化、企业管理体系、领导者的管理风格和企业的管理系统为依据。

（1）企业文化。一个人才测评方法的选择合适与否，跟企业文化有不可分割的关系，同样企业文化对于人才测评的适用性起着重要的作用，这就是同样的测评方法对一些企业适用，但对另外一些企业却不适用的原因。例如，360度反馈法在管理比较严谨的企业中就比较适用，但在提倡和谐的企业或一些家族企业中就不太适用。

（2）企业管理体系。企业管理体系是支撑人才测评体系的支柱，管理体系由战略目标、经营理念、程序流程、表格设计、组织结构、功能模块、部门岗位、权责价值、规章制度、纪律规范、管理控制、决策支持等模块组成。如果在选择人才测评方法时没有考虑企业的管理体系，就会使人才测评脱离外部环境而存在，这样建立起来的人才测评体系是不切合实际的。

例如，在一些企业中没有完善的规章制度和管理流程，在实行绩效考核时不能有效地辨别员工的行为标准，不能有效地建立数据收集系统，使绩效考核的结果难以得到真实的反映。

（3）领导者的管理风格和组织行为模式。企业中的人才测评是从上向下推行，那么人才测评方法的选择就需要考虑领导的管理风格，否则设计出来的人才测评体系就不够完美。另外，企业中或多或少会存在成文或不成文的规矩或行为模式，在选择测评方法时也要将其考虑进去。

3．从被测评者的角度来选择

（1）根据被测评者的职务来选择测评方法。被测评者所任职务不同，其工作的性质、内容、责任、标准等就有所不同，所以对被测评者的测评要素也不同。这时就需要根据测评的侧重点来选择相适应的测评方法，如表3-1所示。

表3-1 根据被测评者的职务来选择的测评方法

职务	主要测评要素	测评方法
基层员工	个性特征、操作能力、工作经验	履历分析法、人格测试、结构化面试
中层管理者	能力特点、个性特征、职业适应性、专业知识、管理能力	结构化面试、人格测试、职业适应性测试、管理风格测试、评价中心技术
高层管理者	管理能力、领导能力、创造性思维能力、成就动机、沟通能力、开放和变革意识、心理素质、知识素质	评价中心、管理风格测试、领导行为测试、管理潜能测试、人格测试、动机测试

（2）根据被测评者所在的部门来选择。企业中各个部门是企业一系列活动的承担者，每个部门在工作性质、难度、技能等各方面有不同的要求，这使得部门内人员素质的要求也有所不同。在对不同部门的人员实施测评时，需要根据测评重点选用测评方法。例如，对生产部门人员来讲，侧重于全面严格的质量控制能力、创新开发能力，因而在人才测评时注重对部门人员进行个性特征、职业兴趣取向、行为风格、操作能力的测评，测评方法可以选择履历分析法、人格测试、职业兴趣测试和面试法等。

3.2.2 人才测评方法的选择原则

在选择人才测评方法时，应当遵循匹配性、灵活性、有效性、公平性及经济性 5 个原则。

1. 匹配性

匹配性是指测评方法必须与特定的测评目的、测评岗位和测评要素等相匹配。例如，选拔人才测评的目的是为企业挑选合格的职位候选人，实现"人岗匹配"，那么通过工作分析法、观察法等方法，从职位任职资格（或职位说明书）中提取知识、技能、能力等测评要素，针对不同需求选择合适的测评方法和测评工具。

2. 灵活性

为了避免相关信息在测评时被伪装或隐瞒，应该选择灵活多变的测评方法，使其具有"测谎"机制，或在编制测试试题时采用声东击西的策略，或采用多种测评方法，使各项分数能够相互印证。

3. 有效性

有效性是指测评方法必须能够有效地将人才素质区分开来，具有预测效度，如评价中心方法受到了许多部门和行业的好评，特别是以招聘高层管理者的评价中心的预测效度得到了广泛认同。各测评指标的预测效度如表 3-2 所示。

表 3-2　　　　　　　　　　　各类测评方法预测效度的比较结果

测评方法	预测效度	测评方法	预测效度
评价方法	0.43	同行评定	0.49
一般智力测定	0.49	工作样品	0.54
个人材料	0.30	学业成绩	0.14
身体能力	0.30	特殊能力测验	0.27
面谈	0.09	自我介绍	0.15
推荐信	0.23	专家评定	—

资料来源：赵琛徽. 员工素质测评. 深圳：海天出版社，2003.

4. 公平性

公平性具体表现为测评程序公平、测评指标科学和量化方式科学等。例如，为了避免测评者主观因素产生的误差，在招聘中要求所采用的测评方法必须具有较强的客观性，如结构化面试、标准化测验或各种测验方法相互印证的评价体系等。

5. 经济性

测评的经济性是指测评收益相对于测量成本的比率，如在选拔一般员工时，鉴于收益与成本的考虑，会采取面试法和笔试法等比较简单的测评方法。

美国两位工业心理学家对当前使用的 11 种测评方法进行过比较，其结果如表 3-3 所示。

表 3-3 　　　　　　　　　　　　　对 11 种测评方法的评价

测评方法	效度	公平程度	可用性	成本
智力测验	中	中	高	低
能力测验	中	高	中	低
个性与兴趣测验	中	高	低	中
面谈	低	中	高	中
工作模拟	高	高	低	高
情景练习	中	未知	低	中
个人资料	高	中	高	低
同行评定	高	中	低	低
自我介绍	低	高	中	低
推荐信	低	—	高	低
评价中心	高	高	低	高

资料来源：赵琛徽. 员工素质测评. 深圳：海天出版社，2003.

3.2.3　人才测评方法的选择要点

不同内容、不同对象、不同岗位具有不同的测评方案，所以在选择人才测评方法时也应当做到具体问题具体分析，其选择要点如下。

（1）不同人才测评方法的功能、使用对象和解释范围各有不同，所以应针对人才测评方法本身的特点进行选择。

（2）各种人才测评方法服务于具体测评要素、岗位与企业，而不应让测评要素、岗位与企业服务于人才测评方法。

（3）在人才测评中，用同一测评方法服务于所有的测评要素、岗位与企业是不可取的。

（4）人才测评方法应从测评管理目的、岗位职责的特点以及被测企业的特征等方面进行选择。

3.2.4　人才测评方法的选择流程

在人力资源管理活动中，人才测评方法选择的流程如图 3-2 所示。

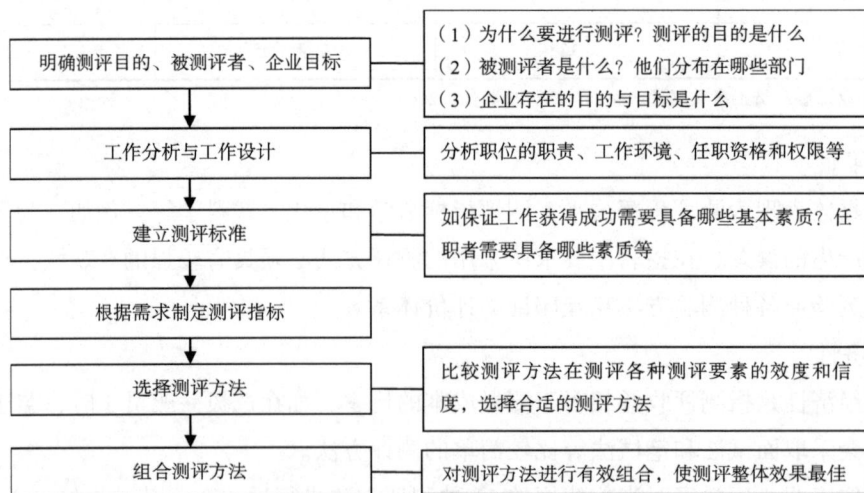

流程	说明
明确测评目的、被测评者、企业目标	（1）为什么要进行测评？测评的目的是什么 （2）被测评者是什么？他们分布在哪些部门 （3）企业存在的目的与目标是什么
工作分析与工作设计	分析职位的职责、工作环境、任职资格和权限等
建立测评标准	如保证工作获得成功需要具备哪些基本素质？任职者需要具备哪些素质等
根据需求制定测评指标	
选择测评方法	比较测评方法在测评各种测评要素的效度和信度，选择合适的测评方法
组合测评方法	对测评方法进行有效组合，使测评整体效果最佳

图 3-2　测评方法选择的流程

【微课堂】

在线测评是基于网络发展而产生的一种新的测评方法，与传统测评方法相比，它有哪些特点呢？

复习与思考

1. 简述人才测评方法选择的依据。
2. 采用面试的方式进行人才测评，一般考核哪些内容？
3. 测评方法选择中有哪些注意事项？

知识链接

阿里巴巴的人才盘点

人才盘点是指通过对企业人才进行系统管理，使人与企业相匹配，从而确保企业的人才供给，实现战略目标的一种辨识人才的方式。下面是阿里巴巴人才盘点的内容。

阿里巴巴的人才盘点不仅盘人，还盘战略、盘团队。它主要从 3 个层面展开，具体内容如表 3-4 所示。

表 3-4 人才盘点

层面	说明
企业层面	主要从业务布局、整体结构各维度分布数据、关键人才 3 方面进行，包括年度战略、层级、工龄、学历、关键业务的人才现状等
团队层面	主要从人才梯队、管理动作、人才现状 3 方面进行，包括雇佣、辞退、调岗、表扬、批评等内容
个人层面	主要从个人绩效、个人潜质、个性特质 3 方面进行盘点

技能实训

实训内容：设计一份考核表

临近年末，某制造企业打算采取绩效考核的方法对生产班组长进行测评，以便企业领导决定年终奖的发放。请将表 3-5 中的空白处填写完整。

表 3-5　　　　　　　　　　　班组长考核表

考核指标	考核办法
生产计划完成率	每低于目标值____个百分点，减____分
产品质量合格率	每低于目标值____个百分点，减____分
生产设备利用率	
规章制度执行情况	
生产安全事故次数	

【本章知识导图】

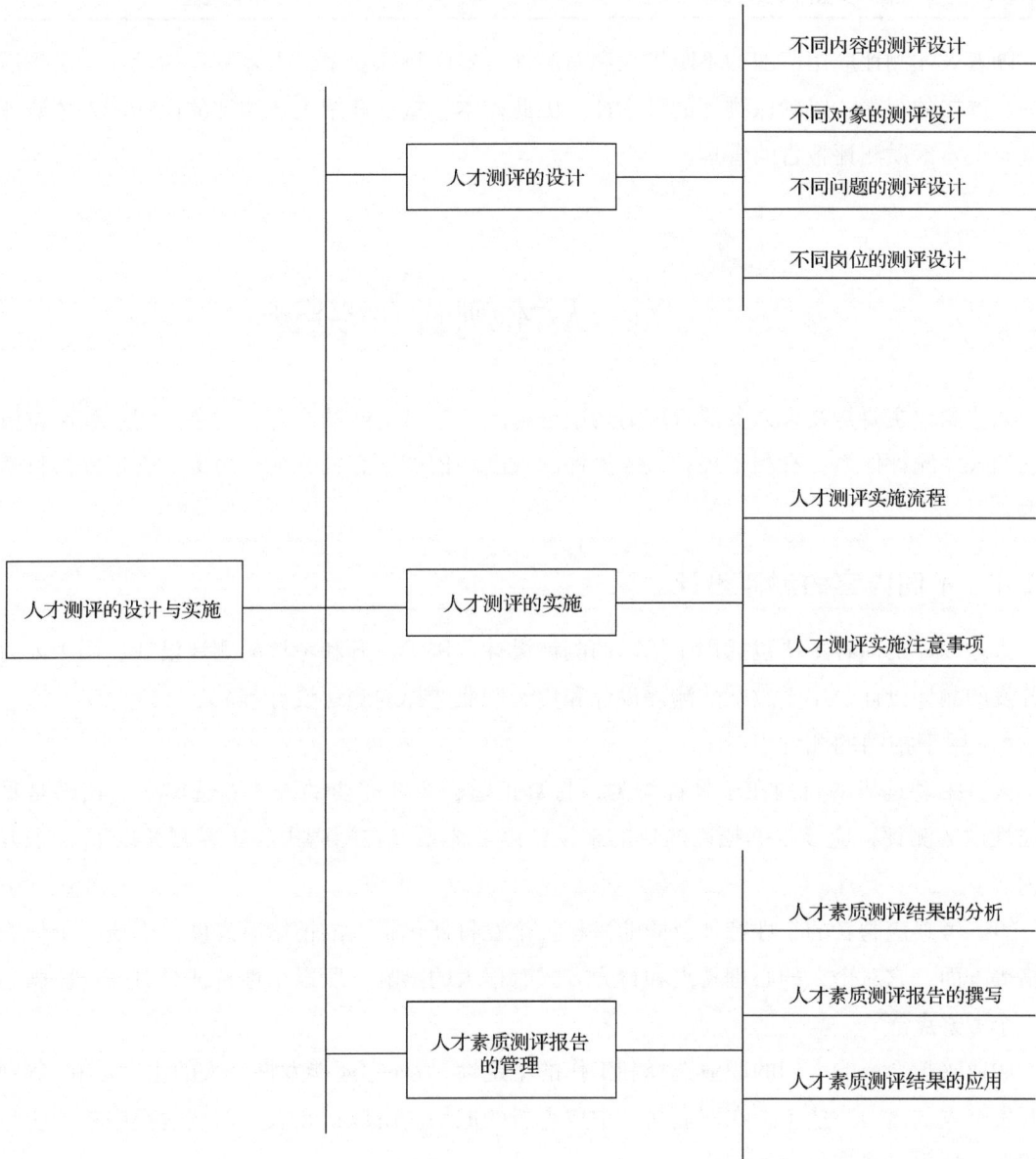

人才测评的设计与实施
- 人才测评的设计
  - 不同内容的测评设计
  - 不同对象的测评设计
  - 不同问题的测评设计
  - 不同岗位的测评设计
- 人才测评的实施
  - 人才测评实施流程
  - 人才测评实施注意事项
- 人才素质测评报告的管理
  - 人才素质测评结果的分析
  - 人才素质测评报告的撰写
  - 人才素质测评结果的应用

【学习目标】

职业知识	• 知晓不同类型人才测评设计的原则和方法 • 明确人才测评实施的流程及注意事项
职业能力	• 能够根据不同的内容、问题和岗位等进行不同的人才测评设计 • 能够根据企业测评的目的及实际需要选择合适的数据分析方法 • 能够对所收集的测评数据进行合理的统计分析，并撰写符合需要的素质测评报告
职业素质	熟悉各类型测评设计的标准及测评报告撰写的原则，具备较强的分析能力和沟通能力

随着人才测评应用范围的不断扩大和对测评内容的特殊要求，人才测评的设计与实施需要有一套严格的程序，以确保测评的科学性。因此，本章重点介绍人才测评的设计、人才测评的实施和人才素质测评报告的管理。

4.1 人才测评的设计

人才测评主要是在人力资源管理活动中进行的，针对不同的内容、对象、问题和岗位设计不同的人才测评体系，有利于提高人才测评的效度和信度，有助于为人力资源管理提供科学的依据。

4.1.1 不同内容的测评设计

人才测评的内容主要包括用于招聘的测评设计、用于晋升和考核的测评设计、用于人力资源开发的测评设计、用于激励的测评设计和用于职业选择的测评设计等。

1. 用于招聘的测评设计

人员招聘选拔的目的在于择优淘劣，将真正适合企业需要的人才甄选出来。招聘是具有选拔性质的测评，应该根据招聘的目的来设计测评体系。在招聘中，主要测评以下 3 个方面的内容。

（1）考察应聘者的个性特征及职业兴趣。个性特征包括人的情绪、态度、气质、价值观和性格等方面，它对个人的心理特点和行为方式有很大的影响，所以个性特征是对甄选应聘者时的一个考察点。

职业兴趣会影响人们的职业选择和工作的稳定性,另外它还能发挥个人的主动性和创造性，并开发个人的潜力，使个人在职业活动中取得新的成果。所以，在人员甄选过程中检测应聘者的职业兴趣也是很有价值的工作。

（2）诊断应聘者的能力特征。能力是顺利完成某一工作（活动）所必需的主观条件，它直接影响着工作（活动）效率。能力总是和人完成一定的活动联系在一起的，离开了具体的活动既不能表现人的能力，也不能发展人的能力。根据岗位要求录用人员，根据应聘者的能力特征将其配置到合适的岗位上，使得人岗匹配，实现人才的合理配置。

（3）在情景模拟中考察应聘者的行为特征。在情景模拟状态下，针对有关的评价维度对应聘者表现出的行为给予评定，以考察应聘者与岗位需求、企业目标相关的行为。例如，对英语翻译人员的情景模拟任务是限时翻译，对销售人员的情景模拟任务是现场销售某种产品。

在招聘测评中有两种测量工具，一种是选拔性质的测量，另一种是淘汰性质的测量。其具体内容如表 4-1 所示。

表 4-1　　　　　　　　　　　　　　　招聘测评中的测量工具

测量工具	内容	适用对象	测评设计注意事项
选拔性质的测量（即择优策略）	尽可能全方位多角度了解应聘者的情况，依据岗位要求综合性地评估应聘者的优势水平、与岗位的匹配度，从中选择优势最强的人员	适用于职位较高、责任较大的人员，一般是指管理人员	测评设计要全面、详尽，针对不同岗位考察的重点，精细化地设计各测评维度的权重
淘汰性质的测量（即淘劣策略）	依据职位要求规定岗位工作人员所必须具备能力的基线水平，通过能力测验筛除不能达到基线要求的人员	适用于一般人员	在熟知岗位要求的前提下，要对考察的能力和筛选标准有明确的规定

在招聘测评中一般使用的测评工具包括 Y-G 性格测验、霍兰德职业适应性测验以及与招聘岗位相适应的胜任力测验。

2. 用于晋升和考核的测评设计

晋升是企业赋予人员一定的职责和权利，将个人的素质、能力与承担的责任进行优化配置，并给予个人相应的经济待遇和地位。

考核是为了对各级员工的工作情况进行鉴定，为确立新的工作目标提供依据。考核可以对员工的表现予以及时明确的反馈，有利于对员工的发展制订计划或建议。它作为绩效控制的手段，可以提升企业的竞争力。

晋升和考核的内容主要包括工作业绩、工作态度、工作能力和品行，通常采用目标管理法、关键事件法、工作标准法、能力倾向测验、评价中心和强制分布法等对员工的表现做出全面的评价。

3. 用于人力资源开发的测评设计

现代各类企业都特别注重员工的职业发展规划和培训，它们对员工的素质和技能有特殊的要求。为保证企业战略目标的实现，使员工素质与企业的发展相衔接，企业在用人的同时也在不断地培养人才。另外，很多企业都有自己的人才储备系统和内部晋升机制，这有利于人才的合理利用，有助于实现企业的可持续发展。

用于人力资源开发的测评工具包括 SCL-90 测验、霍兰德职业适应性测验、职业技能测验、公文筐测验和性格测验等。

4. 用于激励的测评设计

激励是指激发员工的工作动机，即用各种有效的方法调动员工的积极性和创造性，使员工努力完成工作任务，实现企业目标。员工激励性测评的目的在于了解员工的需要，为满足员工的需要而采取措施来激发他们的工作积极性。

用于激励的测评工具有需要测量、成就动机测量和工作内在动机测量。

5. 用于职业选择的测评设计

职业选择是个人对于自己的就业地域、行业及专业方向的挑选和确定，它是个人真正进入社会生活领域的重要行为，是人生的关键环节。

个人的气质、性格、能力等对择业都有重要的影响。在职业选择测评中，需要了解个体的智能倾向、个性特点及职业兴趣偏好，然后根据这些特征来确定适合个人发展的职业。

适用于职业选择的测评工具包括 Y-G 性格测验、霍兰德职业适应性测验等。

4.1.2　不同对象的测评设计

按照职务层次，我们可将人才测评的对象区分为 4 种类型，即一般员工、基层管理人员、中层管理人员和高层管理人员。

4 类人员人才
测评的设计

1. 适用于一般员工的测评设计

一般员工通常是指企业中基层的生产、服务、业务工作人员，他们所从事的工作任务量大，工作内容单一。虽然一般员工负责企业中相对底层、简单的工作，但作为企业正常运作的基础，他们的素质和工作水平对企业的绩效有直接的影响。

对于一般员工而言，其胜任力特征主要为个性特征、与岗位相关的专业技能、一般能力和心理健康状况等。对于员工的专业技能测评，可以通过简历筛选法和笔试法（技能考试）来完成。另外还需要对员工的心理健康状况进行测评，针对异常情况，企业要有针对性地做出辅导和安排。

适用于一般员工的测评工具有 Y-G 性格测验、SCL-90 测验和霍兰德职业兴趣与价值观测评量表、投射测试和 16PF 量表。

2. 适用于基层管理人员的测评设计

基层管理人员一般是指在生产、销售、教学和科研一线，承担管理任务并保证各任务在基层得到全面落实的职员，如班主任、车间主任、领班和工头等。

适用于基层管理人员的测评工具有沟通能力测验、管理能力测验、16PF 量表和操作能力测验等。

3. 适用于中层管理人员的测评设计

中层管理人员是企业中的执行层，他们是企业管理的中坚力量，是领导联系一般职员的纽带和桥梁，也是一般职员的直接管理者。中层管理人员的主要职责，包括执行企业的决定，与上级、同级和下级沟通，管理本部门事务，参与员工的职业生涯管理。

中层管理人员所应具有的品质是多样的，如要有健康的身体，要有较高的智力水平，要对企业忠诚，要有创新意识，还要掌握相关的专业知识和技能。所以，对中层管理人员的测评要针对 4 个方面，即能力、个性特征、动力适应性和知识经验。

适用于中层管理人员的测评工具有沟通能力测验、管理能力测验、霍兰德职业兴趣与价值观测评量表、16PF 量表和 DISC 测验等。

4．适用于高层管理人员的测评设计

高层管理人员位于企业的最高层，需要对整个企业负责，要确定企业目标，制定企业战略，监督和解释外部环境状况，针对影响整个企业的问题进行决策。高层管理人员的胜任特征主要有工商管理能力、变革与决策意识和能力、创造性思维、较高的成就动机、坚韧的毅力和沟通能力等。

高层管理人员需具备较高级的复杂能力，可以采用情景模拟测验、DISC 个性测验、经营决策能力测验和领导能力测验等测评工具对其进行考察。

4.1.3　不同问题的测评设计

针对了解或解决不同问题而设计的测评可以分为测验法测评设计和行为观察类测评设计两种。

1．适用于测验法的测评设计

测验法的测评设计是通过观察或调查被测评者具有代表性的行为，对于贯穿在行为活动中的心理特征依据一定的原则和统计方法进行分析的测评方法，这种方法又叫作纸笔测验法。测验法一般要事先编制量表或成套的测验题目。

量表是一种测量工具，它试图确定主观的、有时是抽象的概念的定量化测量的程序，对事物的特性变量可以用不同的规则分配数字，因此形成了不同测量水平的测量量表，即测量尺度。为了解被测评者的专业知识可以进行技术性笔试，为考察被测评者的外语阅读和写作能力、综合分析能力、数理分析能力等方面的知识可以进行非技术性笔试。

2．适用于行为观察类的测评设计

为测验被测评者在特定情景下的实际操作能力、专业技能运用能力、运作能力、团队协作能力和观察能力等可以选择行为观察类的测评方法，如情景模拟和评价中心等。

在人才测评中为突出了解被测评者的语言表达能力、仪容仪表仪态、沟通技巧和专业知识等可采取面试的测评方法。

4.1.4　不同岗位的测评设计

各岗位的任职技能、业务的活动性质、工作难度和工作条件等不同，对企业的贡献也不同，因此，针对不同岗位的人才测评也就不同。企业部门设置大致可分为销售部、财务部、研发部、售后服务部、行政人事部和生产部，下面仅选择一些有代表性的岗位来说明其素质要求及测评工具选择。

各类人员人才
测评的设计

1．适用于销售岗位的测评设计

销售岗位对员工的基本素质要求包括良好的沟通、协调和人际交往能力，应变能力、适应能力和情绪控制能力强，熟悉产品知识、营销知识和销售渠道，具有良好的客户关系，个性表现为乐观、热情、健谈、耐挫性强。

适用于销售岗位人员的测评工具包括职业适应性测验、敏感性与沟通能力测验、性格测验、无领导小组讨论和交往能力测验。

2. 适用于财务岗位的测评设计

财务岗位对员工的基本素质要求具有良好的判断力、决策力和金融预测力，有专业资格认证和良好的职业道德，个性表现为细心、精准、严谨、谨慎、原则性强。

适用于财务岗位人员的测评工具有数量分析能力测验、DISC 个性测验、面试（结构化或非结构化）、工作动机测验和职业价值观测验。

3. 适用于研发岗位的测评设计

研发岗位对员工的基本素质要求，包括具有发现和解决问题的能力，具有独创性和创造性，思维严密，善于学习，具有相应的技术等级认证。

适用于研发岗位人员的测评工具有逻辑推理测验、抽象推理测验、创造力测验、专业知识测验和成就动机测验。

4. 适用于售后服务岗位的测评设计

售后服务岗位对员工的基本素质要求，包括具备良好的沟通能力和一定的专业技能，熟悉产品知识，具备良好的应变能力，工作中应热情、耐心、细心和友善。

适用于售后服务岗位人员的测评工具有交往能力测验、工作动机测验和职业价值观测验。

5. 适用于行政人事岗位的测评设计

行政人事岗位对员工的基本素质要求，包括具备良好的人际沟通能力、适应能力和全面细致的分析能力，熟悉行政人事管理的专业知识和相关的劳动法规，工作中应热情、可信、细致耐心。

适用于行政人事岗位人员的测评工具有 DISC 个性测验、无领导小组讨论、沟通能力测验和职业适应性测验等。

6. 适用于生产岗位的测评设计

生产岗位对员工的基本要求，包括具有时间管理能力，熟悉生产流程，操作能力强，反应灵敏，具备安全生产知识，有认真和负责任的工作态度。

适用于生产岗位人员的测评工具有操作能力测验、价值观评定、面试（结构化或非结构化）、兴趣偏好测验和专业技能测验。

【微课堂】

1. 谈谈人才测评的作用。
2. 在对采购人员进行测评设计时，其测评要素有哪些？

4.2 人才测评的实施

4.2.1 人才测评实施流程

1. 确定测评目的

测评目的是测评要素、方法和工具选择的前提，是人才测评方案设计的方向，是测评目标及测评效果进行评估监控的依据。人才测评的目的可以分为选拔性测评、开发性测评和考核性测评等，确定测评目的是人才测评的基础，具体可以从宏观层面和微观层面来考虑。

从宏观层面考虑测评目的时，需要考察经济、社会和市场的发展现状，同时也要分析企业的愿景、长期发展战略和企业文化等因素。

从微观层面考虑测评目的时，要结合人力资源管理目的和人力资源开发的需要，结合企业的经营策划、变革策划、组织策划和岗位需求，来确定人才测评的方向和目标。例如，IT 企业在招聘技术研发人员时非常注重其逻辑分析能力、团队合作精神和创新能力等，这是在企业的性质和岗位需求的基础上确立的。

2. 选择测评指标和方法

在人力资源管理中，测评指标的确定需要进行前期相应岗位的详细分析调查，主要分析方法有工作分析法、胜任力特征分析法、访谈法、历史概括法和文献查阅法等，其中胜任力特征分析法的具体内容将在第 10 章进行详细阐述。

（1）工作分析法。

工作分析法是指采用科学的方法收集工作信息，并通过分析、综合所收集的信息找出主要的测评因素，为人力资源管理（人员招聘、配置、开发和考核等）提供依据的管理活动。

工作分析的主要内容一般包括人员分析和事务分析两个方面。其中，人员分析主要包括各类人员完成本职工作需具备的智力条件、知识水平、工作经验、资历等；事务分析主要包括工作职责、工作程序、工作环境、同相关工作或部门的关系等。

在制定人才测评指标的过程中采用工作分析法，可以依据已有的工作分析成果（如职位说明书、任职资格）确定任职者的素质测评指标，也可以直接针对要测评的岗位进行工作分析，主要表现为分析从事某一工作需要具备的素质、履行职责与完成工作任务以什么指标来评价等。工作分析法主要有职务分析问卷（PAQ）、管理人员职务描述问卷（MPDQ）、职能工作分析法（FJA）、任务清单分析系统（TIA）和关键事件法（CIM）。

在人才测评指标标准体系的设计中，工作分析法的具体程序包括以下 5 个阶段。

① 准备阶段。根据测评目的与测评需要，确定需要进行调查的职位范围，制订调查提纲与调查计划。

② 信息收集阶段。采用工作日志法、访谈法、观察法等收集相关职位任职者的素质条件及绩效指标的素材。所涉及资料的具体内容如图 4-1 所示。

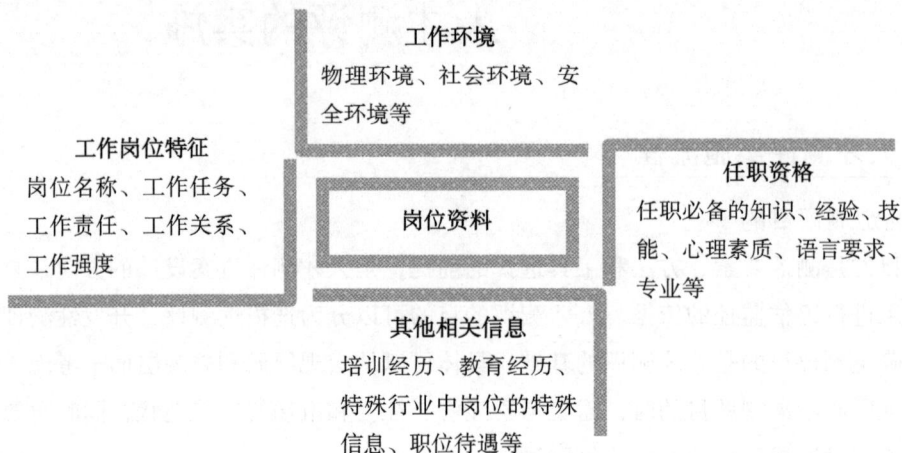

工作环境
物理环境、社会环境、安全环境等

工作岗位特征
岗位名称、工作任务、工作责任、工作关系、工作强度

岗位资料

任职资格
任职必备的知识、经验、技能、心理素质、语言要求、专业等

其他相关信息
培训经历、教育经历、特殊行业中岗位的特殊信息、职位待遇等

图 4-1　岗位资料涉及的内容

③ 信息整理阶段。通过定性或定量的方法筛选收集到的信息，信息分析工作完成后，要将分析结果以一定的形式表现出来，如形成工作描述、工作说明书、资格说明书和职务说明书。

④ 资料完善阶段。扩大调查范围，并要求被调查者对调查表的内容进行评价、补充，对调查结果进行统计分析，形成职位素质测评指标。

⑤ 测评指标完成阶段。对所指定的人才测评指标体系试测、反馈、修改，最终确定测评指标。

（2）访谈法。

访谈法是以口头形式，根据被询问者的答复收集客观的、不带偏见的事实材料，以准确地说明样本代表的总体的一种方法。尤其是在进行比较复杂的人才测评时，需要向不同类型的人了解不同类型的材料，这有利于提高测评指标的内容效度。

访谈可分为结构型访谈和非结构型访谈。

① 结构型访谈通常采用问卷或调查表的形式依照定向的标准程序进行，这种访谈方式能够区分一般绩效和优秀绩效，相对而言获得的数据比较客观，容易进行指标量化；但是不够灵活，难以进行指标的深层次挖掘。

② 非结构型访谈没有定向的标准化程序，不同的访谈者之间缺少一致性，访谈往往因人而异。这种访谈方式具有较强的灵活性，可以深入挖掘人员特点；但通常较难获得较多的有效数据，且数据往往带着主观性，难以形成具体的量化指标。

（3）历史概括法。

历史概括法是收集、整理历史上成功的、失败的且被证实过的一些人物的素质，并将其作为正向或反向测评指标的一种测评方法。现今，很多管理者在研读《孙子兵法》《道德经》《论语》等古代名著，其中《孙子兵法》对于竞争战略、战术具有很高的指导与借鉴意义，《道德经》

可以启迪经营哲学和商业智慧，《论语》则侧重于讲述树人的智慧。

《孙子兵法》中"大将"的"智慧、诚信、仁爱、勇气、严明"等素质是现代企业领导者应该具备的；孔子提出的"仁爱"对现代管理者具有实际的意义，管理者如具备"恭、宽、信、敏、惠"这些素质，对企业的发展有重大意义。

（4）文献查阅法。

文献查阅法就是通过收集和分析研究各种现存的有关文献资料，从中选取信息，以达到测评目标的方法。它所要解决的是如何在浩如烟海的文献资料中选取适用于测评目标的资料，并对这些资料做出适当地分析最后加以使用。人员测评指标的设计者可以从不同的文献中来设计测评目标，如《职业分类大典》《职业技能鉴定规范》等。

在利用文献查阅法进行测评目标的选择时，其主要实施步骤如图4-2所示。

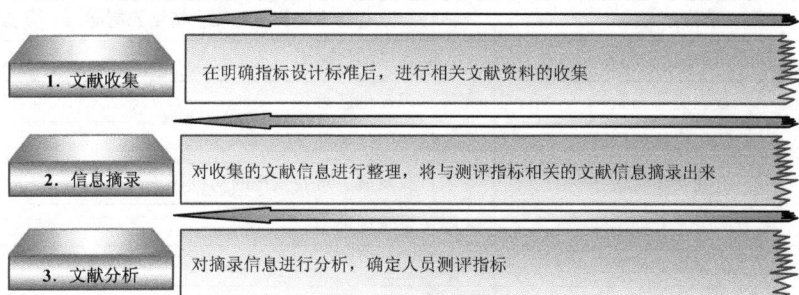

1. 文献收集	在明确指标设计标准后，进行相关文献资料的收集
2. 信息摘录	对收集的文献信息进行整理，将与测评指标相关的文献信息摘录出来
3. 文献分析	对摘录信息进行分析，确定人员测评指标

图4-2　实施步骤

关于如何选择人才测评的方法，不仅要考虑各种测评方法和测评工具的功能、适用对象和解释范围，还要考虑测评目的、测评内容、被测评者和测评岗位等方面。

每种测评工具对每个人的某项素质进行有针对性的测评，一般可以通过详细的分析测评要素内容来选择具体的测评工具。表4-2所示为常用的人员素质测评工具。

表4-2　　　　　　　　　　　　　　　人员素质测评工具汇总

测验类别		主要测评工具	适合的被测评者
基本测验	个人品质测验	卡特尔16因素人格测验	乐群性，聪慧性，稳定性，恃强性，兴奋性，有恒性，敢为性，敏感性，怀疑性，幻想性，世故性，忧虑性，实验性，独立性，自律性，紧张性
		DISC个性测验	支配性，影响性，稳定性，服从性
		管理人员个性测验	正性情绪倾向，负性情绪倾向，乐群性，责任性，广纳性，内控性，自信心，成就动机，权利动机，面子倾向等
	职业适应性测验	生活特征问卷	风险动机，权利动机，亲和动机，成就动机
		需求测试	生理需要，安全需要，归属和爱的需要，自尊需要，自我实现需要
		职业兴趣测验	经营取向，社交取向，艺术取向，研究取向，技能取向，事务取向
	能力测验	多项能力、职业意向测验	语言能力，概念类比，数学能力，抽象推理，空间推理，机械推理
		数量分析能力	数量及数量关系的识别和分析能力
		逻辑推理能力	思维能力测验，评估思维的逻辑性、灵活性和发散性
		敏感性与沟通能力测验	一般人员的人际敏感性，营销意识，沟通行为倾向，营销常识

续表

测验类别		主要测评工具	适合的被测评者
基本调查	个体行为	工作感觉评定	工作满意度
		价值取向评估	理论取向，政治、经济取向，唯美取向，社交取向
	领导行为评估	沟通方式评估	正确的上下沟通知识和技能掌握情况
		冲突应变性评估	非抗争型，退避与顺应；解决问题型，游说与妥协；抗争型，竞争型
		工作习惯评定	科层意识
		变革意识评估	对事物的灵活性和创新意识
	团体行为	团体健康度评定	共同领导，团队工作技能，团队氛围，团队凝聚力，成员贡献水平
		团队绩效评定	评估团队绩效
基于情境		公文筐测验	计划、授权、预测、决策、沟通
		无领导小组讨论	组织行为，洞察力，倾听，说服力，感染力，团队意识等
		结构化面试	评估综合分析能力，仪表风度，情绪控制能力，应变能力等
面向高绩效的人事管理		人际敏感性测验	对人际事务的敏感力
		管理变革测验	变革意识，创新意识
		团队指导技能测验	沟通技巧
		自我实现测验	寻求自我发展、自我发挥的动机
		人际关系管理测验	人际关系管理能力
		沟通技能测验	沟通技巧
		管理方式测验	基本管理理念
		基本管理风格测验	管理风格
		管理情境技巧测验	在各种情境中的行为模式
		企业绩效测验	绩效意识与可能的潜力
		管理者自我开发测验	专业知识，敏感力，分析判断力，社交技巧，情绪、心智灵活性等

3. 设计测评方案

测评方案的内容包括测评背景、测评目的、测评指标体系、测评方法体系、测评主体与客体、组织实施的程序、费用预算、预期效果和测评结果的运用等。其中测评目的、测评指标体系、测评方法体系已经在前面的章节进行过阐述，此处不再赘述。

（1）测评主体与客体。

测评主体是指主持整个测评工作的个人或企业，它包括测评方案的设计者、测评方案的评估者、测评活动的组织者、测评工作的指导者、操作方案的评估者、测评结果的处理与解释者。测评主体的具体形象是测评工作人员，其中起主要作用的是测评者。测评者可以是专家、部门主管、管理者或其他有测评能力的个人，有时被测评者自己也作为测评者存在。

测评客体是指测评实施的承受者，如以思想品德测评而论，具备该品德的人是测评的客体，是具体存在的实体。

（2）组织实施的程序。

组织实施的程序包括实施测评前的准备工作、确定测评小组成员、培训测评者、测评时间及场地安排、必要的后勤保障等方面。具体的实施程序要根据企业的具体情况而定。

（3）费用预算。

费用预算包括场地租赁费、设备租赁费、聘请专家费、人工费、先进技术费和材料制作费等。

（4）测评结果的运用。

就人力资源管理活动来说，根据测评结果可以进行优秀人才的选拔、岗位配置、绩效改进、人力资源培训开发、薪酬调整等；就个人来说，测评结果可以使人明确自我认知，有改进的方向和前进的动力，有助于个人职业生涯规划等。

4．进行人才测评

进行人才测评时，首先要确定测评小组成员、培训测评者、安排测评时间及测评环境。在这些准备工作完成后，测评实施人员应当向被测评者宣传测评的目的和流程、测评操作方法的指导、测评活动的控制协调及信息的收集、整理。

（1）确定测评小组成员。

测评者是整个活动的实施者，是测评活动具体的负责人。因为，不同测评者的思想、态度和个性等在一定程度上能够影响测评的效果，所以，测评小组的成员必须坚持原则、公正不偏，了解被测对象的情况，有一定的实际工作经验，尤其是测评方面的工作经验，有一定的专业知识，做事仔细认真负责、一丝不苟。

测评者的数量和层次要依据测评的性质、方法和条件进行具体的分析和确定。

（2）培训测评者。

企业内部确定好测评者后，需要对测评者进行培训，培训内容包括测评方法、测评过程、测评的操作方法和步骤、突发事件的处理办法等。在条件允许的情况下，可以组织测评者先做一些实际的演练。

（3）安排测评时间。

一套人格测验试卷可能花费的时间是 1～2 个小时，一个无领导小组讨论花费的时间可能是 30 分钟。所以，要针对不同类别的测评工具和方法确定测评时间。

测评时间应按照人的心理、智力和体力活动的生物节律来安排，如有些人到了中午容易犯困，不宜安排测试，所以具体的测评时间应该挑选能够完全发挥被测评者智慧和能力的时间段。另外，要合理地安排测评的先后次序及两项测评的时间间隔，以提高测评的信度和效度。

（4）安排测评环境。

测评场地应该能够使测评者注意力集中，思维不受影响，建议选择宽敞、采光好、无噪声，空间上能合理布置桌椅的场地。另外，要合理地安放测评设备和被测评者所需材料。其中测评设备包括测评工具、音像放映设备和摄像装置等，被测评者所需材料包括测试编号、题本、答题纸、草稿纸、铅笔和橡皮等。

（5）广告宣传。

在开展测评活动之前，测评者应向被测评者宣传测评目的、测评的大致流程、测评时应注意的事项等，以获得他们的支持，使他们以更好的状态参与测评互动。

（6）指导测评方法的操作。

在实施测评的过程中，如被测评者产生疑难问题时，测评者应协助他们解决问题。

（7）控制协调测评活动。

进行测评活动时可能会受场地、设备、测试材料等方面的影响，测评者应随时协调与控制各方面的影响，保证测评活动的顺利开展。

（8）收集并记录测评信息。

在实施测评的过程中，为保证测评结果的精确性，测评者应遵循务实的原则，运用评价表、录音机、摄像机等收集并记录测评信息，保证测评信息的真实性、准确性、及时性和代表性。

5．测评数据分析

对测评数据的分析，最重要的是明确测评数据分析的方法，同时要对测评数据分析的结果进行效度和信度分析。

（1）测评数据分析的方法。

测评数据分析的方法有加法汇总法、算数平均法、加权综合法和加权平均法、加连乘综合法等。

① 加法汇总法。加法汇总法是指将被测评者在各个指标（项目）上的得分直接相加。其具体计算公式如下：

$$S = \sum_{i=1}^{n} x_i = x_1 + x_2 + \cdots + x_n$$

其中：S——总分；x_i——第 i 个指标（项目）的得分。

加法汇总法是最简单的统计合成法，它要求各指标同质并且单位大致相近，否则需要考虑其他的统计方法。

② 算数平均法。算数平均法即对各项指标（项目）的总得分进行求平均数的运算。如招聘中面试者的测评结果不一致时，可以采取算数平均法对数据进行处理。其计算公式如下：

$$\overline{X} = \frac{1}{n} \sum_{i=1}^{n} x_i$$

其中：$\overline{X}$——算数平均值；x_i——第 i 个指标（项目）的得分；

　　　　n——评定次数、评定人数或测评指标总数。

③ 加权综合法。加权综合法即将各测评指标（项目）的原始分乘以相应的权重系数，然后相加的一种运算方法。其具体计算公式如下：

$$S = \sum_{i=1}^{n} w_i x_i = w_1 x_1 + w_2 x_2 + \cdots + w_n x_n$$

其中：S——总分；w_i——第 i 个指标的权数；x_i——第 i 个指标的得分。

在人才测评中，经常会遇到测评指标体系中各测评指标的相对重要性不同的情况，这时在进行数据汇总时可以采用加权综合法。

④ 加权平均法。加权平均法是指测评指标中几个权重系数不同的平均值。其具体计算公式如下：

$$\overline{X} = \frac{\sum_{i=1}^{n} w_i \overline{x_i}}{\sum_{i=1}^{n} w_i}$$

其中：$\overline{X}$——加权平均数；w_i——第 i 个指标的权数；$\overline{x_i}$——指标平均评定值。

例如，企业决定采用被测评者自评、上级评定和专家评定 3 种方式进行测评，每种方式的原始分为 100 分，这 3 种方式的得分在综合评分中的权重不同，其权数分别为 0.1、0.3 和 0.5。其中被测评者的自评分为 80 分，上级评定的平均分为 85 分，专家评定的平均分为 75 分，则其加权平均分为：

$$\overline{X} = \frac{0.1 \times 80 + 0.3 \times 85 + 0.5 \times 75}{0.1 + 0.3 + 0.5} = 78.9$$

⑤ 连乘综合法。连乘综合法是把各个指标（项目）上的得分直接相乘得到一个总分。这种方法的灵敏度高，但容易产生晕轮效应。其具体计算公式如下：

$$S = \prod_{i=1}^{n} x_i = x_1 \cdot x_2 \cdot x_3 \cdots x_n$$

其中：S——总分；x_i——第 i 个指标的得分。

（2）测评结果的效度分析。

分析测评结果的效度是为了检验测评结果的真实性、准确性和可靠程度。检验测评结果的真实性和准确性即为效度分析，而检验测评结果的可靠程度即为信度分析。

效度分析主要从内容效度、结构效度和关联效度 3 个方面来进行。

① 内容效度指测评结果与想要测到的内容之间的一致性程度。如果实际测到的内容与事先想测到的内容越一致，那么测评结果的内容效度就越高；反之，就越低。例如，某一个智力测试中是否包含了想要测评的逻辑思维能力和判断推理能力？是否包含了非智力（如价值观、性格）方面的测评要素？

② 结构效度指测评结果与想要测评的素质之间的同构程度。其分析步骤如下所述。

a. 采用工作分析法对想要测评的素质进行结构分析与行为分析，确定其代表行为，进而对其进行行为定义或描述。

b. 将实际测到的结果与上述行为进行比较，判断结构效度。

③ 关联效度指测评结果与用来评价测评结果有效性的标准之间的一致性程度。这个用来评价测评结果有效性的标准称之为效标，即关联程度实际上是指测评结果与其效标的一致性程度。例如，若要检验《心理健康状况问卷》的有效性，就可用医生的评分作为效标。

（3）测评结果的信度分析。

由于人员素质测评的过程受多种因素影响，所以素质测评的可靠程度会偏离理想的状态。具体如图 4-3 所示。

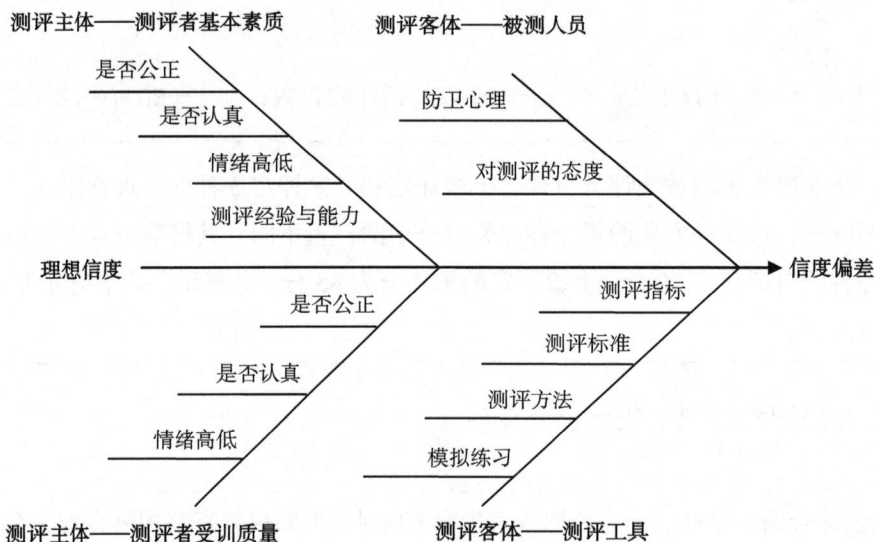

图 4-3　信度偏差分析

6．测评报告撰写

通过撰写测评报告，一方面可以对整个人才测评流程进行整理，另一方面可以总结经验教训，为下一轮人才测评提供依据。

（1）测评报告的种类。

按内容划分，测评报告有分项报告和综合报告，其中分项报告是按照主要测评指标逐项进行测评并直接报告；综合报告是先进行分项测评，然后根据各项测评指标的测评结果，报告总的分数、等级或评价。

按人力资源管理测试目的划分，测评报告有选拔性报告、培训需求分析报告、能力训练与开发报告、绩效评估性报告、能力诊断报告和职业发展报告。

（2）测评报告的内容。

测评报告的内容应该包括测评的基本信息、测评结果（定量评价、定性评价）、总体评价（优势素质、弱势素质）和测评建议。

① 测评的基本信息包括测评基本信息（测评编号、测评场次、测评机构名称、测评日期等）、被测评者信息（参加测试的个人或群体）和测评项目的信息。

② 测评结果是用定量评价和定性评价相结合的方式展现的，报告中的定量分析与定性分析

应互相检验。在面试、评价中心、情景模拟等测验中应充分利用行为证据进行定性评价，以保证评语的客观真实性。

③ 总体评价是针对测评信息运用文字描述、数字、表格与图形的表现手段对被测评者进行总体评价。

④ 测评建议是针对不足提出素质提升的渠道或方法等。

撰写报告时应注意语句清晰、简洁；语言凝练，便于报告阅读者理解；报告内容富有逻辑性，结构简单明了。表 4-3 所示为某集团全体副总经理素质测评报告示例。

表 4-3　　　　　　　　　　　某集团全体副总经理素质测评报告

被测企业名称：　　　　　　　　被测人群：全体副总经理　　　　　　　测评日期：　年　月　日

1. 测评报告编写说明	（1）测评机构介绍 （2）有关测评报告知识产权说明	
2. 测评项目背景及实施情况	（1）测评背景说明 （2）实施情况概述	
3. 参测人员的基本情况统计	（1）被测副总的年龄结构分析 （2）被测副总的性别结构分析 （3）被测副总的教育和培训背景结构分析	
4. 人才测评结果单项分析	（1）被测副总个人内在能力测评分析	某单项测评总体成绩、单项成绩
		某单项测评成绩与全国平均水平、某发达地区平均水平的比较
		测评结果与测评工具的常模进行比较、分析
		个人内在能力综合评价
	（2）被测副总人际沟通能力测评分析	某单项测评总体成绩、单项成绩
		某单项测评成绩与全国平均水平、某发达地区平均水平的比较
		测评结果与测评工具的常模进行比较、分析
		人际沟通能力综合评价
	（3）被测副总组织管理能力测评分析	某单项测评总体成绩、单项成绩
		某单项测评成绩与全国平均水平、某发达地区平均水平的比较
		测评结果与测评工具的常模进行比较、分析
		组织管理能力综合评价
5. 总体结论	（1）本次测评所用测评方法及测评工具概述 （2）该集团副总经理素质总体评价 （3）该集团存在的问题 （4）该集团副总经理发展建议	

（3）测评报告撰写的常用方法。

① 文字描述法是采用定性的语言文字来描述或评价被测评者的特点。例如，被测评者的分析能力很强，动手操作能力很强，理解他人观点的能力较强，但文字表达能力一般。

② 数据描述法是采用数字来表现被测评者各个指标的行为强度、行为频次或行为等级。例如，满意程度用 1~5 级划分，5 级表示非常满意、4 级表示比较满意、3 级表示基本满意、2 级表示不太满意、1 级表示不满意。

③ 表格表现法是采用表格的方式表现被测评者各项指标（项目）的成绩，如表 4-4 所示。

表 4-4　　　　　　　　　　　　　表格表现法示例

被测评者	测评指标		
	分析能力	沟通能力	组织能力
被测评者 A	3.0	3.5	3.5
被测评者 B	3.5	3.0	4.5
被测评者 C	4.0	4.5	4.0

④ 图形表现法是用柱状图、条形图、饼形图和折线图等方式体现被测评者的成绩水平。

7．测评结果反馈

测评结果反馈是测评实现其价值的重要手段。为了改进被测评者的工作能力和态度，需要把测评的结果反馈给被测评者。

人才测评结果从各个角度为人力资源管理决策（如聘用、晋升、调岗、薪酬等）提供依据，利用测评结果可以帮助员工改进绩效。此外，测评结果也可以检查企业管理中各项政策（如人员配置、员工培训等）是否有效。针对不同的测试目的，需要反馈的内容也不同，具体如表 4-5 所示。

表 4-5　　　　　　　　　　不同测试目的下测评结果的反馈内容

测试目的	反馈内容
选拔性测试	被测评者的素质与岗位素质标准的差异
培训需求分析测试	向企业相关部门综合反馈被测评者群体的特点
能力训练与开发测试	被测评者每项素质（指标）的特点、被测评者的素质与岗位素质标准的差异，被测评者在每项素质上需要改进的方向、改进的方法等
绩效管理评估测试	向被测评者说明评估结果，指出被测评者素质中的优势与不足，针对不足提出改善建议
能力诊断测试	反馈内容视测试目的与企业的具体要求而定
职业发展测试	反馈测试过程中被测评者表现出的职业倾向、工作类型，需要提升的素质，开发的潜能

4.2.2　人才测评实施注意事项

人才测评对于企业中人力资源管理有辅助作用，有助于为团队建设提供依据，有助于自我认识和发展，有助于管理者工作的开展。为了更好地发挥人才测评的作用，必须确保测评目的与测评方法相对应。同时，因为测评是人力资源管理的一个辅助工具，所以不能仅靠单一的人才测评结果做出决策，企业应开发适合自己的工具。

1．测评方法要和测试目的对应

"一把钥匙开一把锁"，人才测评方法本身并没有对错之分，对人才测评方法的把握却有对错之分。如何减少和避免人才测评方法选择的失误，首先要明确测评目的。

明确测评目的是明确企业或个人为什么要进行测评，有助于明确测评的结果主要用于何种用途。人才测评的方法是为了达到测评目的，通过一系列科学的手段和方法对人的基本素质及其绩效进行测量和评定的活动。通过测评目的选择需要测评的要素，详细分析测评要素的内容后，再选择具体的测评方法，所以测评方法的选择需要和测评目的相对应。

2. 不能仅靠人才测评结果决策

决策是指企业或个人为了实现某种目标而对未来一定时期内有关活动的方向、内容及方式的选择或调整过程。人才测评在企业管理中能够为决策提供参考信息，但它本身并不能取代企业的决策，企业的决策受环境因素、企业文化、过去的决策、决策者对风险的态度、决策者的知识与能力等方面的影响。

在管理中，不能够过分夸大现代人才测评的作用，不能够期望人才测评结果直接用于企业的决策。

3. 企业应开发适合自己的工具

在现实中，企业所处的宏观环境、发展阶段、企业文化、企业规模是不断地变化的。另外，企业中岗位本身对人才素质的要求也是多元化的，所以企业应该根据自身的情况开发适合的人才测评工具。

在开发人才测评工具时要注重全面性、科学性和系统性，要以满足企业和员工的需要为目的，充分结合企业文化、企业经营理念和企业规模进行设计。另外，在开发人才测评工具时要以岗位分析为基础，突出重点，全面考评，同时要兼顾经济性的原则。

4. 测评仅是人力资源管理的辅助

人才测评在人力资源管理中得到了广泛的应用，具体表现为战略人力资源管理和职能人力资源管理两个层面：在战略人力资源管理层面的运用包括制订人力资源规划、继任者计划、领导力开发、储备干部培养等方面；在职能人力资源管理层面的运用包括人员的选拔、培训与开发、绩效管理、薪酬设计、岗位调整、员工职业生涯规划等方面。

人才测评可以提高人力资源管理的科学性，它在企业的定编定岗定员、招聘、培训、晋升以及绩效考评等方面有着重要的作用。另外，人才测评作为人力资源管理的重要辅助工具，不仅在人力资源配置中发挥着重要的作用，而且可以有效降低人力资源管理的成本。

【微课堂】

1. 企业进行员工素质测评需遵循哪些原则？

2. 企业进行职业素质测评的主要内容是测评员工的职业胜任度，那么其实施要点和注意事项有哪些？

4.3 人才素质测评报告的管理

4.3.1 人才素质测评结果的分析

经过上述统计计算后，得到的数据仅是个体、单一的，其包含的意义需要经过合理的分析才能得到。

（1）总体水平分析。总体水平分析主要通过算术平均数、加权平均数等统计数据来分析测评结果的总体水平，从而把握被测评者的素质水平。

（2）差异情况分析。常用来进行差异情况分析的主要有平均差、方差（标准差）、差异系数等多种形式。

4.3.2 人才素质测评报告的撰写

报告测评结果的方式有多种。按报告的形式可分为口头报告、分数报告、等级报告、评语报告；按被测人员的多少可分为个人报告、团体报告。

测评结果报告的方式不同，报告的内容也有略微不同。

人才测评报告
的撰写

1. 个人报告

一份完整的人员素质测评个人报告包括以下 7 项内容。

（1）人员素质测评机构（小组）的信息和说明。

此项主要包括测评机构（小组成员）的电话、联系人等联系方式，还包括报告的使用者对报告内容的保密责任。

（2）人员素质测评的总体说明。

此项主要介绍素质测评的目的和要求、测评过程中所用到的理论等内容。

（3）人员素质测评的基本信息。

测评的基本信息主要包括测评日期、测评编号、参与测评的人员等，以便人力资源部能建立人员素质测评档案。

（4）被测评者信息。

被测评者信息主要包括姓名、性别、学历、职业、业余爱好、身份证明文件等。

（5）测评实施过程介绍。

此项主要是对素质测评的过程做一概要介绍，包括工作分析概况、测评指标体系建立步骤、测评方法选择情况以及测评现场实施情况。

（6）测评结果及其分析。

将测评得到的数据用文字、数据、图表等各种方法表述在报告中，并进行分析。

（7）总评和建议。

总评是测评机构（小组）对此次测评过程中各个环节的评价，评价内容主要有项目设计的合理性、实施过程的严谨性和规则性、测评结果的准确性和有效性。

建议是测评机构（小组）根据测评结果，结合企业和被测评者的实际情况，分别针对企业提出客观中肯的人事决策建议和被测评者个人职业发展建议。

2．团体报告

如果企业里有大量员工参加了某一项素质测评，那么测评机构（小组）就需要提交一份团体报告。团体报告的内容主要包括以下6项：测评项目目的分析、测评项目设计、测评方法介绍、团体测评结果及其分析、团体人员素质特点、讨论和专家建议。

4.3.3　人才素质测评结果的应用

人才素质测评在人力资源管理工作中有着十分重要的意义。它对于人力资源招聘、配置、培训考核和诊断等工作具有重要的应用价值。具体内容如图4-4所示。

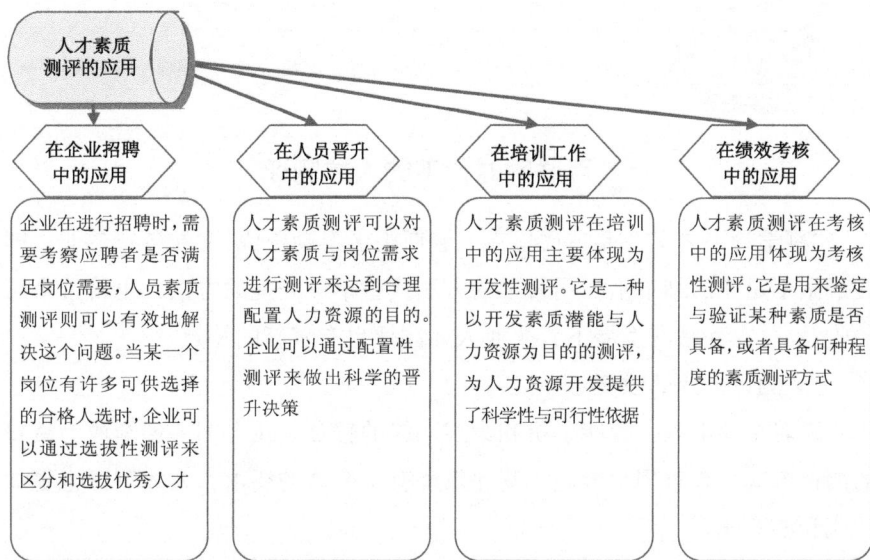

图 4-4　人员素质测评的应用

【微课堂】

人才测评报告包括哪几部分？请根据以上内容编制人才测评报告大纲。

复习与思考

1. 简述人才测评的实施流程。
2. 实施人才测评需注意哪些问题？
3. 如何提高人才测评的效度？

知识链接

互联网时代下的人才测评

"科学管理之父"弗雷德里克·温斯洛·泰勒曾说："在各行各业，即使在最微不足道的细节上，用科学的方法代替单凭经验的方法，也将带来巨大的收益。"在互联网发展下，企业人才测评也有着新的特点。

1. 测评方式的改变

随着个人电脑、智能手机和无线网络的普及，线上测评逐渐成为最普遍的测评方式，并对用户体验、测评效度有了更高的要求，人才测评也更加碎片化和游戏化。

2. 人岗匹配更精确

互联网时代使信息得以公开和连接，测评者和应聘者可以平等地了解彼此的信息。测评者可以选择合理的测评内容，应聘者也可以在了解到企业的工作内容和氛围后，选择最适合自己的去应聘。

3. 测评素材多样化

社交网站的部分信息、企业内部人力资源系统上的被测评者的行为记录等渠道的信息都可以作为测评素材，有助于对被测评者做出更加合理的判断，帮助企业做出正确的人事决策。

技能实训

实训内容：绘制一则测评方案实施流程图

假如你是某企业人力资源部门负责人，现在企业要招聘市场经理，需要对应聘者进行素质测试，心理测试采用霍兰德职业兴趣、价值观测试，评价中心采用的是无领导小组讨论和角色扮演，要求用一天时间把测评实施方案流程图做出来。图 4-5 所示为财务经理的简要测试方案流程，你可作为参照使用。

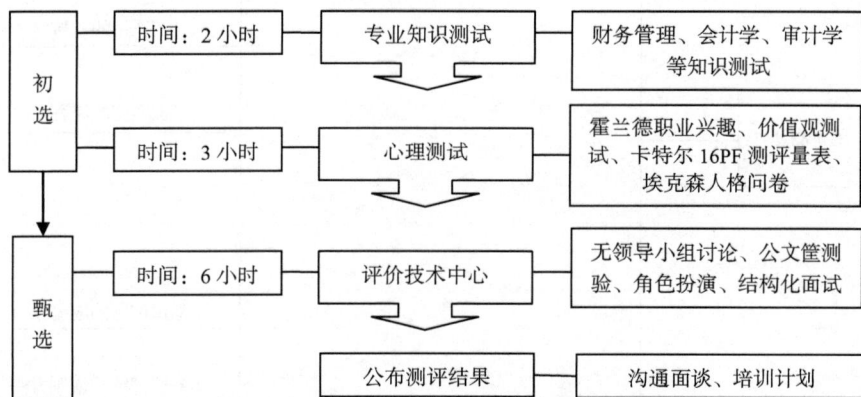

图 4-5 财务经理的简要测试方案流程

第5章 | 笔试测评

【本章知识导图】

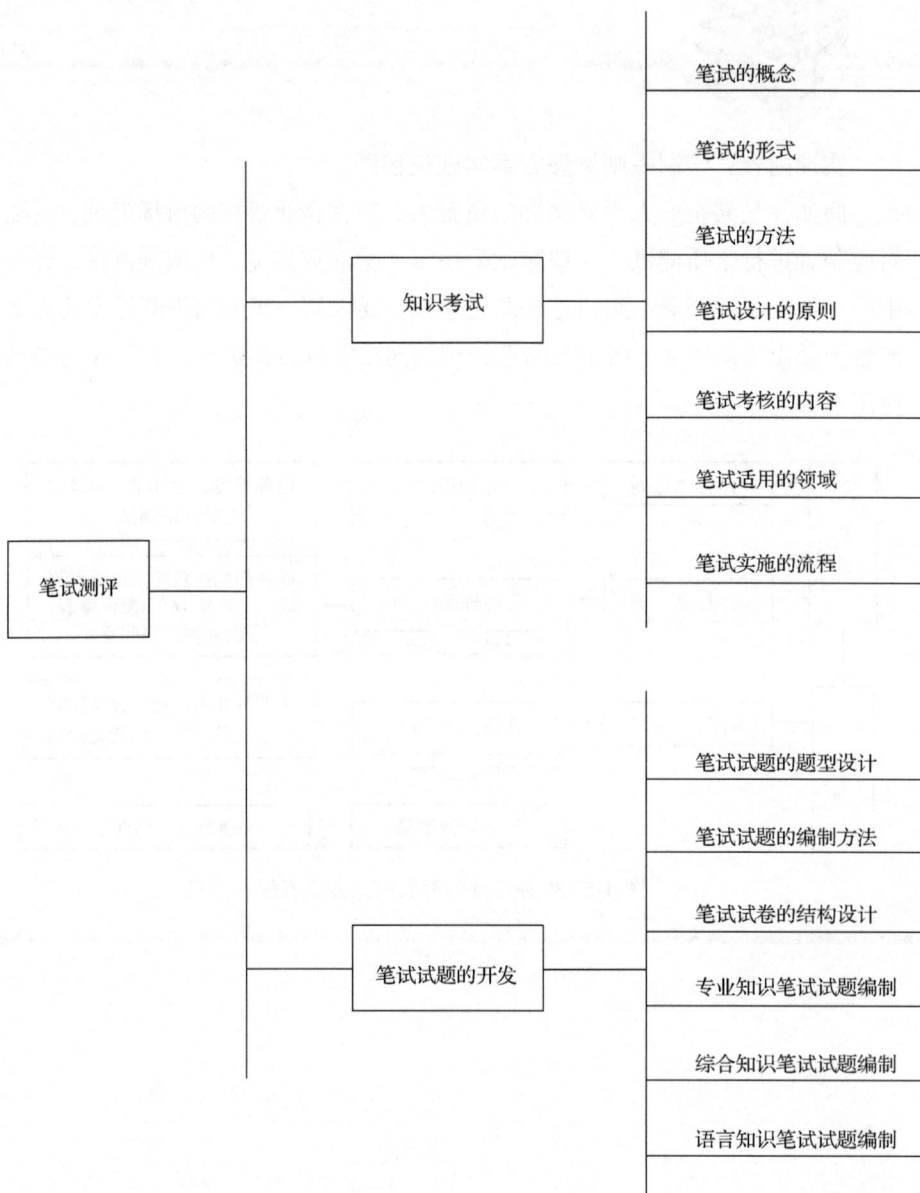

```
              ┌──────────┐         笔试的概念
              │ 知识考试 │────────
              └──────────┘         笔试的形式

                                   笔试的方法

                                   笔试设计的原则

                                   笔试考核的内容

                                   笔试适用的领域

┌──────────┐                       笔试实施的流程
│ 笔试测评 │
└──────────┘

                                   笔试试题的题型设计

                                   笔试试题的编制方法

              ┌──────────────┐     笔试试卷的结构设计
              │ 笔试试题的开发 │────
              └──────────────┘     专业知识笔试试题编制

                                   综合知识笔试试题编制

                                   语言知识笔试试题编制
```

【学习目标】

职业知识	• 了解笔试测评的内容与目的 • 明确笔试测评的实施流程和方法
职业能力	• 掌握笔试测评内容的编制技术，能够合理地设计、编制笔试试题 • 掌握笔试测评的实施技巧，能够熟练地运用相应的笔试测评方法进行人员甄选测试
职业素质	具有良好的分析判断能力和组织协调、沟通能力，具备较强的文字表达能力

笔试测评是人才测评的重要组成部分，本章主要介绍笔试基本知识及笔试试题开发的相关知识。

5.1 知识考试

知识是人们在生活、工作、学习等实践活动中所获得的对客观事物的认识与经验的总和。根据知识获取渠道的不同，可以将其分为理论知识和经验知识。对于知识的测评主要是通过笔试的形式来进行，测评内容包括被测评者的知识数量、知识结构与知识水平。

5.1.1 笔试的概念

笔试是指测评者按统一测评标准测验被测评者所掌握的知识数量、知识结构与知识程度的一种方法。笔试需要安排被测评者在统一时间和地点，按照测评者或测评企业的统一要求，通过纸笔测验的形式完成测试题目。

测试题目一般是根据被测评者将要从事的工作的性质、条件和岗位职责所必备的理论知识等测评要素来设计的。通过笔试可以测量被测评者的专业知识、基本知识、外语知识、文字表达能力、逻辑分析能力等素质能力的差异。由于笔试对被测评者来说是相对公平的一种测试方式，且易于实施，现已被很多用人单位所采用。

1956 年，教育心理学家本杰明·布鲁姆提出了一种新的学问分类法，该分类法把学问分为知识（知道）、理解（领会）、应用、分析、综合、评价 6 个类别。学问分类法在笔试测评中同样适用，具体内容如表 5-1 所示。

表 5-1   布鲁姆目标分类系统

类别	说明	示例	关键词
知识 （知道）	对具体知识的记忆，被试者是否已经记牢，能否进行识别、鉴别	如对"什么是人力资源管理"的记忆、识别、列表等	记忆、识别、列表、定义、陈述、呈现等
理解 （领会）	对事物目的或意义的理解	如你能描述发生了什么事情吗	描述、解释、区别、归纳、比较、推断等
应用	运用所学的概念、法则或原理去解决问题，去理解事物的本质	如工作中如果遇到某问题，您将怎么处理	应用、论证、操作、实践、分类、解决等
分析	对知识进行分解，并理解各部分之间的联系，解释其因果关系	如工作中为什么会遇到这样的问题	分析、检查、实验、组织、比较、辨别等

续表

类别	说明	示例	关键词
综合	以分析为基础，将各个部分或元素组合成一个整体，以便创造性地解决问题	如工作中怎样才能避免这样的问题出现	组成/建立、设计、计划、支持、系统化等
评价	综合内部与外部的资料和信息，做出符合客观事实的推断	如企业的规章制度能够帮助我们避免这样的问题吗	评论、鉴定、辩护、证明、预测、支持等

5.1.2　笔试的形式

笔试的形式主要有两种，即客观性试题和主观性试题。

1．客观性试题

客观性试题是指试题有统一的答案，评分标准客观、准确、统一。由客观性试题所组成的试卷题量大、取样广泛，易于使用计算机阅卷，而且不受测评者主观因素的影响，可以提高测评速度，降低测试成本。由于客观性试题答案的标准化，无法考核被测评者的表达能力、写作能力、分析能力及其解题过程，也无法避免被测评者猜题的行为。

常用的客观性试题有选择题、判断题、配对题 3 种形式。

2．主观性试题

主观性试题只有题干，需要被测评者自己将答案写出来，是能更好地考查被测评者的具体情况或个性的试题。通过主观性试题的测评可以全面了解被试者对知识的掌握程度，可以测试被测评者组织材料、理解分析问题及解决问题的能力。主观性试题的求解思路和答案等往往带有主观性，评分欠缺标准，因此需要测评者有较高的测评水平以保证测评成绩的准确性。

常见的主观性试题有情景模拟式的题目、论文式的题目、作文题目等。

5.1.3　笔试的方法

从笔试的实施者、笔试的组织形式及被测评者 3 个角度来看，笔试的划分方法有多种。

（1）就实施者而言，笔试的方法是通过试卷测试法完成对被测评者能力的测验。随着现代计算机技术的发展，为节省成本，很多企业也采取机试的形式进行测试。

（2）就笔试的组织形式而言，笔试有开卷考试和闭卷考试之分。

① 开卷考试是指被测评者可以拿着参考资料参加考试。考生自行查看资料、课本等，但是相互之间不可以商量答案。与闭卷考试比，开卷考试的试题更具开放性和灵活性，有利于被测评者充分发表自己的见解，展现自己的能力。

② 闭卷考试是指被测评者只可以独立完成试题，不能看课本和参考资料，不可以与其他被测评者商量答案、传递答案等。

（3）就被测评者而言，应对笔试的方法主要有 5 种。

① 了解笔试的内容和重点，有针对性地进行复习。

② 了解笔试的目的，灵活运用知识进行答题。

③ 适当地参加一些文体活动，减轻思想负担，保证有良好的睡眠，以饱满的精神状态参加考试。

④ 提前熟悉考场的环境和考试注意事项，这有利于消除应试时的紧张心理。

⑤ 答卷时要认真审题，合理分配答题时间，注意卷面整洁。

5.1.4 笔试设计的原则

在设计笔试题目时，应当遵循以下 4 个原则。

1. 信度高、效度大

以测评目标为指导，笔试试题应具有较高的信度和效度，应具有必要的区分度和适当的难度，这是对笔试试卷质量的要求。

2. 实用性强

通过笔试的方法来筛选应聘者，必须从企业的实际出发，根据企业的实际条件和招聘工作的需要来安排笔试的人力、物力、时间及费用等事宜，以最少的人力和费用支出来达到较为满意的效果。同时，笔试设计还应注意阅卷工作、数据工作等方面的顺利实施。

3. 客观、严谨

笔试试题编制的客观、严谨，就是要保证试题题目及答案的准确性、试题结构形式设计的合理性。

4. 试题难度要与测评目标相统一

一般情况下，笔试试题的整体难度要适中。在招聘选拔中，如果题目太难，只有少数应聘者会通过，对以后招聘的筛选工作会产生影响。在晋升性测评中，可以使题目相对难一点，有利于选择优秀的人员进行岗位调整。

5.1.5 笔试考核的内容

笔试考核的内容很多，归纳起来主要有基础知识考试、专业知识考试、相关知识考试、性格测试和智商测试等。

1. 基础知识考试

基础知识考试又称广度考试或综合考试。它考核的内容比较广泛，可以包括自然常识、社会常识、数理化、文艺、体育、外语等。其主要目的是了解被测评者对知识掌握的广度。

2. 专业知识考试

专业知识考试主要是测评与被测评者职位有直接关系的专业知识，是对被测评者专业知识深度的测量。如被测评者的职位是室内装修方面的工程师，专业知识的考试内容可以包括室内设计 AutoCAD 制图、污染学、工程力学、光学、人体工程学、色彩配置学、基础土建工程学等方面的知识。

3. 相关知识考试

相关知识考试主要是考查被测评者对与工作内容相关的知识了解程度的考试，如应聘者的职位是人事专员，相关知识考试的内容可以有心理学知识、管理学知识、公共关系等各方面的相关知识。

4．性格测试和智商测试

运用笔试的形式使被测评者完成性格和智商方面的试题，以测试被测评者的性格特征和智商水平。

5.1.6　笔试适用的领域

笔试适用范围非常广泛，凡是接受过初等教育的人都有过笔试经历。具体来讲，可以从"民、官、学"3个角度进行划分。

1．笔试应用在企业中

按照企业性质划分，笔试适用于各技术型和非技术型企业。为保证企业人力资源管理活动的效用，各企业应用笔试测评的形式对人力资源进行鉴别。

按照功用划分，笔试适用于企业人力资源的选拔、岗位调整、员工培训、职位晋升、绩效考核等方面。

2．笔试应用在政府机构及类似管理机构中

笔试在政府中应用的最主要体现就是国家公务员考试、各级地方公务员考试、事业编考试、银行录用选拔考试等。

3．笔试应用在学校教育中

提到笔试，人们的第一印象就是学校考试，包括中考、高考、研究生考试、期中考试、期末考试、日常模拟考试等大大小小、各种类型的考试。显然，笔试已经成为学校教育的重要手段。

5.1.7　笔试实施的流程

笔试实施的流程主要包括制订测试方案、成立笔试实施小组、收集资料、编制笔试试题、实施笔试、评卷、发布成绩。

1．制订测试方案

测试方案就是笔试工作实施的方案，可作为笔试工作实施的操作指导，具体应包括以下 4个方面的内容。

（1）笔试的实施目的和要点。

（2）笔试实施的计划安排、测试的时间及地点安排、笔试负责机构及负责人的确定、笔试规模的大小。

（3）笔试实施过程中可能出现的问题及应采取的措施。

（4）笔试实施的效果预测。

2．成立笔试实施小组

笔试实施小组负责整个笔试工作的实施，如试题的编制、阅读、费用的预算等。具体可由人力资源部招聘专员、用人部门负责人和专业人员组成。

3. 收集资料

收集资料是为试题的编制做准备，主要是收集与人才选拔有关的岗位信息、胜任素质及有关试题内容。

4. 笔试试题的编制

根据笔试要考查的要素、企业招聘岗位特点及企业需要，确定试题的类型、内容、难易度、题量、答案等内容。

5. 试题试测

在企业条件允许的情况下，当试题编制好后，选择一部分相关人员（如用人部门的人员、相关专家等）试测，然后根据试测的反馈结果对试题做出进一步的完善，以提高试题的信度和效度。

6. 笔试的实施

在前期的准备工作都已经完备的情况下，人力资源部门就可以组织被测评者的考试工作，包括人员组织、考场管理、试卷保管等内容。

7. 评卷

根据测试方案，评卷人员应客观公正地展开评卷工作。

8. 发布成绩

评卷结束后，人力资源部门应该及时通知通过考试的被测评者进入下一轮的考核，对淘汰的被测评者，要在条件允许的情况下委婉地进行告知。

【微课堂】

> 企业在选拔人才时，尤其是在候选人规模较大的情况下，通常会采用一轮笔试测评，将不符合要求的候选人筛除，留下素质潜能较好的候选人，以减少后期测评的工作量。那么，在什么样的情况下才适合使用笔试测评？请谈谈你的看法。

5.2 笔试试题的开发

不同岗位，企业对任职者的素质、能力要求不同，笔试试题的内容、考查的侧重点、结构等也都会存在差异。这一节主要介绍笔试试题的设计方法及各种笔试试题的编制方法。

5.2.1 笔试试题的题型设计

笔试常用的题型有选择题、判断题、配对题、情景模拟式题目、论述题、作文题、填空题等。

1. 选择题

（1）选择题可以分为单项选择题和多项选择题，由题目和备选选项组成。被测评者需要根据题目的要求，从备选选项中找到一个或几个符合题目要求的选项，并把选项前的字母填在相应的位置上。选择题示例如图 5-1 所示。

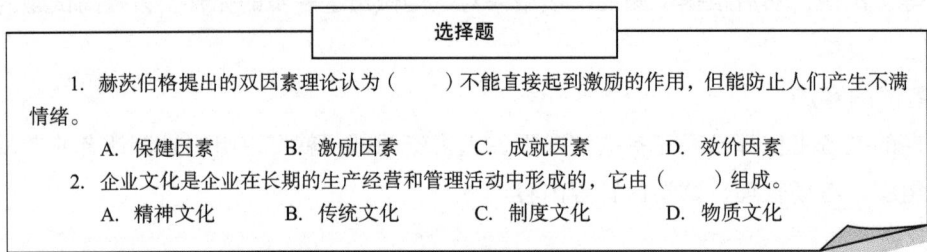

> **选择题**
>
> 1. 赫茨伯格提出的双因素理论认为（ ）不能直接起到激励的作用，但能防止人们产生不满情绪。
>   A. 保健因素 　　B. 激励因素 　　C. 成就因素 　　D. 效价因素
> 2. 企业文化是企业在长期的生产经营和管理活动中形成的，它由（ ）组成。
>   A. 精神文化 　　B. 传统文化 　　C. 制度文化 　　D. 物质文化

图 5-1　选择题示例

（2）设计选择题时的注意事项。

① 备选选项的数目越多，被测评者得分的概率就越低，在设计选项时一般采用 4～6 个答案。另外，同一个测评中每个选择题后的选项数目是相同的。

② 备选选项的表述方式应力求一致，如全部进行简单表述或全部进行详细表述。

③ 备选选项之间应该独立存在，不能存在重叠现象。

④ 诱答题不要做得太过于明显，应使不具备该知识的被测评者不会凭借常识找到答案。

2. 判断题

（1）判断题即只为被测评者提供正确和错误两种答案，无中间答案。判断题的命题通常是一些比较重要的或有意义的概念、事实、原理或结论。判断题示例如图 5-2 所示。

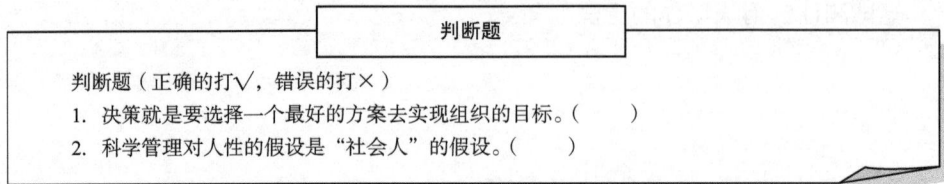

> **判断题**
>
> 判断题（正确的打√，错误的打×）
> 1. 决策就是要选择一个最好的方案去实现组织的目标。（ ）
> 2. 科学管理对人性的假设是"社会人"的假设。（ ）

图 5-2　判断题示例

（2）设计判断题时的注意事项。

① 题目中避免"有时""可能""肯定""绝不""所有的"等暗示性的特殊词汇出现，如所

有的男性都比女性理智。

② 题目中应避免半对半错的现象出现，每题中应避免出现两个以上的概念。

③ 题目叙述应条理清晰，尽量避免双重否定的叙述。

④ 题目内容应以有意义的概念、知识点、原理等为基础，避免以无关紧要的细节命题。

⑤ 对的测试题目与错的测试题目应随机排列，数量应大致相等。

3．配对题

（1）配对题是较为特殊的选择类题型，其题目本身包括多个反应项（匹配题）和多个刺激项（被匹配题）；被测评者在解答的过程中需要对反应项和刺激项进行理解和对应；配对题有两种常见的形式，即完全匹配（一对一匹配）和不完全匹配。表 5-2 所示为一对一匹配和不完全匹配的示例。

表 5-2   配对题示例

分类	示例
一对一匹配	刺激项：1. 伦敦（　）2. 中国（　）3. 巴黎（　）4. 华盛顿（　）5. 塞舌尔（　） 反应项：A．China　　B．Seychelles　　C．Washingto　　D．London　　E．Paris
不完全匹配	刺激项：1. 青莲居士（　）　2. 香山居士（　）　3. 六一居士（　）　4. 易安居士（　） 反应项：A．李白　B．李清照　C．白居易　D．欧阳修　E．蒲松龄

（2）设计配对题时的注意事项。

① 在格式上，配对题的反应项和刺激项应排成两列或两行，易于被测评者理解。

② 配对数目的选择要适中，在使用不完全匹配时，可以不限制每个反应项被选择的次数，以提高题目的灵活性。

③ 试卷中应对匹配方法进行规定，同时应说明反应项可以被匹配的次数。

④ 同一个匹配题应安排在同一页面上，避免反应项与刺激项分开，浪费被测评者的答题时间。

4．情景模拟式题目

（1）情景模拟式题目是指在试题中创造一个情境，让被测评者将其在模拟环境中的具体行为以文字的形式表达出来。在题目设计上一般有两种方法，如表 5-3 所示。

表 5-3   情景模拟式题目的设计方法

方法 1	方法 2
（1）在题干中假定被测评者的身份，如经理 （2）用文字描述一个场景、问题或矛盾，需要被测评者亲自处理 （3）被测评者根据题目设定的身份和情境进行分析判断，最后编写自己的处理方法、建议等	（1）题干描述某个特定场景或是某段时间内各种人物的思想、态度和行为等 （2）被测评者仔细阅读材料后，根据题目的要求，回答与题干提供的材料相关的问题

（2）设计情景模拟式题目时的注意事项。

① 情景设计应符合逻辑，便于被测评者对号入座。

② 情景设计应符合工作分析的要求，便于真实反映被测评者的能力水平。

③ 情景设计中的问题应该具有开放性，便于被测评者运用多角度、多方法解决问题。

5. 论述题

（1）论文式的题目要求被测评者以长篇的文章对某一问题进行分析、评价，并表明自己的观点、态度、立场和主张等，进而测验被测评者的知识、才能。例如，"你是如何看待企业文化的，它能否移植？字数要求在 300～500 字"。

（2）设计论述题时的注意事项。

① 题目中应有明确的作答长度，应避免出现含糊性的问题。

② 在设计题目时应该有一系列答题标准或答题方向，应规定答案的可接受范围。

③ 为保证测评的准确性，论述题的数量不要太多，必要时可以将一个大题目拆分成几个小题目。

6. 作文题

作文题从测量学的角度看，是最难进行客观化测试的内容，在我们的毕业、升学测试中都会有作文题，且作文评分误差是普遍存在的。作文测试在设计时应注重对写作方向及写作长度的规定，便于被测评者有较好的切入点。

7. 填空题

（1）填空题要求被测评者用一个正确的词或句子来填充一个未完成的句子，其主要作用是测评被测评者的知识是否扎实，对关键知识点的掌握是否精准。填空题非常适用于诊断性测评。

（2）设计填空题时的注意事项。

① 题目中所空缺的词语或句子应该是知识测评的重点，要和上下文有密切的联系。

② 一道题目中不能设置太多的空白，否则不易于被测评者理解题意。

③ 题目中的空白一般放在句子的中间或末尾，不建议放在句子的开头。

④ 每个空白处应有一个短小精悍的标准答案，易于测评者评分。

另外，根据不同的测评需求，笔试中还会包括概念题、推断题、简答题、计算题等。

5.2.2 笔试试题的编制方法

笔试试题的编制方法主要有选题、改题和编题 3 种。

1. 选题

选题一般是选用某些现成的题目作为试题。在使用选题方法编制笔试试题时，一般适用于规模较小、自测性或者课堂检验中。对于正规、大型的考试，若采用此种方法，必须有一个庞大的试题库，确保试题选择的精准性并避免重复性。

笔试试题的编制方法

（1）选题的原则。采用选题的编制方法，首先，选择的题目要具有代表性、普遍性。其次，题目形式要完美，各种类型的题目比例合适。最后，选题取材应当主要来源于普遍使用和具有公信力的教材。

（2）选题的作用。通过选题编制笔试试题，可以引导被测评者重视第一手资料来源，如教材、E-learning 培训中培训师讲授内容。

试题内容与形式具有创新性，以考查被测评者的创新能力、逻辑思维能力和知识的综合运用能力。

（3）选题的注意事项。选题并不是原封不动地把题目搬过来，可以根据需要对题目进行适当改动。例如，改变题目的描述方式、改变其中的数字、改变题型等。但是，应当保持基本难度和风格不变；否则，就成为"改题"。

（4）选题后的检查。对选择的题目应当主要从以下 6 个方面进行检查，具体如图 5-3 所示。

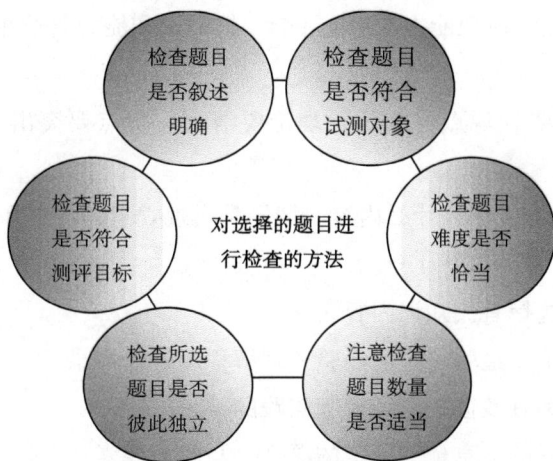

图 5-3　对选择的题目进行检查的方法

2．改题

改题是指以一个现成的题目为基础，经过修改，成为一个适用性的题目。改题的方法主要有以下 4 种。

（1）改变题目中的条件或结构。如原题目是"以下哪几个选项中所表述的内容能够增强培训效果"，可以将其变为"如果采取以下选项中哪几种措施，培训效果必然会降低"。

（2）对题目进行外包装。对题目进行外包装主要是通过语言表述的方式改变原有题目的外在表现形式。

（3）改变题型或者提问方式。改变题型是指将之前客观性的题目变为主观性题目，如变为探索型或开放型的题目，也可以由选择题变为判断题或者填空题。改变提问方式是指将直叙性的题目变为提问式的。

（4）对若干题目进行组合。如可以将各种选择题、判断题变换为案例解答题或者阅读理解题。在使用改题方法时，一定要注意改变后的题目是否仍旧符合考查目的，所涉及的知识点是否全面、难度是否适中。

3．编题

编题是根据被测评者、测评目的、测评指标等编制新颖的试题，是试题编制的主要手段。首先，应当了解测评目的，这是编制试题的基础。其次，根据目标确定题型，各题型设计的方法和注意事项已在 5.2.1 小节中详细介绍。最后，对编制好的试题进行检查。

5.2.3　笔试试卷的结构设计

在进行笔试试卷的结构设计时，首先要了解笔试试卷的构成要素。

1. 笔试试卷的构成要素

（1）立意——为什么要设计笔试试卷。立意反映的是测评目的，应明确测评是注重于选拔、晋升、诊断还是考核等，它是试题的核心或主题。笔试的立意要体现两个方面的内容。

① 要实现的测评目的，体现能力的考查主旨。把知识和能力要求相结合，根据所要达到的测评目标组织笔试内容。

② 立意的主题要鲜明、观点要明确、理论要清晰、重点要突出，使考查目标有层次和相关性。

（2）情景——笔试试卷应测评什么内容。情景是实现立意的材料和介质，关系到立意的表达程度，在设定情景时要做到以下4点。

① 根据立意的要求选择有关知识内容。

② 根据被测评者的工作经验、生活经验和理解程度设计情景。

③ 情景具有科学性和有效性，应经得起实践的推敲。

④ 情景新颖，有广泛的信息量和一定的深度，与测评要素和工作分析紧密相连。

（3）设问——怎样通过笔试试卷进行测评。设问是试题的呈现形式，关系到立意实现的程度，在进行设问时应做到以下3点。

① 围绕立意、根据情景编制设问。设问应体现立意的内在含义，体现情景的重要知识点。

② 设问应针对重点内容、涵盖其他内容、对材料内容要有概括性。

③ 设问方式应新颖、灵活，符合社会实践和学术性。

（4）答案与评分参考——测评结果的分析。答案与评分参考是试题的重要构成部分，缺少答案与评分参考的试卷不能被称为完整的试题，在设计答案与评分标准时应做到以下3点。

① 选择题、判断题、配对题等题型的答案要唯一，具有排他性。

② 答案和评分参考的关系要一致。

③ 主观性试题的答案要符合解答要求，评分参考应明确。

2. 试卷结构设计的内容

试卷结构设计需要确定以下两个方面的内容：一是试题类型的选择，即试题是将选择题、判断题、填空题及论述题结合使用，还是只选择其中一种或两种；二是各类型题目所占比例的确定。对于以上两个问题的解答，可以采用双向细目表。

3. 双向细目表

双向细目表是用于表明测评内容、测评目标及其相对重要程度的一种表格，它可以使笔试命题工作具有计划性，避免盲目性；使命题者明确测验目标，易于把握测验知识与试题题型的比例与分量，提高命题的效率和质量。同时，它对于试题的审查效度也有重要指导意义。

（1）双向细目表是包括两个维度（双向）的表格，较常见的双向细目表有 4 种。

① 反映测评内容与测评目标关系的双向细目表，如表 5-4 所示。

表 5-4　　　　　　　　　　测评内容与测评目标关系的双向细目表示例

测评内容	测评目标						
	知识	理解	应用	分析	综合	评价	合计
……							
合计							

② 反映测评内容与测评目标、题型之间关系的双向细目表。此类型的表是上一个表的改进，增加了试卷的题型，如表 5-5 所示。

表 5-5　　　　　　　测评内容、测评目标与题型之间关系的双向细目表示例

测评内容	选择题	简答题	证明题	应用题	分析题	合计
	识记、理解	识记	分析、综合	应用	分析、综合、创造	
……						
合计						

③ 反映题型与难度、测评内容之间关系的双向细目表。此类型的表可以体现题型数量、难易度、测验内容的分配问题。该表可以使试题取样代表性高，可以适当控制试题的难易程度，表中的数据比较容易分配，但它没有反映测评目标，如表 5-6 所示。

表 5-6　　　　　　反映题型与难度、测评内容之间关系的双向细目表示例

题型		题量	分数分布		难易程度			覆盖面			合计
主观题	客观题		每小题分数	每大题总分	易	中	难	第一章	第二章	……	
选择题											
	填空题										
	论述题										
	……										
合计											

④ 反映题型、难度与测评目标之间关系的双向细目表，如表 5-7 所示。

表 5-7　　　　　　反映题型、难度与测评目标之间关系的双向细目表示例

题型	填空题	选择题	判断题	解答题	论述题	……	合计
题数							
分数							

续表

题型		填空题	选择题	判断题	解答题	论述题	……	合计
难易程度	A							
	B							
	C							
	D							
认知度	1							
	2							
	3							
合计								

注：难易度解释：A. 较易；B. 中等；C. 较难；D. 难度较大。
认知度解释：①识记；②理解；③简单应用；④综合运用。

（2）双向细目表的制作流程。

① 列出大纲的细目表。测评是依据测评目的针对具体的内容进行的，大纲应包括要求被测评者掌握哪些知识内容、不同知识在该测评中的相对重要性、不同知识内容所应实现的测评目标。这些都是测评设计中需要解决的问题、在编制细目表时应先列出。

② 列出各部分内容的权重。应根据测评目的确定各测评知识在整个测评中的相对重要性，并分配相应的权重。

③ 列出各种测评目标（学习水平）的权重。测评题目要涵盖所确定的测评（学习水平）目标，分别是识记、理解、应用、分析、综合、评价六级目标；同时应根据测评的特点，对六级不同目标进行合理的权重分配。

④ 确定各考查点的参数。在测评知识的内容和其应达到的认知能力目标所对应的表格内，分配各考查点的题型及得分，再根据相应权重计算各得分点的实际分数值。例如，第三大题第4题2分，用"三、4（2分）"表示。

⑤ 审查各需考查知识点的分配是否合理。应重点审查各认知能力目标的权重分配是否合理；审查各测评知识内容的权重分配是否合理。

通过以上步骤，从表格中就可以看出测评内容分布、测评难度和测评目标分布的情况。这样可以避免由于主观随意性产生的知识覆盖面狭窄、偏题，试题过难或过易的状况。

5.2.4 专业知识笔试试题编制

专业知识笔试试题编制主要有以下3个特点。

（1）考试范围广。在专业知识笔试试卷上往往会体现出与该专业有关的所有知识，如化学类工程师专业知识的笔试题目可以包括普通化学、有机化学、物理化学等。

（2）知识与时俱进。笔试试题不仅包括本专业的基础知识，还会涉及该专业或该领域目前发展的最新动向。

（3）针对性强。专业知识考试以选拔本单位所需要的专业人才为目的，因此笔试试题更注重对专业知识的运用，而非对其概念、理论的简单再现。例如，在招聘市场部经理时，可能会要求被测评者就某一产品做出营销策划推广方案。

关于专业知识考试试题示例，具体如图 5-4 所示。

招聘专员笔试题

1. 选择题（每题 2 分，共计 20 分；其中 1～8 题为单选题，9、10 题为多选题）

（1）下面的各项中，（　　）不属于内部招聘的方法。

  A. 员工推荐 B. 人才招聘会 C. 发布职位公告 D. 人力资源技能清单

（2）招聘的基本程序是（　　）。

  ①招聘准备 ②招聘评估 ③招聘信息的发布 ④人员选拔 ⑤录用决策

  A. ①②③④⑤ B. ③①④⑤② C. ①③④⑤② D. ③①⑤④②

（3）人员招聘的直接目的是（　　）。

  A. 为企业做宣传   B. 招聘最优秀的人才

  C. 为企业做人才储备   D. 招聘到企业所需要的人才

（4）工作分析法不包括下面哪一种？（　　）

  A. 工作日志法 B. 问卷调查法 C. 观察法 D. 职业倾向法

（5）人才招聘会较适合于招聘（　　）类型的人才。

  A. 高层管理者 B. 专业人才 C. 热门人才 D. 无工作经验

（6）在应聘人数众多时，为达到筛选人员的目的，一般采用（　　）方法。

  A. 笔试 B. 面试 C. 评价中心 D. 心理测验

（7）影响招聘效果的外部原因之一是（　　）。

  A. 企业的知名度   B. 企业文化

  C. 外部劳动力市场供求状况 D. 企业的发展阶段

（8）《中华人民共和国劳动法》中规定：劳动合同期限在一年以上两年以下时，试用期不得超过（　　）。

  A. 15 日 B. 30 日 C. 60 日 D. 6 个月

（9）根据人员来源渠道不同，招聘分为（　　）。

  A. 内部招聘 B. 员工推荐 C. 外部招聘 D. 猎头公司

（10）招聘的基本原则有（　　）。

  A. 能及对应 B. 因岗择人 C. 公平公正 D. 协调互补

2. 名词解释（每题 5 分，共计 25 分）

（1）结构化面试（2）人力资源成本（3）工作分析（4）信度和效度（5）评价中心

3. 简答题（每题 8 分，共计 40 分）

（1）简述招聘的主要渠道及各自的优缺点。

（2）简述招聘的流程。

（3）请列举招聘中常见的几种误区以及规避方法。

（4）简述人才测评在人力资源中的应用。

（5）简述无领导小组讨论的定义及优缺点。

4. 应用题（本题 15 分）

某电子公司因业务发展的需要，现招聘销售经理 1 名、文秘 1 名，请您为该公司设计一个招聘方案。

图 5-4　专业知识考试试题示例

5.2.5　综合知识笔试试题编制

综合知识笔试试题的涉及面比较广泛，不同企业、不同部门、不同岗位可以有不同的侧重点。综合知识笔试会涉及时事政治、公共关系、社交礼仪、人际技巧、环保知识、法律常识等方面的内容。

5.2.6　语言知识笔试试题编制

语言知识考试主要是考查被测评者对文字、词汇、语法、段落等知识的理解、分析、运用能力。一般情况下，教师岗、客服岗、公务员、秘书岗、编辑岗等职位需要针对语言知识设计笔试试题。图 5-5 所示为语言知识笔试试题示例。

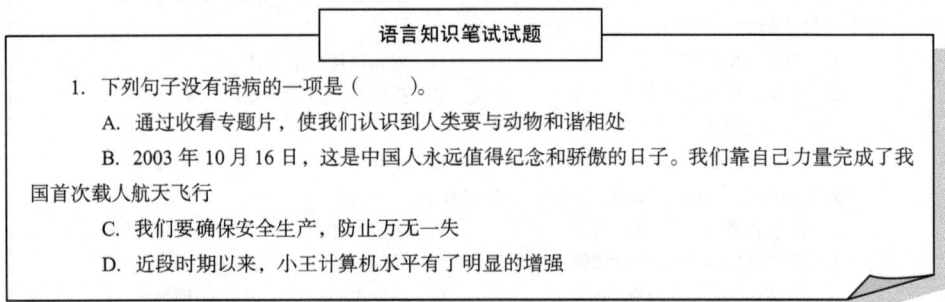

> **语言知识笔试试题**
>
> 1. 下列句子没有语病的一项是（　　　）。
>   A. 通过收看专题片，使我们认识到人类要与动物和谐相处
>   B. 2003 年 10 月 16 日，这是中国人永远值得纪念和骄傲的日子。我们靠自己力量完成了我国首次载人航天飞行
>   C. 我们要确保安全生产，防止万无一失
>   D. 近段时期以来，小王计算机水平有了明显的增强

图 5-5　语言知识笔试试题示例

【微课堂】

> 笔试试题开发的内容如果质量不高，缺乏科学性，就会导致测评结果失真，达不到择优选人的目的。那么如何才能使笔试测评的试题更有代表性、重点性？

复习与思考

1. 试比较说明笔试测评中各类题型的优缺点。
2. 笔试主要用于考核被测评者的哪些方面？
3. 简述笔试实施的流程。
4. 笔试测评的题型有哪些？

知识链接

SHL 测评简介

SHL 作为人才衡量解决方案的机构，在从招聘与聘用、员工发展到继任者规划的人才雇佣周期中，通过卓越的人才智能与决策帮助客户提升企业绩效。其首创的 SHL Talent Analytics™工具，可以帮助企业衡量员工队伍，并做出人才策略以提升企业绩效和竞争优势。

此外，公司还拥有 SHL 职业性格问卷（OPQ）、SHL 激励问卷（MQ）、SHL 领导力报告等众多产品。

技能实训

实训内容：编制一份笔试试题

某企业计划对人力资源部招聘专员岗位的应聘者进行笔试测评。主要测试应聘者的专业知识，题型包括单选题、多选题、简答题和案例分析题。总分设置 100分，少于 60 分的应聘者为不合格。请你编制一套针对招聘专员岗位的笔试题。

招聘专员岗位笔试题

一、单选题

二、多选题

三、简答题

四、案例分析题

【本章知识导图】

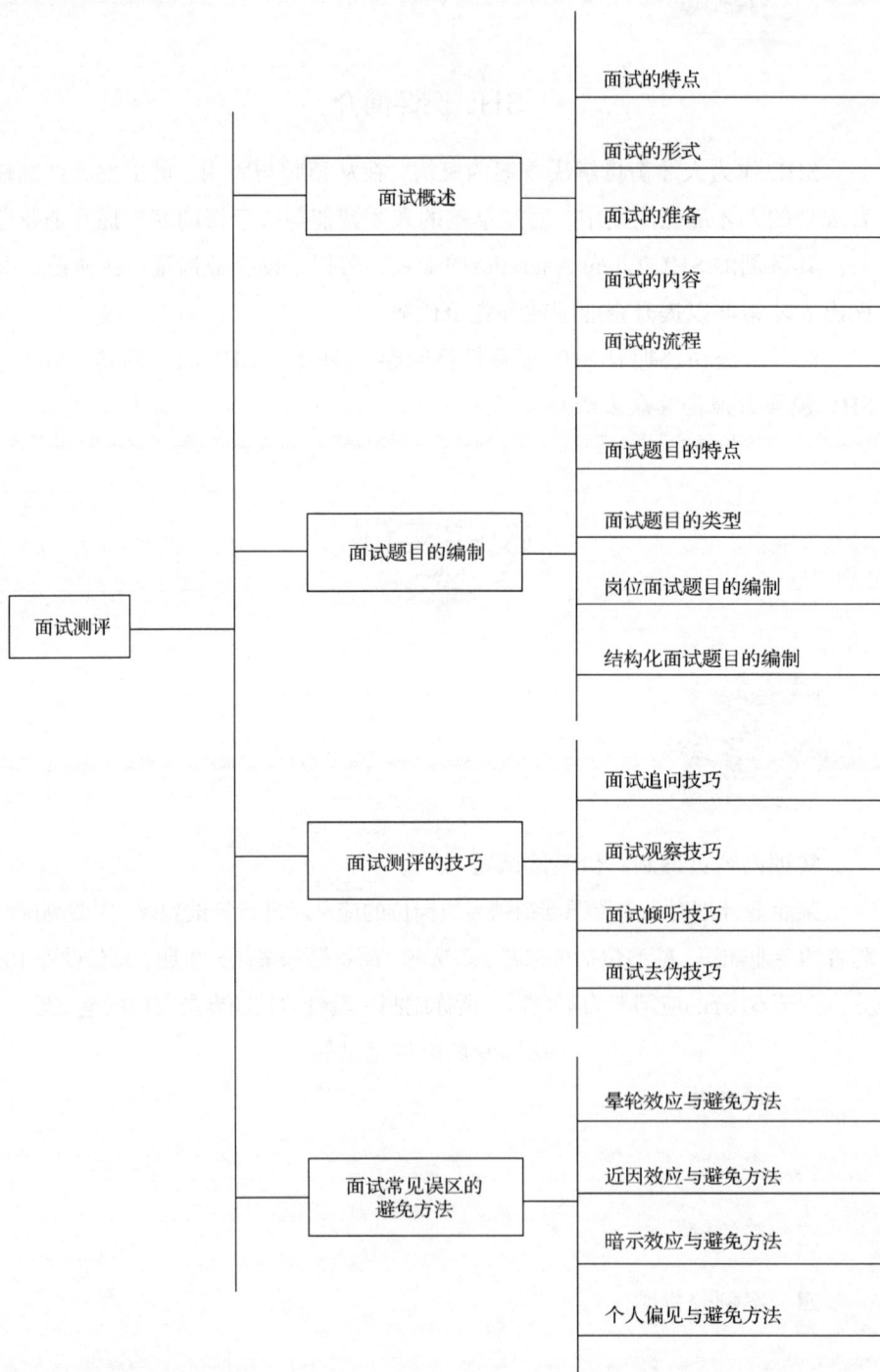

面试测评
- 面试概述
  - 面试的特点
  - 面试的形式
  - 面试的准备
  - 面试的内容
  - 面试的流程
- 面试题目的编制
  - 面试题目的特点
  - 面试题目的类型
  - 岗位面试题目的编制
  - 结构化面试题目的编制
- 面试测评的技巧
  - 面试追问技巧
  - 面试观察技巧
  - 面试倾听技巧
  - 面试去伪技巧
- 面试常见误区的避免方法
  - 晕轮效应与避免方法
  - 近因效应与避免方法
  - 暗示效应与避免方法
  - 个人偏见与避免方法

【学习目标】

职业知识	• 了解面试的特点、形式、准备、内容和流程 • 知晓面试题目设计的原则、步骤及各岗位面试题目编写的重点 • 知晓面试中常见的误区及其避免方法
职业能力	• 依据被测评者，选择合适的面试问题进行测评 • 合理规避面试测评的误区，提高面试测评结果的信度和效度
职业素质	具备一定的识人能力、敏锐的观察能力和较强的分析能力

在人力资源管理实践中，面试是人才测评中很重要的方法。本章将对面试的基本内容、面试试题的编制、面试测评的技巧和面试常见的误区进行重点介绍。

6.1 面试概述

面试是现代人才测评中非常重要的一种方法，在现代企业的人员选拔中，几乎所有的企业都会使用这种方法。在面试测评中，其信息沟通通道最多，得到的信息量也较多，本节将重点介绍面试的特点、形式、准备、内容和流程。

6.1.1 面试的特点

面试是一种动态的信息沟通过程，它是在特定时间、空间和情景下，测评者通过被测评者的表现来评定其行为特征、语言表达能力、分析推断能力等方面的素质特征。

与其他人才测评形式相比，面试具有以下特点。

1. 面试内容的灵活性

面试内容对于不同的应聘者来说是相对变化的、灵活的，具体表现在以下 3 个方面。

（1）面试内容因应聘者个人经历、背景等情况的不同而有所不同。

（2）面试内容因工作岗位不同而有所不同。

（3）面试内容因应聘者在面试过程中的面试表现不同而有所不同。

2. 面试中收集到的信息具有复合性

在面试过程中，除了应聘者的面部表情及语言交谈所反馈的信息外，身体、四肢等在信息交流过程中也发挥着重要作用。例如，手势具有说明、强调、解释或指出某一问题、插入谈话等作用。

3. 面试交流具有直接互动性

面试是测评者与被测评者面对面进行的，他们之间的接触、交谈、信息反馈是相互的。面试的直接性提高了双方沟通的效果与面试的可信性，同时弥补了笔试呆板的不足，因此更容易使测评者了解一些人性化、个性化的信息。

6.1.2　面试的形式

按照面试内容的构成方式、被测评者的人数及面试中提问的类型，面试具有不同的形式。

1．结构化面试、非结构化面试

这是按照面试内容的构成方式划分的。其中，结构化面试又称模式化面试，它是指依照提前准备的内容、程序、评分标准、分值结构等进行的面试形式。该类型的面试结构严密，面试程序性强，评分模式固定。在面试过程中，测评者需要根据事先拟定好的面试提纲逐项对被测评者进行测评，且各个内容的评分必须依据各分值结构。如公务员录用和竞争上岗面试等都将其作为一种主要方法。

非结构化面试通常没有必须遵循的模式、程序和框架。由于没有既定的结构，测评者可以进行跟踪式的提问，也可以根据现场情景拟定问题。另外，非结构化面试中很少有对回答做出评价的规范化标准，所以要求测评者必须在面试的过程中从总体上把握面试效果。非结构化面试具有很强的灵活性，同时也具有效度不高的缺点。

2．单独面试、小组面试

这是按照实施面试时被测评者的人数来划分的。其中，单独面试即测评者对被测评者单独进行的面试。

小组面试即很多被测评者在一起进行的面试，这样可以使测评者在专业、地域及其他方面对被试者进行比较测评，使择优时有较大的选择余地。

3．情景面试、行为描述面试、演讲式面试、压力面试

这是按照面试中提问的类型来划分的。其中，情景面试是将被测评者置于某一具体情景中，根据被测评者在该情景中的言行等来观察其各方面能力的一种面试方法，如"被测评者在情景中属于人事专员，某天有30个员工集体提出辞职，该被测评者应该做哪些方面的工作"。

行为描述面试是指测评者对被测评者有关以往行为的回答来推断其未来某一段时期内工作态度、工作潜能和工作绩效的一种面试方法。在这种面试中，测评者主要是提出一些与工作相关的问题，如"请问您在大学期间最喜欢的课程有哪些？""在以前的工作中，您是怎么拓展销售渠道的？"

演讲式面试是指被测评者根据测评者的提问导向，结合已有的知识和经验，运用语言、肢体动作、神情等向测评者表达自己观点的一种面试形式。

压力面试是指由测评者有意识地对被测评者施加压力，就某些问题或事件做一连串的提问，并对其做追踪式提问，直至其无以对答。压力面试主要是观察被测评者在特殊压力下的反应情况、思维敏捷程度和应变能力。

6.1.3 面试的准备

面试的准备主要包括以下 6 个方面的内容。

1. 明确面试的目的

测评者应该明确面试的目的是什么，最终要达到什么效果，只有这样才能对被测评者的测评要素做出客观公正的评估。

2. 制订面试实施方案

面试实施方案应该包括面试时间和面试地点的安排，确定面试的方法及测评指标、面试问题的设计和面试小组的组建等。

3. 面试时间和地点的安排

面试时间的安排应合理，以便面试双方都留有充分的准备时间。

面试地点应选择宽敞、明亮、安静，室内温度合适的环境，并且根据测评者和被测评者的人数合理安排座位。

4. 面试相关资料的准备

（1）被测评者资料，如个人简历、求职申请表等。

（2）企业资料，如企业宣传资料、人员招聘申请表、面试成绩评定表、面试准备的问题等。

5. 面试小组的组建

面试小组成员需要经过严格的筛选与培训，并应从工作经验、专业领域、智力水平等方面进行区分和组合。面试小组成员应具备以下素质和条件，包括良好的个人修养及品德，公平、公正、客观的态度，了解岗位的任职资格和工作性质，熟练运用各种面试技巧，较强的人际沟通能力和判断能力，具备相关专业知识等。

在面试前需要对面试小组成员进行培训或召开沟通会议，对被测评者感兴趣和关心的问题要做好准备，必要时形成文字资料，保证所有的测评者在回答问题时口径一致。

6. 面试小组人员（测评者）的准备工作

（1）测评者要回顾岗位说明书或工作分析表，了解拟招聘岗位的任职资格条件。

（2）阅读被测评者的个人简历及相关资料，这样有助于测评者初步了解被测评者，方便面试时的沟通。

6.1.4 面试的内容

一般来说，面试的内容包括以下 10 个部分。

1. 仪容仪表仪态

仪容仪表仪态主要是指被测评者的着装、外表装饰、举止、礼仪及精神状态等，如酒店职员、保安、公关人员、演员等职位对仪容仪表仪态的要求都是非常高的。

面试的主要内容

2．知识的广度与深度

在面试中会涉及所掌握的专业技能，所接受的专业培训以及通过课外学习到的相关知识等，以考查被测评者知识的广度与深度。

3．实践经验

测评者会根据被测评者的简历或职位申请表的结果提出问题，查询被测评者的教育背景、工作经历、工作成果等，以考查其主动性、思维力、岗位胜任力、口头表达力等。

4．工作态度与求职动机

工作态度的测评主要是针对以往的经历进行考察，通过了解工作态度可以了解被测评者是否热爱工作、是否具有求知欲，并考察其对现在岗位的求职欲望。

5．反应能力与应变能力

通过被测评者回答问题的准确性、迅速性来考察被测评者对问题的反应是否敏捷、回答是否得当，可以测试出被测评者对于突发事件的处理能力。

6．分析判断能力、综合概括能力和综合运用能力

通过面试测评被测评者是否能抓住问题的本质，分析是否全面；对众多概念、论点等的概括是否全面、得体；分析被测评者是否具备运用综合知识解决问题的能力。

7．人际沟通能力和团队合作能力

面试中会涉及测评人际沟通能力的问题，如"工作中，遇到的最难相处的人是怎么样的？您是如何和他（她）相处的？"通过这些问题，可以了解被测评者的适应能力和沟通能力；良好的沟通是进行团队合作的基础，可以通过情景问题来测评被测评者的团队合作能力。

8．自我管理能力、自我控制能力与情绪稳定性

通过压力面试、情景面试等，从被测评者的工作经历、生活经历、背景询问中了解其自我管理能力、自我控制能力及情绪稳定性。

9．口头表达能力

通过被测评者回答问题时的语言、体态以及分析问题的答案，可以了解其逻辑思维能力、表达的感染力、表达的准确性等方面的内容。

10．个人兴趣和爱好

通过让被测评者阅读课外书籍、体育项目、娱乐项目等，可以了解被测评者的生活方式及兴趣爱好。在面试中，主要是向被测评者了解与工作有关的问题，介绍企业的概况、空缺岗位，讨论岗位薪酬福利的问题等，并就被测评者的疑问进行解答。

6.1.5　面试的流程

面试是一个循序渐进的过程，在面试中测评者应把握好面试进度，有条不紊地实施面试。面试的步骤可以分为面试开始阶段、导入面试阶段、核心面试阶段、被测评者提问阶段和面试结束阶段，其具体内容如图6-1所示。

面试开始阶段	测评者与被测试者第一次接触，为了消除被测评者的紧张情绪，为面试创造友好轻松的氛围，测评者可问一些轻松的、与面试不相关的问题。例如，"来的时候堵车吗""今天天气不错，希望大家在面试中能发挥正常水平"
导入面试阶段	在这一阶段测评者应提问一些比较通用的、被测评者比较熟悉并且可能有所准备的问题。例如，"请您用 1 分钟时间简单介绍一下自己""请简单谈一下您的教育经历""到目前为止，对您影响最大的人是谁"
核心面试阶段	进入核心面试阶段，即对被测评者进行岗位胜任能力的测评，可提问一些行为性问题、情景模拟性问题等，并根据被测评者的回答对其各项岗位胜任能力做出评价。例如，"您在哪些方面有优势可以胜任××职位"
被测评者提问阶段	测评者提问完后，在结束面试之前应给予被测评者提问的机会。例如，"请问您还有什么要补充的吗""对我们公司或您的求职岗位，您还有什么需要了解的吗"
面试结束阶段	在结束面试时，不管录用与否，测评者均应礼貌地感谢被测评者前来参加面试，并将下一步的面试程序告知被测评者。例如"非常感谢您今天来参加我们公司的面试""面试结果将在一周内公布，我们会以邮件的方式通知您"

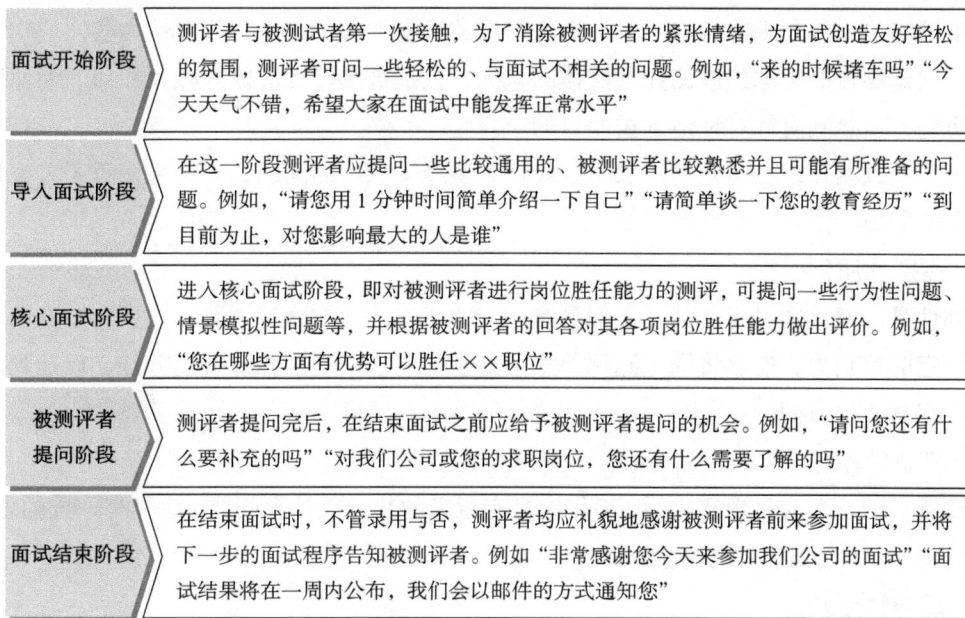

图 6-1　面试的流程

【微课堂】

> 1. 根据面试的功能，面试可分为哪些类型？
> 2. 招聘方在进行面试前需做哪些准备工作？

6.2 面试题目的编制

在编制面试题目时应该根据面试题目的特点，灵活地选择面试题目的类型，以全面考查被测评者各方面的素质，有效避免高分低能者被录用。

6.2.1　面试题目的特点

1．针对性原则

面试题目应根据面试的目的，围绕岗位需求、被测评者的状况及面试本身的特点来设计。

（1）面试是针对岗位进行的，所以题目设计要紧密围绕岗位胜任素质，应充分体现出不同部门、不同岗位工作要求的特点，突出岗位需求的经常性、稳定性、经典性内容。

（2）面试题目要考虑到被测评者群体的状况，包括被测评者群体的教育经历、专业背景、工作经历等，以达到有针对性地选拔的目的。

（3）与笔试相比，在面试中一般不会设计太多纯知识性的问题，而是更侧重于考查拟招聘职位所需的能力、潜力、个性特征等。

2．鉴别性原则

鉴别性是指面试题目应在某一方面具有一定的代表性，在面试中题目既要有一定的难度，又要有一定的鉴别力，能够将同一测评要素上处于不同水平的被测评者划分开，以达到准确测试某一特定素质的目的。

3．思想性原则

面试题目的选取应是现实生活、工作中富有意义的热点或社会问题，应具有一定的思想性，如在公务员考试中会根据时事选题。

4．延伸性原则

面试题目的形式及内容应具有一定的灵活性，面试题目应给被测评者留有创新的空间，调动其积极性，同时也要形成面试所需的融洽氛围。各面试题目之间要相互联系、相互印证，形成面试的有机整体。

6.2.2　面试题目的类型

按照面试题目的答案及面试题目的内容，面试题目可以分为多种类型。

1．按照面试题目的答案分类

按照问题的答案，面试题目可以分为开放式问题和封闭式问题。

开放式问题的答案不是一两个词就可以清楚回答的，它需要进行解释和说明后才能使对方了解自己的想法。开放式问题可以给被测评者留有很多发挥的空间。

封闭式问题有事先设计好的备选答案，被测评者的回答被限制在备选答案中，如"是否"类的问题，但这类问题不能准确测评被测评者的素质水平，所以在面试中所占的比例较小。

2．按照面试题目的内容分类

按照面试题目的内容，面试题目可以分为以下几类。

（1）背景性题目。背景性题目通常用于了解被测评者的学习、工作、培训等方面的基本背景。这种类型的题目常会在面试开始后的2～3分钟内完成。背景性题目具备3个方面的作用：一是让被测评者放松、自然地进入面试情景，使面试现场形成融洽的气氛；二是印证简历或招聘申请表上的相关个人信息；三是有利于为后续的提问提供引导，如"请用3分钟时间简单介绍一下您自己""请简述一下您的职业规划"。

（2）知识性题目。知识性题目主要考查被测评者对拟招聘岗位所必需的一般知识和专业知识的掌握情况。知识性题目涉及基础性知识和专业性知识。基础性知识是指从事该职类的人都应具备的一些常识，如人事经理应了解劳动法的法律法规。专业知识是指从事该职类的人应具备的专业领域内的专门知识，如人事经理应具备薪酬设计和绩效考核方面的知识。

（3）智能性题目。智能性题目主要考查被测评者对一些现象（如社会热点、时事政治等）的理解能力和分析判断能力，以考查被测评者的逻辑思维能力、综合分析能力、知识运用能力等。例如，"针对当前的就业形势，您对十八大报告中提出的就业问题是怎么看待的"。

（4）意愿性题目。意愿性题目一般考查被测评者的求职动机与拟任职位的匹配性，还会涉及被测评者的价值取向和生活态度等方面的内容。例如，"您为何离开原来的企业而选择来我企业求职"。

（5）情境性题目。情境性题目是在面试现场假设一种情境，考查被测评者在特定情境中的行为、态度、个性特征、应变能力等方面的素质特征。

（6）行为性题目。行为性题目是通过关注被测评者过去的行为来预测其未来某一时间段内的工作态度、工作效果、人际交往能力、团队协作能力、解决实际问题的能力等。例如，"在前一份工作中，您接收到的最有印象的工作任务是什么？您采取了什么解决措施？任务的最终结果是什么？"

（7）压力性题目。压力性题目是指在面试中对被评者施加一定的压力，观察其在压力情境下的状态，以考查被测评者的情绪稳定性、应变能力等。此类问题可能会触及应考者的"痛处"。例如，"由您的简历来看，您在两年的时间内换了三份工作，怎么证明您能在我们企业好好干呢？"

（8）连串性题目。连串性题目是指在提问时会提出一连串的问题来考查被测评者，属于压力性题目的一种。它可以考查被测评者承受压力的能力，也可以考查其记忆力、情绪稳定性、注意力、归纳能力等。

6.2.3　岗位面试题目的编制

在本小节中，我们将主要介绍岗位面试题目编制的基本要求及步骤。

1．编制岗位面试题目的基本要求

（1）面试题目内容要具体、明确。岗位面试的目的是进一步考查被测评者的能力素质水平、工作经验、个性特征等其他方面的情况，为选拔合适人才提供充分的依据。不明确、不具体的面试题目会影响被测评者能力的发挥，使选拔产生误差，所以岗位面试要依据岗位特征、面试评价目标来编制题目。

（2）面试题目必须体现重点。拟招聘岗位是特定的，那么面试题目就必须针对岗位胜任要素设定考查重点；否则，面试时就会出现测评者毫无方向地提问、被测评者不得要领地应答的局面。

（3）面试题目要具备科学性和实用性。面试题目不仅需要进行科学合理的设计，而且应该具有实用性和有效性。一些笔试中具有科学性的逻辑类问题是不适宜用在面试之中的，在面试压力下，有时用逻辑类的问题来测评被测评者的思维能力往往不能得到较好的效果。在岗位面试中可以请被测评者就某一社会热点现象发表自己的看法，有利于使其在自然表述中体现逻辑思维能力。

（4）面试题目既要有共性又要有个性。个性问题是针对被测评者的不同教育经历、工作经历和岗位要求提出的，共性问题主要是围绕岗位所需专业知识提出的，在编制岗位面试试题时要将两者结合起来。

在岗位面试试题中，通常"仪容仪表仪态"和"言语表达"两项内容不必以题目的形式罗列出来，其他测评要素均要从不同的角度编制出一组相应的题目，以便面试时就招聘岗位、被测评者群体有针对性地提问。根据实际情况有选择地提问，会使面试效果更佳。

（5）面试题目要有一定的穿透性和张力。岗位面试题目的制作不能太直白，要能够拓展被测评者的素质。该类题目的目的主要是考查被测评者思考问题的广度与深度，思路是否清晰，综合概括能力是否到位，语言表达是否得体等。例如，"食品安全问题是现今社会普遍关注的问题之一，地沟油流向餐桌、蔬菜水果农药超标等问题屡见不鲜，请结合您周围出现的食品安全现象谈一谈您对食品安全监管的看法"。

（6）面试题目要注重形式。除了内容，面试题目在形式上也要达到一定的要求。

① 题目的范围大小和字数长短要适度，可采取"大题化小、成套组合"的方法。

② 语言表述要明确，语意不可模棱两可，否则会给被测评者带来思考障碍，影响被测评者的正常发挥。

③ 题目的编制要符合政策法规的要求，应尽可能避免涉及被测评者个人隐私方面的敏感性问题，也不能设计侵犯被测评者有关人权的问题。

2. 编制岗位题目的步骤

编制岗位题目的步骤包括岗位分析、制订岗位试题编制计划、编制面试试题卡、试测分析、题目组合5个。

（1）岗位分析。面试时的测评要素要反映岗位的任职条件，在设计面试测评要素前，首先要弄清楚拟录用岗位的工作要求，被测评者需具备的素质条件。所以，岗位分析是设计面试题目的基础。

（2）制订岗位题目编制计划。制订"岗位题目编制计划"，对整个题目的编制工作进行总体设计，确定最基本的框架，为面试工作提供依据。制订岗位题目编制计划时应明确的问题如表6-1所示。

表6-1　　　　　　　　　　制订岗位题目编制计划需明确的问题

项目	内容
测评目的	明确为何进行测评及测评结果的用途
测评要素	根据岗位分析结果，进一步明确对哪些素质项目进行测评以及测评结果的质量要求
取材范围	根据测评要素的需要，明确选用哪些素材
题型	依据测评信度和效度的要求，明确采用哪些题型
其他	明确对命题工作的质量与数量要求，明确工作程序与工作进度节点

（3）编制面试题目卡。为了适应被测评者选择和组合试题的需要，规范化的面试需要编制"面试试题卡"，卡面内容包括试题、答案、用途（测评要素、预订效果等）、测评标准等。

（4）题目的试测分析。岗位面试题目编制好以后，应事先选择一些被测评者进行测评，然后对题目的可行性、鉴别力、难度等进行测试，以确保题目的质量。通过测试查找、反馈试题中可能存在的质量问题，然后对题目进行完善。

（5）题目组合。在面试实施中还需要根据测评目的、测评要素、测评群体等对题目进行组合，测评者也可以针对被测评者的作答情况进行相关问题的追问。

3. 岗位面试题目示例

下面以人力资源专员岗位的面试题目为例，展现岗位面试题目的内容和面试形式，如表6-2 所示。

表 6-2   人力资源专员岗位面试题目

岗位职责	面试问题	面试形式
对应聘者进行面试，并将合适的候选人推荐给相应部门	（1）请举例说明招聘一名研发人员的具体流程 （2）请说明在录用人员的过程中，当个人意见与用人部门有分歧时，您会如何处理	行为面试
对将要录用的人员进行背景调查	（1）举例说明，如何对候选人进行背景调查？具体应当询问哪些问题 （2）如果在背景调查中，候选人信息与候选人自己给出的不一致，如何处理	行为面试 情境面试
新员工入职手续办理	（1）请讲述一下在上一家企业，你是如何办理新员工入职手续的 （2）关于劳动合同的签署，有什么需要注意的问题	行为面试
新员工入职培训	（1）您是如何组织新员工进行培训的 （2）您在培训过程中遇到过什么样的突发问题？是如何处理的	行为面试
协助经理编写人力资源制度	您编写过关于人力资源管理方面的制度吗？具体如何操作	现场操作
社保的办理	（1）社保办理的流程是怎样的 （2）目前社保的缴纳基数和缴纳比例是如何规定的	专业测评

6.2.4 结构化面试题目的编制

结构化面试题目如何编制？在编制中应当注意哪些事项？在本小节中，我们将主要解决这两个问题。

1. 结构化面试题目的编制步骤

（1）确定测评要素。根据测评目的，运用工作分析法、胜任力特征分析法、访谈法、历史概括法等确定测评要素。结构化面试中，测评要素主要包括但不限于表6-3 所列的 5 个。

表 6-3   结构化面试中的测评要素

测评要素	测评内容
个人修养及礼仪	被测评者在面试过程中所表现出来的气质、礼仪、性格特点、情绪稳定性与自我控制、自信心等，以及着装、走姿、坐姿等行为举止
求职动机及价值观	被测评者的应聘理由、进取心、内在驱动力、工作积极性、工作目标等
职业兴趣与偏好	被测评者的专业、教育经历及工作经验、职业偏好、对学习工作及生活的态度、自我认知等
一般能力倾向	细分为逻辑思维能力及语言表达能力，具体表现为认识事物的本质、综合分析问题、概括、表达自己的想法、叙述事情的能力等
可发展的潜力	被测评者未来可发展空间及可能性，可细化为决策能力、规划能力、领导能力、创新能力、应变能力、人际交往能力与技巧、团队合作能力与协调能力等

（2）确定测评要素的权重。根据各要素的重要性对其进行排序，识别出相应岗位所需要的主要测评要素，并确定各测评要素的权重。

（3）依据测评要素命题。根据鉴别出来的测评要素，确定评价要点。表 6-4 所示为一个简单的示例。

表 6-4   面试题目及评价要点示例

测评要素	权重	观察内容	面试题目	评价要点
个人修养及礼仪	5%	仪容仪表仪态	……	（1）着装整齐、得体 （2）沉着、稳重、大方 （3）走姿、坐姿符合礼仪 （4）用语文雅
专业技能知识、工作经验	40%	（1）对专业知识了解程度 （2）专业成绩 （3）对所要从事工作的认识度	（1）您为何选择您的专业 （2）介绍一下自己的成绩 （3）谈谈您从事这项工作的优势	（1）专业学识是否符合工作要求 （2）有无特殊技能 （3）有无工作经历
……	…	……	……	……

（4）题目的试测分析与组合。岗位面试题目编制好以后，应事先选择一些被测评者进行测评，然后对题目的可行性、鉴别力、难度等进行测试，以确保题目的质量。通过测试查找、反馈题目中可能存在的质量问题，然后对题目进行完善。

在面试实施中还需要根据测评目的、测评要素、测评群体等对题目进行组合，测评者也可以针对被测评者的作答情况进行相关问题的追问。

2．结构化面试题目编制的注意事项

（1）面试题目的编制要与面试目的、工作特征、被测评者群体等紧密相连。在编制面试题目前，题目编制人员应参考面试目的、工作特征和被测评者群体的特点等，分析总结其测评指标，以达到测试的目的。

（2）控制题目的难易度。题目设计应该有一定的层次性，能够区分出能力的差异。

（3）测评要素的界定要清晰明确。各个测评要素之间要相互独立，不能重叠，以免影响测评效果。

（4）明确评分的标准。对被测评者的回答，为使测评者的评价更客观、效度更高，在编制好题目后，相关负责人应对被测评者对每个问题的可能性答案有个大致把握，从而制定评分标准。

3．结构化面试题目示例

结构化面试题目示例，如图 6-2 所示。

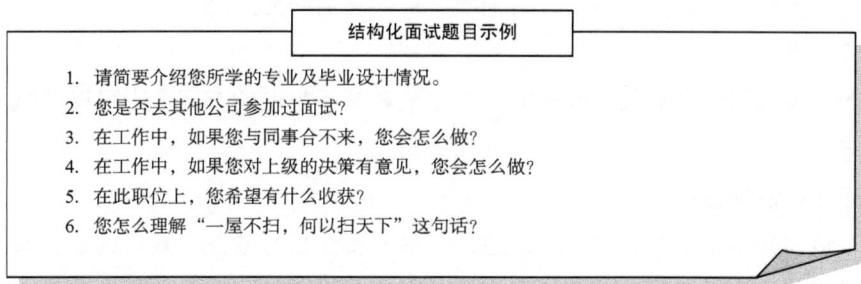

结构化面试题目示例

1. 请简要介绍您所学的专业及毕业设计情况。
2. 您是否去其他公司参加过面试？
3. 在工作中，如果您与同事合不来，您会怎么做？
4. 在工作中，如果您对上级的决策有意见，您会怎么做？
5. 在此职位上，您希望有什么收获？
6. 您怎么理解"一屋不扫，何以扫天下"这句话？

图 6-2　结构化面试题目示例

【微课堂】

行政人员应反应敏捷、工作主动、喜欢与人打交道，具备一定的专业技能，面试题目主要测试这些方面。请针对以上方面的内容，举出 3 个行政岗位面试题目的范例。

6.3 | 面试测评的技巧

面试测评的操作技巧与面试操作经验的积累是高度相关的，每个测评者所积累与掌握的测评技巧是不完全相同的。在面试的实施过程中，问、听、观等测评技巧会直接影响测评结果的准确性。

6.3.1　面试追问技巧

在面试过程中，对被测评者适当适时的追问，可以更加全面地了解候选人。

1．语气自然亲切

在追问时，尽量使用自然、亲切的语气，以缓解被测评者的紧张情绪，使其充分发挥正常甚至更好的水平。例如，"请您简单地介绍一下××事件发生时的背景""请问当时参与××事件的成员有多少"。

2．追问时，所提的问题要简明、有力

测评者向被测评者追问时，应注意语速、节奏等方面的细节，如采用连串式的追问方式，应注意语句的停顿、问题的清晰和明了。

3. 追问的顺序应从易到难或按照行为事件发生的时间顺序进行

一般来说，追问的顺序基本上应遵循先易后难、先具体后抽象、事件发生先后顺序的原则，这样做有助于被测评者缓解紧张情绪，清晰明了地回答追问的问题。

4. 声东击西

测评者若发现被测评者对某一问题欲言又止或者持不想说的态度，则可以尝试着通过问其他相关问题来实现追问的目的，从而获取到相关信息。

5. 要有针对性地追问

面试中，追问并不是在所有情况下都适用。追问要注重有效性，其目的是获取更多被测评者的信息，或查明被测评者提供信息的真实性，图 6-3 即描述了适用追问的情形。

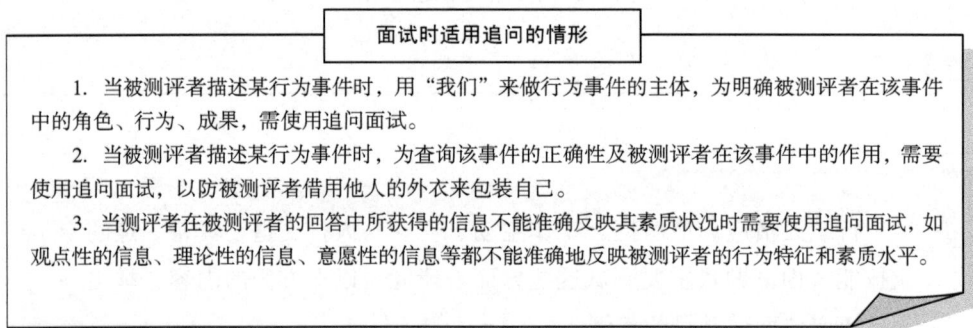

面试时适用追问的情形

1. 当被测评者描述某行为事件时，用"我们"来做行为事件的主体，为明确被测评者在该事件中的角色、行为、成果，需使用追问面试。

2. 当被测评者描述某行为事件时，为查询该事件的正确性及被测评者在该事件中的作用，需要使用追问面试，以防被测评者借用他人的外衣来包装自己。

3. 当测评者在被测评者的回答中所获得的信息不能准确反映其素质状况时需要使用追问面试，如观点性的信息、理论性的信息、意愿性的信息等都不能准确地反映被测评者的行为特征和素质水平。

图 6-3　面试时适用追问的情形

6.3.2　面试观察技巧

通过面试观察可以了解候选人的言谈举止、仪表形态甚至一些细节，并据以推断此人的性格特征和做事风格。在使用面试观察技巧时，应当注意以下 3 个问题。

1. 谨防以貌取人

容貌与人的内在素质没有必然联系，但是在面试时难免会有先入为主的现象，未见面就会想象某人身高多少、体型怎么样、长得帅不帅等外貌特征。任何人见面都是先看清楚对方的相貌后才会问话，在对话中才能够听到声音，鉴于听、问、观在时间上具有滞后性，往往在被测评者开口前便把其与先前见到的某类人归于一类。因此，在面试时，应避免发生以貌取人的情况。

2. 坚持目的性、全面性、客观性、典型性原则

坚持目的性原则，是指在测评前要明确面试的测评目的、测评要素、测评标志、测评权重、测评标准等，在面试实施的过程中要紧紧围绕面试的目的进行，这有利于测评者迅速准确地捕捉被测评者的素质特征。

坚持全面性原则，是指测评者应从被测评者的整体言行反应中系统地、完整地测评被测评者的某类素质，它要求测评者不但要从一般性问题中考查被测评者的素质水平，还要求测评者创造条件激发被测评者的潜在能力。

坚持客观性原则，是指在面试的实施过程中，测评者要本着实事求是的原则，不带任何主观意志，从被测评者的实际表现进行测评。

坚持典型性原则，是指测评者应捕捉被测评者真正能够从本质上揭示其素质的行为，以提高测评效度。

3．充分发挥感官的综合效应

面试是集问答、视觉、听觉与大脑分析于一体的，是身体各感官产生共鸣的综合效应。其中，以直觉效应尤为明显。因此，对于测评者应在获得"有效证据"的支持下，充分发挥直觉的作用。

6.3.3　面试倾听技巧

通过面试倾听，不仅可以了解到被测评者的表达能力，而且可以捕捉到更多关于被测评者的个人信息及过往经历。

1．倾听时应保持安静，适时询问问题，端正坐姿

在被测评者回答问题时，测评者应保持安静，不带任何情绪地倾听，针对被测评者的回答，在适当的时机打断谈话来询问问题，以改善对话的质量和效能，而非当场表达自己的看法。另外在打断被测评者时，测评者要有意识地思考何时打断、何时保持中立。

在面试时，测评者代表企业的形象，因此倾听时端正坐姿，可以使被评者有受到尊重的感觉，有利于被测评者正常发挥，并对维护企业形象有重要的作用。

2．完整准确地接收信息，正确地理解信息，避免先入为主

在面试时，测评者要全神贯注地记录或记忆被测评者的回答，完整准确地接收信息，避免针对某一点信息对被测评者做出评价。测评者对收集到的信息正确解码、暗中回顾并整理出重点，有利于面试中提问环节的正常进行。

3．从言辞、音色、音质、音调和音量等方面区别被测评者的内在素质

被测评者说话的快慢、音量的大小、音色的柔和与否、用词风格等会反映其内在素质，因此应该注意从其言辞、音色、音调等方面区分其内在素质。

6.3.4　面试去伪技巧

面试中除了采用问、观、听、履历分析技巧实现去伪存真的目的外，还可以通过以下两个方面实现该目的。

在面试去伪中，应当遵循 STAR 原则。STAR 原则是面试实施中涉及实质性内容的谈话程序，具体内容如下所示。

S 即 Situation，意为背景调查。在与被测评者交谈时，首先了解被测评者的学习经历、工作背景，了解其先前供职企业的经营状况、行业特点、市场状况等。

T 即 Task，意为工作任务。着重了解被测评者在先前工作中具体的工作任务，每项工作任务的实施程序。

A 即 Action，意为行动。了解被测评者为完成工作任务采取了哪些行动。

R 即 Result，意为结果。了解被测评者采取行动后的结果如何。

通过以上 4 个步骤，测评者基本可以控制整个面试的过程，采用策略性的沟通对被测评者的工作经历、知识和技能做出恰当的判断，招聘到更为合适的人才。

面试时，测评者也可以现场设置模拟情境，或要求几个被测评者进行案例讨论，自己只在一旁静静观察，必要时可以给予被测评者指引。这样不仅可以观察被测评者的言行，还可以观察所有候选人的反应，如有一个候选人在发言，如果其他候选人聚精会神地听，且时不时地点头微笑或记录，说明其他候选人具有团队意识，并能接受他人的观点。

【微课堂】

在经过"追问""倾听""观察""去伪"之后，最后需要进行"评价"。为提高"评价"的效果和效率，可以采用哪些方法呢？

6.4 面试常见误区的避免方法

测评者在面试测评中担任着十分重要的角色，其素质在某种程度上决定着面试工作的质量。因此建立一支素质优良、公平公正的测评者队伍，对于企业的发展具有重要作用。

6.4.1 晕轮效应与避免方法

晕轮效应，又称光环效应，是指事物某一方面的突出特点掩盖了其全部特点，它经常表现为以貌取人、以权定地位、以初次沟通的印象定人的才能与品德等。比如，某一被测评者的语言表达能力极强，给测评者留下了很好的印象，有的测评者受晕轮效应的影响，认为该被测评者其他方面也比较优秀。

在面试实施过程中，测评者未对被测评者的具体情况和个性特点进行全面了解而做出的评价是不公正的，且会提高人力资源管理成本。可以通过下面 3 个方面来降低面试中晕轮效应产生的影响。

（1）测评者需要拟定一套面试题库和评估标准来衡量被测评者。

（2）面试时采取团队或两个以上的测评者参与，使面试更加公平、公正、客观。

（3）测评者通过多种面试技巧收集被测评者的综合信息，对其进行系统整理，依据整体数据和客观事实做出评价。

6.4.2　近因效应与避免方法

近因效应是指当人们识记一系列事物时对末尾部分项目的记忆效果优于中间部分项目的现象。这种现象是近因效应的作用，前后信息间隔时间越长，近因效应越明显。原因在于前面的信息在记忆中逐渐模糊，从而使近期信息在短时记忆中更为突出。

近因效应在面试中主要表现为个体经常会被自己对他人的最近印象所左右，而忽略了先前已经形成的对他人的认识。如一名职员最近表现不错，就把他原来一些不好的表现忽略了；或是一名职员最近表现不好，就把他以前的功绩给忽略了。

近因效应与晕轮效应都犯了以偏概全的错误。我们在识别人才时，不能只看他近期的表现，综合地、全面地评估其整体表现才是明智之举。

6.4.3　暗示效应与避免方法

暗示效应是人们通过语言或非语言的形式提示他人，从而诱导其采取一定的行动或接受某些意见，使其思想、行为与暗示者的期望目标相符合，它是人们的一种特殊心理现象。由暗示效应所产生的误差称为暗示误差。

在面试中，暗示误差主要来源于企业内部员工对测评者的暗示或诱导。例如，测评者在领导者或权威人士的暗示下，很容易接受他们的看法，而改变自己原来的看法，这样可能会造成面试评估的暗示效应。具体可以采取以下方法来减少暗示误差。

（1）企业内制定面试管理制度，赋予测评者单独做出测评评价的权利。

（2）在测评时要对测评者进行宣传教育，讲清楚面试测试的目的、原则、方法和具体标准。

（3）制定良好的测评方式，使测评者在评估时互不影响。例如，面试时，领导者或权威人士的评估应放在最后，这样他们的讲话就难以起到暗示作用了。

6.4.4　个人偏见与避免方法

面试中的个人偏见效应是指测评者对被试者某一方面的特点、短处等看得过于重要，从而误认为其在其他方面的能力素质也相对较差。如被测评者在面试时迟到，测评者会认为其没有组织纪律性、没有责任感等。为了避免出现偏见误差，测评者在测评时应该有正确的价值观和测评尺度，运用合理的面试技巧全面分析被测评者的能力素质，做到公平公正。

【微课堂】

为提高面试测评的可靠性与准确性，应从哪些方面进行评分误差的控制呢？

复习与思考

1. 面试测评的特点有哪些？
2. 列举几种面试测评的类型。
3. 面试试题的编制应注意什么问题？
4. 请简述"履历分析"的技巧。
5. 简述面试中的误区。

知识链接

谷歌的面试流程

谷歌是一家从事互联网搜索、云计算、广告技术及开发并提供大量基于互联网的产品与服务的科技型企业，被公认为全球最大的搜索引擎。因此，其一直受到广大求职者的关注。但是，大多数求职者对于谷歌的面试流程也许并不熟悉。下面是谷歌面试的大致流程，供读者参考。

1. 电话面试

针对你所投递的具体岗位进行提问。如果你申请的是软件工程相关职位，那么面试时间将持续 30～60 分钟。在回答编程问题时，你需要一边在 Google Doc 里面写代码，一边告诉面试官你的思考过程。

2. 现场面试

电话面试通过后，会收到现场面试邀请。以软件工程师职位的招聘为例，面试官希望了解你的编码技能和技术领域的专业知识。

3. 审核

谷歌内部设置有招聘委员会，由他们进行面试结果的审核，并给面试者评分。

技能实训

实训内容：设计一份面试试题

某企业现在需要编制一套针对营销人员进行面试测评的试题，具体包括 6 个方面的问题：求职动机、专业知识、工作经历、工作能力、工作态度、兴趣爱好。请将表 6-5 中的空白处填写完整。

表 6-5　　　　　　　　　　　营销人员面试题

考核点	题目
求职动机	在选择职业时您最重视的因素是什么
专业知识	您在实践中会用到哪些营销理论知识
工作经历	谈谈您之前的工作给你带来的收获
工作能力	请向我推销一下这支铅笔
工作态度	在工作中除了做自己的本职工作外，是否还会做一些分外的事情
兴趣爱好	您工作之余有哪些兴趣爱好

【本章知识导图】

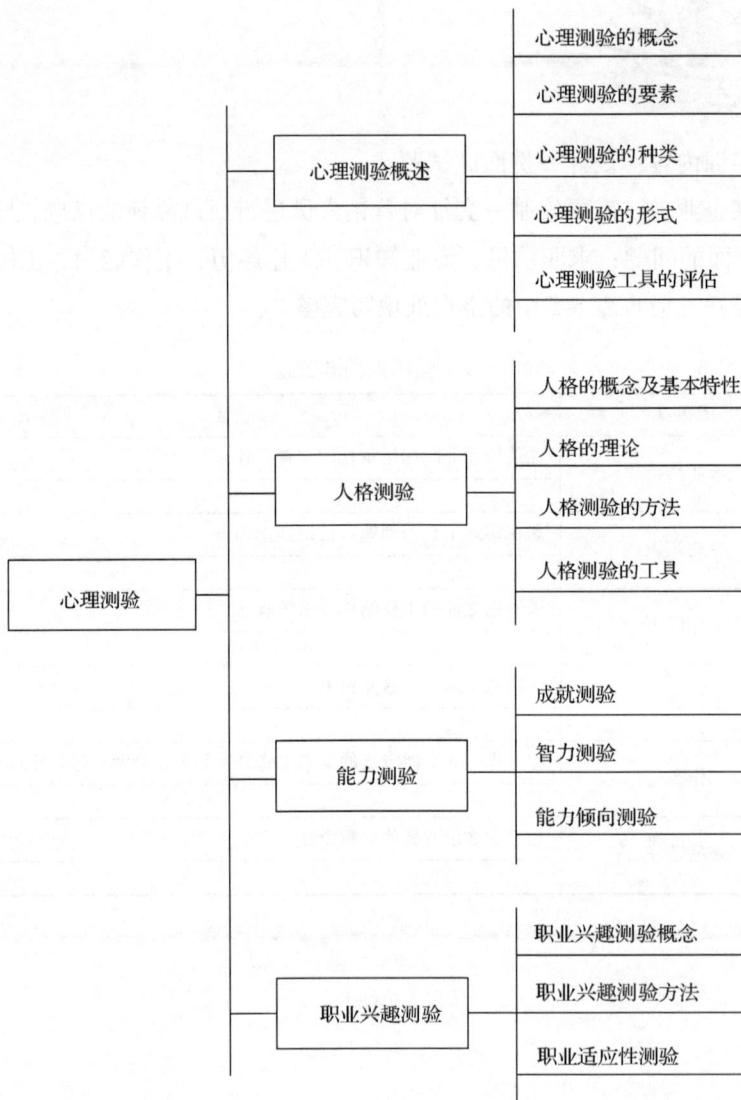

```
                                                    心理测验的概念

                                                    心理测验的要素

                                   心理测验概述        心理测验的种类

                                                    心理测验的形式

                                                    心理测验工具的评估


                                                    人格的概念及基本特性

                                                    人格的理论
                                   人格测验
                                                    人格测验的方法

                心理测验                              人格测验的工具


                                                    成就测验

                                   能力测验           智力测验

                                                    能力倾向测验


                                                    职业兴趣测验概念

                                   职业兴趣测验        职业兴趣测验方法

                                                    职业适应性测验
```

职业知识	• 了解心理测验的概念、要素、种类及形式等内容 • 知晓人格测验、能力测验、职业兴趣测验的类型、方法及工具
职业能力	• 根据各类测验的类型及形式，能够选择合理的测验方法
职业素质	具备较强的分析能力、协调能力和沟通能力

心理测验、面试、笔试和评价中心，是现代人才测评常用的基本方法。其中，心理测验的应用最为方便、最为常见。本章在对心理测验的内容进行概述的同时，还重点介绍心理测验中的人格测验、能力测验和职业兴趣测验 3 种测评类型。

7.1 心理测验概述

心理测验属于一种定量化程度很高的测评技术，心理测验编制的各个环节都遵循了标准化的程序，从而使得测验结果准确可靠。在进行人才测评时，心理测验也是辅助决策的工具之一。

7.1.1 心理测验的概念

阿纳斯塔西（Anastasi）认为，心理测验实质上是行为样组的客观的和标准化的测量。

心理测验是通过对被测评者少数行为的测量来推断其某一领域全部行为及其内在心理特征水平的。在一次测验中不可能对被测评者的全部心理特征相对应的行为领域进行测量，所以只能通过有代表性的行为样组来推论整体。

心理测验是对行为的测量，通过对被测评者外在行为模式的测评来推论其内在心理特征水平，具有间接性。这些行为一般是心理的而不是生理的，是外显的而不是内心的活动，是一组连续的行为而不是单个的行为片段。进行人才测评时，通常将心理测验结果作为辅助决策的依据之一。

7.1.2 心理测验的要素

心理测验有 3 个要素，即行为样组、标准化、客观性。

1. 行为样组

由于实践中，不可能在一个心理测验中将所有与该心理特性相关的行为全部测量到，故而只能选择其中一部分行为进行测量，以这部分被测量的行为作代表，来推测与其关联的心理特征。这一组行为，被称为行为样组。

2. 标准化

标准化是指测验的编制、实施、评分、记分和结果解释应遵循统一的科学程序。要做到测验的标准化，应实现测验题目的标准化，测验实施过程和评分、计分的标准化，选择有代表性的常模等。

为保证测验的准确性和客观性，在测评中需保证测验条件对所有被测评者都相同。测验条件包括测验的指导语、施测环境与过程、施测内容、评分和计分过程、解释系统等。为保证测验条件的一致性，测验的编制者在编制完成新的测验后要附上详细的说明。

3. 客观性

心理测验的客观性是指心理测验结果反映被测评者实际情况的程度。

首先，心理测验的题目、指导语、测验实施条件等均经过标准化，尤其测验题目是在预测的基础上，经过题目难度和项目区分度的统计后最终确定的。其次，心理测验的评分和计分方法经过了标准化，所以它对行为样本反应的量化是客观的。最后，心理测验最终分数的转换和解释经过了标准化，其对结果的推论是客观的。

但行为样本的代表性程度、心理测验的标准化程度、心理测验信度和效度的检测程度等都会影响测验的客观性。

7.1.3　心理测验的种类

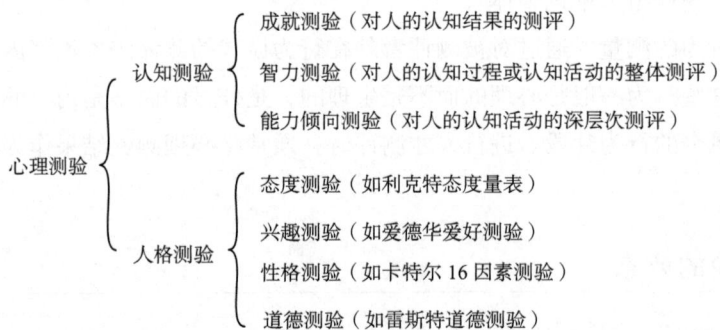

目前被使用的心理测验有数千种，依据不同的分类标准可以划分不同的测验类型。

1. 依据测验的内容分类

按照测验的内容，可以将心理测验分为认知测验和人格测验。认知测验是对认知行为的测评，而人格测验则是社会行为的测评。认知测验和人格测验按照具体对象的不同又可以进行划分，具体如图 7-1 所示。

心理测验的种类

心理测验
- 认知测验
  - 成就测验（对人的认知结果的测评）
  - 智力测验（对人的认知过程或认知活动的整体测评）
  - 能力倾向测验（对人的认知活动的深层次测评）
- 人格测验
  - 态度测验（如利克特态度量表）
  - 兴趣测验（如爱德华爱好测验）
  - 性格测验（如卡特尔16因素测验）
  - 道德测验（如雷斯特道德测验）

图 7-1　心理测验按内容分类

2. 依据测验的目的分类

根据测验的目的，心理测验可以分为描述性测验、诊断性测验、预测性测验、配置性测验等。其中，描述性测验的目的是描述个人或团体的认知或品性等；诊断性测验的目的是诊断个人或团体某一方面的素质水平；预测性测验的目的是预测团体或个人将来的表现、潜能及能达到的素质水平；配置性测验是指根据对个体或团队素质特征的描述，实现人、财、物、岗等方面的合理配置。

3. 依据测验中的实施对象分类

依据测验中的实施对象，心理测验可以分为个人测验和团体测验。

个人测验每次仅对一位被测评者进行测评，这有利于测评者对被测评者的言行等有较多观察与控制的机会，但个人测验不易于大量施测，对测评者的素质有较高的要求，且花费较多时间。

团体测验是指在同一时间内对多名被测评者进行测验，这种测验方法易于大量施测，节约成本，但由于同一时间内有多名被测评者参与测评，不易控制被测评者的行为，容易产生测评误差。

4. 依据测验的时间分类

依据测验的时间，心理测验可以分为速度测验和难度测验。在测评中，速度测验会限定在特定的时间内完成任务，它测试的是被测评者的反应速度。难度测验不限定时间，每题都有时间去完成，它测试的是被测评者解题的最高能力。

5. 依据测验编制过程的规范性分类

按照测验编制过程中的规范性，心理测验可以分为标准化测验和非标准化测验。

当心理测验按照标准化的程序进行编制时，即说明其是一种标准化心理测验。标准化心理测验通常称为心理量表，它在编制程序、测验施测、分数评定、结果解释等方面都要实现标准化，一般由能力素质水平较高的心理学专业人员编制。

与标准化测验相对的是非标准化测验，非标准化测验是测评者或企业根据需求而编制的，这种测验只能粗略地用于对被测评者的心理个别差异进行分类或分等，不能准确地在一个分数量尺上鉴定被测评者的素质水平。

6. 依据测验的要求分类

依据测验的要求，有最佳行为测验和典型行为测验。最佳行为测验有正确答案，它要求被测评者尽可能做出最好的回答和反应。典型行为测验没有标准答案，它要求被测评者按照自己的日常行为习惯来回答。人格测验就属于典型行为测验。

7.1.4　心理测验的形式

心理测验的形式即测验的表现形式，它由刺激和反应两部分组成。心理测验的划分标准不同，其形式也各异。

1. 结构明确的问卷法、结构不明确的投射法

这是依据测验目的与意图表现的程度划分的。其中，结构明确的问卷法是指为多角度了解被测评者的素质状况，设计出一系列具体明确的问题，要求被测评者针对问题按实际情况作答。结构不明确的投射法是指让被测评者在不受限制的情况下，对各种图形、墨迹、词语等自由地做出反应，根据反应结果来推断该测验的结果。

2. 有限反应型、自由反应型

这是依据测验时被测评者反应的自由度划分的。其中，投射测验就属于自由反应型，强迫

选择则属于有限反应型。

3．纸笔测验、操作测验和口头测验

这是按照测验方式划分的。其中，纸笔测验的实施比较方便，团体测验一般采用此种方式进行，但纸笔测验中的文字材料易受被测评者文化程度的影响。操作测验多是通过被测评者对图片、实物、工具、模型的辨认和操作来测试，但其不适宜团体测验，且要花费大量的时间。口头测验的测验项目是言语材料，测评者采用口头提问，被测评者进行口头作答。

4．一般测验、情境测验和观察评定测验

这是按照测验的反应场所划分的。其中，一般测验侧重于对被测评者在行为样组上所反应的测评；情境测验侧重于对被测评者在模拟情境中反应的测评，观察评定侧重于对被测评者在日常状态下行为表现的测评。

7.1.5 心理测验工具的评估

为了保证心理测验的科学性和客观性，测评者必须评估心理测验中测评工具的质量。测评工具的质量评估，一般包括项目分析、信度评估、效度评估和心理测验的标准化 4 个方面。

1．项目分析，诊断测评题目的难度

心理测验编制的第一步是确定测验目的，明确测量的对象、目标和用途；第二步是有针对性地收集测验材料，选择测评形式；第三步是编写测评题目，测评题目的初稿应该比计划中的测评题目多两三倍，以备筛选；第四步是试测和项目分析。

试测是将测评试题施测于某一有代表性的团体，试测团体应是将来正式测评准备应用群体中的一个行为样本。经过试测可以得到该团体在每道题目上的测评结果，对测评结果进行的分析就是项目分析。项目分析一般从测评题目的难度和区分度两个方面进行。

（1）心理测评题目的难度。

测评题目的难易程度通常以难度的指标来表示，在不考虑猜测因素影响的情况下，难度的指标通常以通过率表示，即以答对或通过某题的人数比例来表示。

难度过大或过小都不能很好地将不同水平的被测评者区分开来。一个测评题目，如果大部分被测评者都能答对，该题目的难度就小；如果大部分被测评者都答错了，则该题目的难度就大。

① 难度的计算。

A．二分法计分。当项目能以 0、1 计分时，难度等于通过率。适用于二分法计分的题目有选择题、判断题、填空题等。二分法计算公式为：

$P = R/N$

其中：P——题目的难度；R——答对该题的人数；N——被试者的总数。

当题目以 0、1 计分而被测评者人数较多时，难度等于总分上高分组与低分组通过率的平均数。高分组与低分组的确定方法为：分数最高的 27% 被测评者为高分组，分数最低的 27% 被测评者为低分组，中间 46% 的被试者为中间组。

B. 非二分法计分。当题目是多重计分时，难度等于平均分与满分之比。适用于非二分计分法的题目有简答题、论述题、案例分析题等。非二分法计算公式为：

$$P = \frac{\bar{x}}{X_{max}}$$

其中：P——题目的难度；$\bar{x}$——全体被测评者在该题目上所得的平均分数；X_{max}——该题目的满分分数。

② 难度水平的确定。题目难度的适当性标准仅仅通过项目难度 P 值是不能够准确确定的，它还取决于测验的目的、测验的性质等。对于一般性的心理测验而言，题目难度的适当性标准应在 0.3～0.7；对于成就或成绩测验，其难度可以在 0～1 变动，平均难度在 0.5 左右。对于选拔淘汰性、竞赛性考试，其题目难度应接近录取率，如果录取率高则难度应该相对低一些。

③ 题目难度对测验的影响。题目难度会影响测验题目的排序，一般按照从易到难的顺序进行排列。题目难度会影响测验分数的分布形态，整个测验的难度适中，则测验的分数接近正态分布；测验的难度偏大，大多数被测评者分数集中在低分端，呈现"正偏态分布"；测验题目过于容易，大多数被测评者的分数集中在高分端，呈现"负偏态分布"。

题目难度会影响测验分数的离散程度，P 值在 0.5 左右时，分数分布的离散程度最大，P 值过大或过小，都会使分数分布的离散程度变小；题目难度影响测验的信度，当 P 值在 0.5 左右时，分数的分布范围最广，则以相关系数为基础的信度也会相对较高。另外，题目难度会影响项目区分度。

（2）区分度。

区分度指测验题目对被测评者素质特征的区分能力和鉴别能力。区分度是测验有效的"指示器"，是评价题目质量，筛选题目的主要指标，又被称为"项目的效度"。

区分度好的题目，能够将被测评者的高低水平区分开来，即高水平的被测评者在该题目上得分高，低水平的被测评者在该题目上得分低。确定区分度的方法有鉴别指数法、方差法和相关法。

① 鉴别指数法。一个题目的鉴别指数指总分高分组与低分组在该题目上的通过率之差。其计算公式为：

$$D = P_H - P_L$$

其中：D——鉴别指数；P_H——高分组某题目通过人数百分比；P_L——低分组某题目通过人数百分比。

D 值越大，题目区分度越高，题目也就越有效。1965 年，美国测验专家伊贝尔提出了用鉴别指数评价题目区分度的标准，具体如表 7-1 所示。

表 7-1 伊贝尔鉴别指数标准

鉴别指数 D	题目评价
0.4 以上	优
0.30～0.39	良好（如能修改，则更佳）
0.20～0.29	尚可（须修改）
在 0.19 以下	劣（必须淘汰）

② 方差法。方差表示一组数据的离散程度。方差大，表示数据分散。被测评者在某一题目上的得分越分散，则表示该题目的鉴别力越大。方差法的公式为：

$$S^2 = \frac{\sum (X_i - \overline{X})^2}{n}$$

其中：X_i——第 i 个被试者在该题的得分；$\overline{X}$——所有被试者在该题的平均分；n——被测评者的总人数。

当 n 小于 30 时，属于统计上的小样本，公式中的分母应改为 $n-1$。

③ 相关法。题目的区分度与难度密切相关，难度越接近 0.5，题目的潜在区分度越大；难度越接近 1 或 0，题目的潜在区分度就越小。在常模测验中一般要求题目难度保持在中等水平，有利于最大程度地区分被测评者的素质水平差异。

2．信度评估，确保心理测验的可信

仅仅做项目分析是不能直接评定心理测验的质量水平的，考察心理测验质量的好坏还必须考虑其信度。信度是指测评结果反映所测素质的可靠性和稳定性，一般多以内部一致性来表示该测验信度的高低。关于信度的具体内容第 1 章已经涉及，在此不再详述。

3．效度评估，确保心理测验的有效

当进行心理测验时，不仅要保证其测评工具的稳定性和可信性，还要确保其准确和有效，即测评的另一个重要指标是效度。效度即有效性，它是指测量工具或手段能够准确测出所需测量的事物的程度。关于效度的具体内容第 1 章已经涉及，此处不再详述。

4．心理测验操作的标准化

心理测验的质量水平不仅取决于测评工具的编制者，同时也取决于测评的实施者，如测评者的个人倾向、被测评者的不同情绪动机及外界干扰等都会影响到测评的可靠性和有效性，所以心理测验的编制、实施、评分、计分和解释等都应遵循统一的科学程序。测验的标准化具体表现在以下 4 个方面。

（1）统一的指导语。

心理测评中的指导语主要是对测评目的、内容、测评形式、作答方法与要求等细节方面的解释。心理测评中的指导语一般出现在测评试题的开头，由被测评者自己阅读，所以该指导语应该简单明确。个别测评中的指导语一般是由测评者进行口述的，所以测评者必须严格按照指导语来口述以避免主观发挥，对被测评者的态度和语气等应保持一致。

（2）统一的时限。

一般的心理测验是难度与速度相结合的测评，通常会有时间上的限制，被测评者应该在规定的时间内完成测试。

（3）统一的评分。

评分的客观性和公平性是测评结果的重要保证，好的心理测验必须设立明确的评分标准，被测评者的测评结果应该得到完整的记录，测评者通过对测评结果与评分标准的对照，给予客观的分数。

（4）建立常模。

常模是指对测验分数进行分析和解释的参照系/标准。一般来说，测验原始分数的意义是不明确的，如某学生的数学成绩是 90 分，那么 90 分代表什么？所以，一个标准化的测评应该建立常模，单靠一个原始分数是难以解释测验水平的，即常模是解释测验分数的基础。

① 常模的构成要素。

A. 原始分数。原始分数是指对被测评者的测评结果与标准答案相比较而获得的测评分数。

B. 导出分数。在心理测验中，原始分数本身的意义不大，必须建立一个参考标准，这种标准是由原始分数构成的分布转换而来，转换而来的分数就叫导出分数。

C. 对常模团体的有关具体描述。常模团体是由有某种共同素质特征的人所组成的一个群体，或是该群体中的一个样本。

② 常模的主要类型。

A. 发展常模。发展常模指某一年龄心理发展的平均水平，用于衡量被测评者已达到的发展水平，也称年龄量表。

B. 百分位常模。百分等级是应用比较广泛的表示测验的方法，测验分数的百分等级指在常模样本中低于该分数的人数百分比；百分等级指出了被测评者在常模团体中的位置，百分等级越低，被测评者所处的位置就越低。

C. 标准分常模。标准分常模是将原始分数与平均数的距离以标准差为单位来表示的量表。因为其基本单位是标准差，所以又叫标准分数。

【微课堂】

1. 简述心理测验的三要素。
2. 依据内容划分，心理测验有哪些种类？

7.2

人格测验

在生活和工作中，良好的性格是个人取得成功的重要条件之一。个性的形成既受先天遗传因素的影响，也受后天环境的影响，并与个人的自我修炼、自我完善有很大的联系。不同的人格会有不同的外显特征，现今很多企业将人格测验用于其管理中，有利于提高工作效率。

7.2.1 人格的概念及基本特性

1. 人格的概念

人格一词源于希腊语 Persona，心理学家对人格的定义不完全一致，其中美国心理学家奥尔波特（Allport）认为"人格是个体内在心理物理系统中的动力组织，它决定一个人对环境独特的适应性"。英国心理学家艾森克（Eysenck）认为"人格是个人的性格、气质、智力和体格相对稳定而持久的组织，它决定着个人适应环境的独特性"。

综合来讲，人格是个体在行为上的内部表现，是个体在适应环境中的感情、能力、气质、价值观等方面的内部综合表现，它可以离开人的肉体、离开人所处的物质生活条件而独立存在于人类的精神文化维度里。

2. 人格的基本特性

人格的基本特性有整体性、独特性和共同性、稳定性和可变性、生物性和社会性。

（1）人格的整体性。

人格是一个有机整体，组成人格的各个因素不是孤立的而是相互联系的，任何因素的改变都会引起其他因素的变化。

（2）人格的独特性和共同性。

人格具有独特性，每个人都有与他人相区别的人格特征，世上没有两个人的人格完全相同。人格的独特性表现为人们在需求、动机、价值观、能力、气质、性格等方面的差异性。

另外，人格也具有共同性，它是某一群体、某个阶层或某个民族在特定的群体环境、社会环境和自然环境中形成的共同心理特征。

（3）人格的稳定性和可塑性。

人格具有稳定性，具体表现为人格特征有跨时间的持续性和跨情景的一致性。跨时间的持续性是指人格具有相对的稳定性，它不会在短时间内发生很大变化。跨情景的一致性指同一个人的人格特征在不同的情景下，在一定程度上会保持不变。

人格的稳定性是相对的，人格的特征会随环境和时间的变化而变化，这使得人格具有可塑性。

（4）人格的生物性和社会性。

人格是在人的自然生物特性的基础上发展起来的，这是人格的生物性，它能影响人格发展的道路和方式。而人格的生物性不能对人格的发展方向起决定性作用，对人格发展起决定作用的是个体的社会历史文化背景，这就是人格的社会性。

7.2.2 人格的理论

人格的理论是心理学家用来描述或解释人格结构、人格发展动力、人格发展条件及阶段的一套正规的假设系统或框架。现代的人格理论主要有人格特质理论、人格类型理论和人格结构层次理论。

1. 人格特质理论

特质是一个人的人格维度，是依据人们在某一特征上所表现出的程度进行分类的。

特质理论认为人格存在一些特质维度，人们之间的差异就在于这些维度的不同表现程度。它强调人的个别差异和个体的整体功能，是以人格特征具有跨情景一致性和跨时间的持续性为研究假设的。特质研究者更关注对人格的描述和预测行为，侧重于预测测评结果在某一范围内，个体有什么典型行为表现，而不是解释个体为什么会有这样的行为表现。

常见的特质理论有奥尔波特（Allport）的特质理论、卡特尔（Cattell）的 16 因素特质理论、艾森克（Eysenck）的三因素模型、"大五"人格理论等。

2. 人格类型理论

类型理论认为人格可以划分为几种类型，各类型之间是相互独立、相互分离的，如外向、内向。常见的人格类型理论有单一类型理论（T 型人格）、对立类型理论（A—B 型人格、内—外向人格）、多元类型理论（气质类型说、性格类型说等）。

3. 人格结构层次理论

人格特质理论和人格类型理论分别从不同的角度描述了人格结构，艾森克（Eysenck）于 1967 年提出了人格结构层次理论，将类型理论和特质理论有机结合，具体分为类型水平、特质水平、习惯反应水平和特殊反应水平，还用内向和外向、神经质倾向两个维度来描述人格。

7.2.3 人格测验的方法

人格测验是依据需要测量的人格特质来编制相关问题，要求被测评者根据自己的实际情况逐一回答，根据其答案来测评该被测评者在某种特质上表现程度的方法。

人格测验的方法有结构明确的自陈量表和评定量表、结构不明确的投射测验。

1. 自陈量表

自陈量表是采用标准化测验的形式，依据所测量的人格特征编制一系列的客观问题和选项，要求被测评者根据实际情况或感受选择符合自己的选项，以此来衡量个人的性格特征。自陈量表是以纸笔测验的形式进行的，其结构明确，题量较大，计分简单客观，实施简便，测验分数容易得到解释，如卡特尔 16 种人格因素问卷就属于自陈量表。

2. 评定量表

评定量表的理论假设是人格特征可以通过个人的行为举止表现出来，通过观察后能够进行评估。评定量表是由与被测评者比较熟悉的人通过对被测评者行为或特质的观察，给予一个评定分数的标准化程序，如汉密尔顿焦虑量表就属于评定量表。

3．投射测验

投射测验要求对被测评者进行一些模棱两可的刺激，根据被测评者的反应来分析、推断被测评者的内在心理，它主要用于对人格、动机等内容的测量。投射测验可以使被测评者被隐蔽的个性特征、心理活动或态度更容易地表达出来，但它在计分和解释上缺乏相对客观的标准，所以对主试和评分者的要求相对较高，如罗夏墨迹测试就属于投射测验。

7.2.4 人格测验的工具

人格测验的工具在生活和工作中的应用越来越普遍，每个测验工具都有其自身的假设前提和理论基础，且测验维度也是不同的，即使是同一个名称的测验维度在不同测验工具里的内涵也可能会有差别，所以个人或企业在测评时要依据测验目的和测验因素有针对性地选择测验工具。常用的人格测验工具如表 7-2 所示。

表 7-2　　　　　　　　　　　　常用的人格测验工具

方法	人格测验工具	内容	适用范围
自陈量表	卡特尔 16 种性格因素测评量表（16PF 量表）	（1）通过让被测评者回答一系列问题，测算出 16 种因素的特征，根据这些特征测验人的人格特征和职业倾向 （2）根据测评者 16 个因素的结果，分析被测评者在性格内外特性、心理健康状态、学习与适应新环境的成长能力、专业有成就的性格因素、创造能力的性格因素 5 个方面的表现	（1）适用于企业人才的选拔、考核、培养等活动 （2）适用于心理和教育辅导
	艾森克人格测评问卷（EPQ）	（1）主要用来测验人们在内外倾向、情绪性和心理变态倾向 3 个方面的表现程度 （2）问卷采用是非题的形式，从精神质、内外倾向、神经质和效度 4 个维度设计量表，根据被测评者各个量表分数特征分析其人格特征	在人才招聘中适用于销售类和财务类岗位
	霍兰德职业兴趣与价值观测评量表	（1）主要用来测评个人对工作所持的态度和对工作的评价 （2）是由美国心理学家霍兰德提出的，他根据个性特征与职业选择的关系，把人的个性划分为 6 种兴趣类型，并对其特征和职业选择倾向进行了界定 （3）量表由 7 个部分组成，从 60 种活动的特征和应具备的胜任力着手，对被测评者进行测评，分析被测评者最适合的职业类型	适用于所有人群
	明尼苏达多项人格测验（MMPI）	（1）由明尼苏达大学教授哈瑟韦（S. R. Hathaway）和麦金力（J. C. Mckinley）于 20 世纪 40 年代制定的 （2）MMPI 共有 566 道题目，其中 16 道是重复性的题目，用以检验被测评者反应的一致性和回答是否认真。MMPI 有 10 个临床量表，可以得到 10 个分数，代表 10 种人格特质，还有 4 个与效度相关的量表，用以考察被测评者的作答态度	该量表适用于 16 岁以上的成年人，要求具有小学以上文化程度
	DISC 个性测评量表	从支配性、影响性、稳定性和服从性 4 个维度设计量表，根据被测评者各量表的得分综合分析被测评者的人格特征	在人才招聘中适用于管理类岗位
	"大五"人格模型	（1）由美国心理学家麦雷科斯塔等人提出 （2）把人格分成 5 个方面来描述，分别是情绪稳定性、外向型、开放性、宜人性和责任感	适用于销售类、管理类和财务类岗位

续表

方法	人格测验工具	内容	适用范围
投射 测试	罗夏墨迹 测试的实施	（1）由瑞士精神病学家罗夏创建 （2）通过被测评者对 5 张黑白、3 张彩色和 2 张除黑色外还带鲜艳红色的 3 类图片所产生的联想及联想场景的描述，分析被测评者的人格特征	（1）用来测评人的人格和人生态度 （2）适用于招聘高层管理岗位的测评
	主题统觉 测试法	（1）由美国心理学家莫瑞和摩尔根创制 （2）根据被测评者对 30 张有具体图形但随意暧昧的黑白图片外加一张空白卡片进行联想，并编制一个故事来描述过去、现在和未来的情景 （3）测评者再根据被测评者描述的故事内容分析被测评者的心理特征	（1）用来测评人的深层次需要 （2）能测评人的性格特征和预测人的某些心理特征
	完成句子 测试法	（1）测评内容包括 40 个未完成的句子，要求被测评者进行补充 （2）根据被测评者对 40 个未完成句子的补充内容，分析被测评者的情感、态度和观念特征	（1）适用于所有岗位的测评 （2）用来测评人的情感能力

【微课堂】

1. 人格测试的工具有哪些？
2. 人格测验的结果运用在人员选拔方面，有哪些作用？

7.3 能力测验

能力是一种个性心理特征，是顺利完成某项活动所必需的主观条件，能力的高低会影响一个人的学习效率和工作效率。

能力测验又称认知测验，是指对个人或团体某种能力做出的评价或预测。其中涉及的能力可以是现有的实际能力或将来的潜在能力，可以是一般能力，如观察力、学习力、记忆力等，也可以是某种特殊的能力，如体育、音乐、绘画等方面的能力。

7.3.1 成就测验

成就测验（Achievement test）是能力测验的一种，指对经过教育或培训后获得的知识、技能运用于实际工作中的表现进行评定，以认定学习、训练的成效。

成就测验和智力测验、能力倾向测验同属于能力测验范畴，三者既有相似之处，又有区别。具体内容如表 7-3 所示。

表 7-3　　　　　　　　　成就测验和智力测验、能力倾向测验的异同

类型	相同点	不同点
成就测验	（1）三者的测量对象都属于认知性特质 （2）三种测验都是测量个体从与环境的相互作用中发展出来的能力	主要考查被测评者在学习和训练后所具有的知识和技能水平
智力测验		一般是指对个体的基本能力的考查
能力倾向测验		一般用以对潜在才能的测量，便于深入了解其长处和发展倾向

7.3.2　智力测验

1917 年，美国心理学家 M.R.叶克斯（Yerkes）、推孟（Terman）等人最先把智力测验应用在军队挑选士兵上，目的是选拔智力优秀者进入技术性较高的军种，同时防止智商低的人进入军队。随着社会的发展，智力测验不断被应用在企业中，用来挑选各种人才。

1．智力测验的概念

智力测验是指在一定条件下，使用标准化的测量工具对被测评者施加刺激，根据被测评者的反应结果测量其智力的高低。

2．智力的结构

（1）一般智力因素的理论。

英国心理学家斯皮尔曼（Charle Spearman）首先提出了智力的"二因素说"。他运用因素分析方法来分析被测评者的各类测验分数时，发现了各类工作的质量均与同一个因素相关，即普通智力因素（G 因素）；另外，他发现在这些被测评者中有些人英语测验成绩较好，而数学测验成绩较差；另一些人则相反。斯皮尔曼认为这些差别在提示另一种因素即特殊智力因素（S 因素）的存在。

其中 G 因素是所有智力操作的基础，是智力的主要构成部分；S 因素是人们完成特殊活动所必须具备的智力，它代表人们的某一种特殊能力，只有在某种特殊情况下才会表现出来。

（2）基本心理能力的 7 因素论。

1938 年美国心理学家瑟斯顿（Louis Thurstone）通过对 218 名大学生进行测验，然后用因素分析法提出，智力是由一些彼此独立的基本心理能力组合而成的。瑟斯顿于 1941 年根据 7 种基本能力编制了基本心理能力测验（PMAT）。其中，他提出的 7 种基本心理能力包括词的理解力、语词运用能力、计算能力、空间知觉能力、记忆能力、知觉速度和推理能力。

（3）桑代克智力分类法。

美国心理学家桑代克认为智力有 3 种类型：抽象智慧，即对文字的了解和应用的能力，对数学符号的了解和应用的能力；具体智慧，即了解事物的能力、对技术或科学的应用能力；社会智慧，即了解他人和他人相处的能力。

3．智力测验量表

（1）比奈—西蒙量表。

1905 年，法国心理学家比奈（Binet）及其助手西蒙（Simon）以测验年龄差异和一般心理能力为基础制定了比奈—西蒙量表。1905 年的比奈—西蒙量表有 30 个由易到难排列的题目，

其中既有对较低级的感知觉方面的测量，也有对较高级的判断、推理、理解等方面的测量。

1908 年，比奈发表修订后的比奈—西蒙量表，使总数达到 59 个，并把测验题目按年龄分组，从 3 岁到 15 岁，每个年龄组的儿童中有一半能通过的题目即属于这个年龄组的题目。1911 年比奈等人对该表进行了修订，这次修订没有重大变化，只是改变了几种年龄水平分组，并增加了成人组，扩大了该表的应用范围。

（2）韦克斯勒智力量表。

到 20 世纪 30 年代晚期，心理测验中没有完善的标准化成人智力测验。直到 1939 年心理学家 D. 韦克斯勒（David Wechsler）编制了韦克斯勒—贝勒维智力量表（W—B）以后，这种情况才有所改观。W—B 智力量表是由 10 个分测验组成的，其中言语量表包括常识、理解、背数、算术、类同 5 个分测验；操作量表包括图片排列、图画、积木图案、物体拼配和数字符号 5 个分测验。另外，该表还有一个词汇分测验来作为其他分测验的备用测验。

7.3.3　能力倾向测验

能力倾向是个体在不同能力因素上潜在的优势或劣势倾向。能力倾向测验是用于测量从事某项活动或某种职业的潜在能力的一种素质测评方法。它主要用于预测，其测量结果是一组不同能力倾向的分数而不是总的 IQ。

能力倾向测验按照内容可以分为一般能力倾向测验、特殊职业能力测验、创造力测验和心理运动机能测验等。

（1）一般能力倾向测验主要是测量个体的思维能力、想象能力、记忆能力、推理能力、分析能力、空间关系力和语言能力等，分为普通能力倾向成套测验（GATB）、区分性能力倾向测验（DAT）。

（2）特殊职业能力测验主要是对除一般智力测验外的较为特殊和专门的能力进行测验，如对音乐能力、绘画能力、文书能力、飞行能力等的测验。

（3）创造力测验主要测量个体的各种创新思维能力，如南加利福尼亚大学测验。

（4）心理运动能力测验主要测量个体支配心理运动的能力和身体运动的能力。它专门测量速度、协调性和运动反应等特性，如明尼苏达空间关系测验、明尼苏达秘书测验、奥卡挪手指灵活性测验等。

【微课堂】

1. 能力倾向测验的类型有哪些？
2. 能力倾向测验的作用主要体现在哪些方面？

7.4 职业兴趣测验

兴趣是人们探索某种事物或事件的认知倾向。从兴趣的发展来看，它一般要经历有趣、乐趣、志趣3个阶段。兴趣是以一定的素质为前提，在实践中逐步发展起来的，在人们的职业活动中具有重要的意义。

7.4.1 职业兴趣测验概念

职业兴趣是人们对某种工作或职业的积极态度，不同的人对同一职业可能会有积极的态度，可能会有消极的态度，也可能会有无所谓的态度。个人如果在择业时选择与兴趣相符的职业，可以充分地挖掘自己的潜能，有利于提高工作主动性。

职业兴趣测验（Vocational Interest Tests）是对个人最感兴趣的、从中得到成就感和满足感的工作进行的测试，是用于了解个人兴趣方向和兴趣序列的一项心理测验方法。

7.4.2 职业兴趣测验方法

职业兴趣测验的方法有很多，总体来说主要有以下4种。

1．兴趣表达法

兴趣表达法直接要求被测评者回答自己的职业兴趣是什么，但由于有些人的自我认知不清晰，根本不清楚自己的兴趣是什么，所以这种直接表达兴趣的方法缺乏准确性。

2．行为观察法

行为观察法是通过观察被测评者参与活动的种类、数量、倾向和在各种情境中的行为来了解其职业兴趣。这种方法与事实记录法类似，一般情况下费时较长，不适用于大规模的人才测评。

3．能力测验

能力测验是通过测试被测评者掌握某种职业的词汇及相关知识的多少来推断其对某职业的兴趣高低。这种方法对于职业词汇及相关知识的设计要求较高，从而可以有效地测试被测评者的兴趣倾向，因而比较适用于选拔性测评。

4．兴趣问卷

兴趣问卷是通过纸笔测验的形式来测试被测评者的职业兴趣倾向。这种方法节约成本和时间，适用于对群体施测，且其信度和效度比较容易保证，在选拔性测评和配置性测评中的运用广泛。其中比较著名的兴趣问卷有霍兰德职业兴趣测验量表、斯特朗—肯贝尔兴趣问卷、库德兴趣问卷等。

7.4.3　职业适应性测验

在进行职业适应性测验时，一般从个人的需求测验、动机测验等方面来测试个体的职业适应性。

1．需求测验

不同的学者对需求理论有不同的研究，其中较著名的是马斯洛的需求层次理论。美国心理学家马斯洛认为人的需求像阶梯一样，从低到高，按层次逐级递升，分别为生理需求、安全需求、情感和归属的需求、尊重的需求、自我实现的需求。对个人的需求测验，可以按照马斯洛的需求层次理论来进行。

2．动机测验

动机测验是指运用具有针对性的测验方法来测试被测评者从事某职业或做某件事情时的动机及其动机的强弱程度。

其中麦克利兰认为个体在工作情境中主要有 3 种重要的动机或需要：成就需要，即争取成功并希望做到最好的需要；权力需要，即影响或控制他人并且不受他人控制的需要；亲和需要，即希望建立友好亲密的人际关系的需要。

3．有代表性的职业适应性兴趣问卷

（1）斯特朗—坎贝尔兴趣调查表（SCII）。

SCII 通过调查被测评者对各种活动、事物或人物的喜爱程度来判定其职业兴趣。

（2）库德职业兴趣调查表（KOIS）。

库德职业兴趣调查表由一系列题目构成，每 3 个题目为一组，要求被测评者根据自己的实际情况必须在各组中选出一个自己最喜欢的和一个自己最不喜欢的。该表属于强迫选择量表。

（3）霍兰德职业兴趣测试量表（SDS）。

在该量表中，霍兰德根据兴趣的不同，将人格分为 6 大类，即现实型、研究型、社会型、传统型、企业型、艺术型，同时职业环境也可分成相应的 6 大类，他认为人格与职业环境的匹配度是形成职业满意度、成就感的基础。

【微课堂】

如果一个人倾向于从事领导和组织工作，那么他的兴趣类型和匹配职业是什么呢？

复习与思考

1. 人格测验的方法有哪些？
2. 列举几种有代表性的职业适应性兴趣问卷。
3. 请简述兴趣类型与职业匹配的关系。

知识链接

职业兴趣测评报告

美国心理学家霍兰德认为，个人职业兴趣特性与职业之间应有一种内在的对应关系。根据兴趣的不同，人格可分为以下6种类型。

1. 企业型：喜欢竞争、敢冒风险，精力充沛，自信善辩，有抱负。

2. 现实型：愿意使用工具从事操作性工作，动手能力强，不善言辞和交际，做事保守，偏好于具体任务。

3. 艺术型：有艺术才能，喜欢突出个性，有创造力，追求完美。

4. 社会型：善言辞、好交际，友好热情，注重社会公德。

5. 研究型：肯动脑，善思考，不愿动手，喜欢独立的和富有创造性的工作。

6. 传统型：依制度、计划办事，谨慎保守，不喜欢冒险，耐心细致。

技能实训

实训内容：编制一份职业兴趣测验试题

假如你是某企业人力资源部招聘小组的工作人员，部门准备招聘 3 名中层管理人员。请结合招聘岗位特点，编写一套具体包括心理测验、性格测验、职业兴趣测验的笔试题。

职业兴趣测验题

一、心理测验题

二、性格测验题

三、职业兴趣测验题

第8章 评价中心

【本章知识导图】

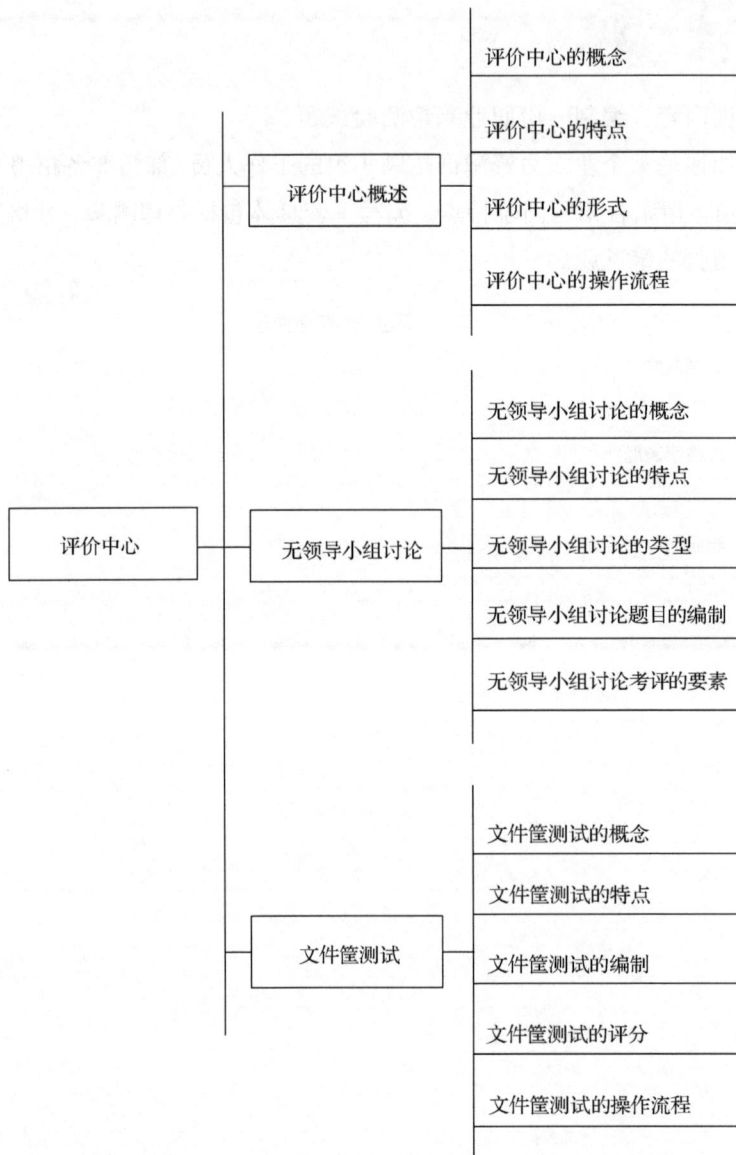

```
                                    ┌─ 评价中心的概念
                                    │
                       评价中心概述 ─┤─ 评价中心的特点
                                    │
                                    ├─ 评价中心的形式
                                    │
                                    └─ 评价中心的操作流程


                                    ┌─ 无领导小组讨论的概念
                                    │
                                    ├─ 无领导小组讨论的特点
                                    │
         评价中心 ─── 无领导小组讨论 ─┤─ 无领导小组讨论的类型
                                    │
                                    ├─ 无领导小组讨论题目的编制
                                    │
                                    └─ 无领导小组讨论考评的要素


                                    ┌─ 文件筐测试的概念
                                    │
                                    ├─ 文件筐测试的特点
                                    │
                       文件筐测试 ───┤─ 文件筐测试的编制
                                    │
                                    ├─ 文件筐测试的评分
                                    │
                                    └─ 文件筐测试的操作流程
```

【学习目标】

职业知识	• 了解评价中心在人才管理中的应用价值 • 明确评价中心的特点、形式和操作流程
职业能力	• 掌握评价中心测评实施的技术要点，能够独立操作评价技术和分析评价测评结果 • 掌握评价中心各种测评方式的特点，能够根据测评要求选择适当的测评方式
职业素质	具备一定的心理学、统计学方面的知识，具有较强的分析判断能力、逻辑思维能力和沟通协调能力

评价中心是现代人才测评的一种主要形式，也是人力资源管理活动中的一种重要形式。与其他测评方法一样，它有着自己的形式、特点和操作方式，是人力资源管理与开发中较为特别的一种测评方法。

8.1 评价中心概述

评价中心能够为人力资源系统的多个模块提供众多有价值的信息，这些模块可以确保人员招聘、选拔、配置、培训与开发、薪酬管理、绩效管理的顺利开展，有利于实现企业的战略目标。

8.1.1 评价中心的概念

评价中心（Assessment Center）是指运用多种评价技术，使用定性与定量相结合的方法来测评被测评者的素质特征和发展潜力的过程。

评价中心的主要功能包括确定管理岗位的人员选拔和晋升、进行管理潜能的前期鉴定、确定培训计划以提升管理能力和促进自我评价等；以研究专业评价标准（如培训标准）为目标，提供能力（如职业能力）评价模型；以设计职业发展规划为目标，提升人员的能力发展；对非监督与非管理职业（如营销师）的评价，对非传统管理职业（如风险投资者）的评价。

8.1.2 评价中心的特点

评价中心与传统的测评方法不同，它不是一个单一的测评方法，而是一组测评方法的综合，它结合了各种测评方法的特点，具体有以下5个。

1. 综合性

评价中心是对行为观察法和心理测验法等多种测评技术的综合运用，其中行为观察法主要包括无领导小组讨论、管理游戏、角色扮演、文件筐测试等，心理测验法通常采用智力测验、能力测验、人格测验、投射测验和职业兴趣测验等。

由于评价中心综合使用多种测评技术，因此它能够多角度、多层次地考察被测评者各方面的素质特征。另外，评价中心不仅有助于挑选出具有发展潜力的管理人才，还能在测评的过程中训练被测评者的管理、思维分析、团队合作等能力。例如，以选拔为目的的评价中心，兼具选拔与培训的功能。

2. 灵活性

评价中心在测评中，会有针对性和选择性地灵活使用各种测评技术和测评内容。例如，测评被测评者的能力发展时采用 360 度评估的方法；测评被评者的分析思维能力时采用案例分析的方法；测评团队合作能力时采用管理游戏的方法。

3. 标准化

评价中心中的测评技术多种多样，测评活动较多且形式丰富，测评持续时间从几个小时到几周不等，但是每项测评活动都是按照测评需要进行设计的，都有统一的设计标准。

另外在测评过程中，多个测评者按严格的程序对被测评者进行集体评价，最后通过定量、定性的方法整合测评结果来达成一致意见。

4. 效度高

评价中心具有效度高的特点，其采用多种测评技术进行测评，使各测评结果得到相互补充和验证。测评中定性评价与定量评价相结合，减少了测评中的误差。评价中心采用情景模拟式测评，即测评的内容与真实的工作情景十分相似，测评者能够直接观察和测评被测评者解决实际问题的能力。

5. 费用高

由于评价中心的综合性、复杂性、费时性，其费用相对于其他测评来讲要明显高些。

8.1.3 评价中心的形式

人的行为和工作绩效都是在一定的环境中产生和形成的，因此，要想准确地测评一个人的素质，应将其纳入一定的环境系统中，观察、分析、评定被测评者的行为表现以及工作绩效，从而考察其全面素质。基于这种理论，人们逐步形成和发展了评价中心这种人才测评的方法。

评价中心是多种测评技术和方法的综合体，其使用频率较高的方法有无领导小组讨论、文件筐测试等。

8.1.4 评价中心的操作流程

一般来说，评价中心操作流程主要包括 7 个步骤，企业可以根据实际情况加强或弱化其中的某些环节。

1. 确定评价中心需要测评的素质

通过工作分析和胜任素质模型确定评价中心需要测评的要素（包括既定岗位所需要的具体胜任素质，尤其是那些运用其他测评方法未能测评全面的素质，以及其他非常重要的素质），这是评价中心的核心工作。

评价中心的
操作流程

2．分析企业可用资源

确定需要测评的素质之后，评价中心技术的设计者需要了解并分析企业能够提供的各种资源。这些资源对评价中心技术的设计有很大的制约作用，评价中心所需要的资源支持能否得到满足与保障，将直接影响某些素质能否得到测评及测评结果是否准确，还会影响到评价中心技术的复杂程度和测评时间的长短。

3．设计或选择测评方法的组合

评价中心本质上就是多种测评方法及工具的有机组合，它主要的设计问题就是选择可行的方法及工具，对需要测评的素质进行有效的评价。这里所说的"可行的方法及工具"具体体现在 3 个方面：一是这些方法及工具适合用来测评相关素质；二是这些方法及工具能够购买到或设计出来；三是这些方法及工具能够被合理地使用。

4．培训并协调测评项目相关人员

（1）与所有参与人员进行沟通。

评价中心的参与人员包括测评者、被测评者及一些其他的参与人员。

对于被测评者，要事先向其提供一些关于评价中心技术的简介和测评指导语，包括测评的类型、所需要的时间、生活安排及对他们的纪律要求等内容。

对于参与人员，需要与其就评价中心的每一个细节进行深入交流，以便其能够理解此次评价的目的、意义，从而很好地配合主要测评者实施测评。

（2）培训测评者。

对测评者培训的基本目的在于让测评者掌握如何根据既定的标准和要求对被测评者的表现做出客观的判断和评价，对测评者培训的内容包括 4 个方面。

① 评价中心的各项政策和规定，包括被测评者的详细资料和信息的使用限制。

② 测评方法和工具的使用。测评者应熟练掌握在每项测评的过程中所要观察的维度和典型的行为表现。

③ 需要测评的要素及具体的维度，包括测评要素与行为表现之间的关系。

④ 测评及评分的具体过程，处理、整合数据资料的各种方法与技巧。

5．制定详细的测评日程表

评价中心的测评日程依据具体的需求来定。一般来说，基层管理职位的测评可能需要 1 天时间，中、高层管理职位的测评需要 2~3 天，若与培训相结合，则可能需要 5~6 天。

6．制订详细的实施方案

在实施评价中心技术之前，需要指派专人负责所有的实施细节，并制订详细而完备的实施方案，包括安排场地、准备资料和材料、拟定评价标准和决策规则等。

7．监督并评估执行过程

评价中心技术的正常运行需要专人负责监督与评估，以便及时发现问题并及时调整。在监督的过程中，需要做详尽的记录。

【微课堂】

评价中心拥有其他测评方法难以比拟的优点，但同时也有一定的局限性。请说明评价中心的优缺点。

8.2 无领导小组讨论

无领导小组讨论技术最先用于第二次世界大战期间德国选拔优秀军官，现已在企业中得到广泛应用，如被多家世界 500 强企业用于高级人才的选拔。

8.2.1 无领导小组讨论的概念

无领导小组讨论（Leaderless Group Discussion，LGD）是一种情景模拟的测评方法，也是一种集体面试的方法，即将一定数量的被测评者（5~7 人）集中起来，在不指定领导者、被测评者地位平等的情况下，让其就某一问题进行自由讨论。测评者根据被测评者在讨论中的角色和发言的内容等，对被测评者进行评价。

此方法主要运用于测试被测评者的语言表达能力、沟通能力、分析能力、计划决策能力、说服能力、团队领导能力、协调组织能力等。

8.2.2 无领导小组讨论的特点

无领导小组讨论是已经发展得比较成熟的测评方法，与其他测评方法相比，具有 4 个特点。

1. 讨论中的角色公平

无领导小组讨论不指定领导者，参与讨论的被测评者不受权威的约束，可以充分、自由地表达自己的观点、展现自己的能力。

2. 讨论过程真实

被测评者针对一个实际问题展开讨论，每个成员都有表达自己观点的权利，并通过与其他成员的沟通交流，最后形成统一的意见。在讨论过程中，被测评者表达观点的能力、说服其他成员的方法、获得他人支持的技巧、对待不同意见的反应、控制讨论进程的方式等细节都能反映其素质特征。

3. 评价过程客观

无领导小组讨论中，测评者在对被测评者进行评价时主要从可观察、可比较的行为表现中提取信息，并运用定量或定性的方法去评判，能有效克服传统测评中易犯的主观偏见，如晕轮效应、近因效应等，从而做出相对公平公正的判断。

4. 测评效率较高

无领导小组讨论可在同一时间内对多个被测评者进行观察，比个别测试节省时间，能避免重复工作，有利于减少工作量，从而提高测评效率。

8.2.3 无领导小组讨论的类型

无领导小组根据不同的测评目的及标准可分为不同的类型，具体如表 8-1 所示。

表 8-1 无领导小组讨论的类型

分类标准	类型	内容	示例
根据有无假设情景分类	有假设情景的无领导小组讨论	把被测评者放在某一假设情景中进行讨论	企业进行校园招聘，人力资源部该如何贯彻执行
	无假设情景的无领导小组讨论	被测评者针对某一个开放的问题进行讨论	一个优秀的领导者应该具备哪些素质
根据是否分配决策分类	有角色分配的无领导小组讨论	分别赋予被测评者一个特定的角色后进行讨论	小组成员分别以人事经理、生产经理、营销经理、财务经理等身份参与讨论
	无角色分配的无领导小组讨论	被测评者在讨论中不扮演任何角色	小组成员不扮演任何角色，可以在讨论中做主观分析，也可以做客观评价

8.2.4 无领导小组讨论题目的编制

无领导小组讨论题目的编制一定要与招聘岗位的需求紧密结合。不同岗位的胜任素质要求是不同的。编制好试题后，在条件允许的情况下，应在小范围内试测和评估，以便及时发现问题并反馈，待试题得到完善后再正式投入使用。

编制题目时，首先需要明确拟招聘岗位的任职资格条件、确定测评指标及其所占的比重，然后选择难度适中并且具有选拔性质的题目来编制试题。

编制题目时，还需要注意题目应具有一定的争议性或冲突性，在讨论时要能够引起争论，便于测评者考察被测评者在争论过程中的行为表现。另外，题目的设计也不能特别尖锐，以免小组成员无法达成一致意见，这就失去无领导小组讨论的意义了。

编制题目时，一般有 5 种题目类型，具体如图 8-1 所示。

8.2.5 无领导小组讨论考评的要素

无领导小组讨论中对各测评者的表现进行评估时，可从以下方面进行考评。

1. 被测评者参与有效发言的次数

在讨论中，被测评者应当主动发言，阐述自己的观点。但是，并不是所有发言都会被视为有价值的，只有符合特定的标准或者被其他小组成员所接纳的才能作为有效发言。最终，测评者也会以被测评者的有效发言的次数为考评依据。

开放式问题	➤让被测评者根据自己的理解答案范围可以很广、很宽泛 ➤考查被测评者思考问题的全面性、针对性，思路的清晰度，观点的新颖性 如：你认为好的管理者应具备哪些基本素质
两难式问题	➤让被测评者在两种互有利弊的答案中进行选择，并陈述理由 ➤考查被测评者的语言表达能力、分析问题的能力及说服能力 如：你认为在企业中，好的领导者是应该注重公平，还是应该注重效率，为什么
排序式问题	➤让被测评者从若干个备选答案中进行选择，并根据其重要性进行排序 ➤考查被测评者是否能够抓住问题的实质，并进行有力的阐述 如：你要去登珠穆朗玛峰，请从"登山鞋、瑞士军刀、火种、手机、背包、食物、手表、手电筒、电脑、睡袋、急救箱"中选择5样必备的工具，并按重要性进行排序
操作型问题	➤让被测评者运用给定的材料或工具来设计指定的物体或方案 ➤考查被测评者的主动性、主观能动性、协作能力及动手能力 如：根据提供的材料，请设计一个销售方案
资源型问题	➤让被测评者根据指定的角色和现有的材料，设法从有限的资源中获得更多份额 ➤考查被测评者反应的灵敏性、能动性、分析问题能力、归纳能力 如：10万元的奖金应合理分配给各个部门

图 8-1　无领导小组各类题目

2. 被测评者是否善于提出新的观点或方案

被测评者虽能够积极主动表达自己的想法或者建议，但是如果所提出的建议是被众人所知或是对小组其他成员所提出的方法的扩展或补充，表明被测评者的思维能力或创新能力较差。

3. 被测评者是否能够缓解讨论的紧张氛围，并调解争议

被测评者能否找到有效途径来平息小组的纷争，促进开放的、支持性的、凝聚的团队氛围的建立，推动小组为实现小组目标形成统一意见。

4. 被测评者是否能够大胆提出与别人不同的看法

在讨论中，被测评者为取得小组其他成员的认同，通常会主动迎合他人的观点，但是他人的观点可能是错误的。这时就可以考查被测评者是否有新颖、独到的观点或见解。

5. 被测评者是否能够尊重他人并有效说服别人

被测评者能否主动倾听他人的见解，在别人发表意见时认真聆听，不随便打断，并及时给予回复，如点头、微笑等。被测评者语言表达自信、有力；能够通过语言或行为引导他人认同自己的观点或者想法。

【微课堂】

> 在采用无领导小组讨论这一方式对人员进行测评时，在讨论过程中，测评者在旁通过观察指导被测评者的行为表现，并根据评价标准对其进行评分。这一描述是否准确，为什么？

8.3 文件筐测试

文件筐测试是评价中心中运用频率最高的一种测评方法，被认为是有效的测评方法之一。

8.3.1 文件筐测试的概念

文件筐测试又称公文处理测试，是一种情景模拟测试法。文件筐测试赋予被测评者某一角色，为其提供一些其拟应聘岗位中需要经常处理的文件或资料，并要求被测评者在规定的时间内完成这些文件的处理工作。被测评者在处理这些文件时，也应向测评者说明处理的原则和理由，测评者根据被测评者的处理方式及处理结果，按照一定的评价标准，对被测评者进行评价。

在实际工作中，文件筐测试主要是从业务和技能角度对被测评者进行测试，主要考察被测评者的计划、分析、判断、决策、控制、反馈、归纳等能力，考察其对工作环境的理解、敏感程度，从而帮助企业选拔优秀的人才。

8.3.2 文件筐测试的特点

文件筐测试是测评管理人才的重要工具，为中、高层人员的选拔、考核和培训提供了具有较高信度和效度的测评手段。与其他测评方法相比，文件筐测试具有以下 3 个特点。

1. 表面效度高

文件筐测试中被测评者处理的文件与拟招聘岗位中的日常文件有较高相似度。从被测评者如何处理测试文件可以推断其对拟招聘岗位的胜任程度，从而判断被测评者是否具备拟招聘岗位所需的素质特征。

2. 考察范围广泛

文件筐测试中的文件处理方式、原因及结果，均能反映被测评者的专业知识、操作经验等要素。另外，由于文件资料涉及企业日常管理中的各项工作，能够对被测评者进行全面、综合的测评。

3. 高度预测性

文件筐测试能够对现实中真实的经营和管理情景进行模拟，对实际操作有高度的仿真性，所以其具备高度的预测性。

8.3.3 文件筐测试的编制

文件筐测试是一种较为复杂的测评方法，测试效果会受到多方面的影响，而文件筐测试的编制流程是其中一个重要因素。

1. 文件筐测试编制的原则

文件筐测试在编制时一定要坚持系统性原则、全面性原则、重要性原则及标准化原则。

（1）系统性原则。文件筐测试中所包含的所有文件不是孤立存在的，而是一个系统，彼此相互联系。

（2）全面性原则。文件筐测试中的文件要确保在内容和形式上全面完整。内容上的全面性是指工作中所涉及的文件都应当有所涉及；形式上的全面性是指包括报告、指示、函件、制度等都要占到一定比例。

（3）重要性原则。文件筐测试在讲求全面性的同时不能忽视了重要性，不能仅仅为将所有工作中的文件都纳入文件筐中而忽略了工作重点。

（4）标准化原则。标准化原则，即要求文件筐测试的编制要有一个标准化的程序。

2. 文件筐测试编制时的注意事项

编制文件筐测试题目，要求题目需源于实际，测试文件应来自拟招聘岗位日常工作中需要处理的各类文件；题目难度适中，不能超出实际工作能力太多，也不能设置得过于简单化而失去测试的意义；注意对测试文件的保密，一旦文件内容泄露，就无法达到测试的目的。

3. 文件筐测试的编制程序

文件筐测试的编制需要经过建立指标体系、收集素材、确定测评要素、编制文件、确定评价标准5个步骤。

（1）建立指标体系。通过因素分析、文献检索等方法来分析拟招聘岗位所需要的所有素质，对牵涉到的每一项素质进行详细的描述，然后编制岗位胜任力任职调查问卷，要求被测评者对每一项的重要性进行打分，最后通过数据分析锁定该岗位所需要的胜任力素质。

明确了测评指标后，要针对不同指标的重要程度确定其权重，最后还要运用胜任力模型对指标权重进行检验。

（2）收集素材。公文筐测试具有情景模拟的特性，因此除通过历史文献检索法收集公文外，还应进入各工作岗位收集其日常工作中所遇到的典型公文、典型事件，明确公文、事件的结构和形式。收集到的公文应该注重其内容和形式上的全面性。

（3）确定测评要素。在确定测评要素时要根据企业所在的行业特征、内外环境、企业文化、测评目的、岗位胜任力要求等，尽可能地把测评到的要素全部列入其中。一般来说，公文筐测试能够测评到的素质特征有规划能力、组织能力、决策能力、表达能力、应变能力、协调能力、控制能力、反馈能力、处理实际问题的能力及应对压力的能力。

（4）编制文件。利用双向细目表或多向细目表勾画出公文筐测试的整体编制思路，编制过程中要考虑公文涉及的维度，考虑其重要性和紧迫性的程度，考虑公文的形式和内容的比例，还要设计好测验指导语、测验复本等。

（5）确定评价标准。由于公文筐测试没有完全客观化的答案，测评的最终分数会受到评价者主观因素的影响，所以可以制定以行为锚定为基础的等级评定量表，以使评价标准客观、详细。

8.3.4 文件筐测试的评分

文件筐测试有许多评分方法，它们在评分程序的客观程度与最终结论的复杂程度上存在一定的差异，所以在信度、效度和测评结果等方面也存在一定程度的差异。常用的测评方法有行为元素评估法、主观和总体评估法、维度评定评分法。

1．行为元素评估法

行为元素评估方法是针对被测评者对每一个文件的回答质量做出评定，然后对各个行为元素进行评价，它能够客观地描述行为元素，信度较高，但效度容易受到质疑。

2．主观和总体评估方法

主观和总体评估法是针对被测评者处理文件的方式做出全面、主观的评定，它比行为元素评估方法有更高的效度。

3．维度评定评分法

维度评定评分法是针对被测评者在每一个评价维度上的回答进行评分。该种评分方法的应用频率较高，比行为元素评估法有更高的效度。维度评分表按照对评价维度总体还是个别评分来分有不同的格式，如表 8-2 和表 8-3 所示。

表 8-2 　　　　　　　　文件筐测试维度评分表 1（部分表示例）

编号：　　　　测评人员：

文件	评价维度	总分	评语	得分
1	决策能力	10		
	授权能力	10		
	控制能力	10		
2	书面表达能力	10		
	组织协调能力	10		
	说服能力	10		
...				

表 8-3   文件筐测试维度评分表 2

编号：   测评人员：

评价维度		评价要点	文件	评分等级	得分
组织协调能力	分工合理任务定位准确	理解相关部门及岗位的职责及定位	3		
		理解自己的角色及职责			
		根据要求对任务合理分配的能力			
	协调能力	有效的沟通说服能力	5		
		处理矛盾的能力			
	能力得分				
人力资源管理知识	基础知识	知识掌握的深度和广度	4		
		知识掌握的准确性			
	知识应用	事实与理论的结合程度	1		
		运用的灵活程度、有效程度			
	能力得分				
……	……	……	……		
评分等级	A. 优秀 [4.5～5] B. 良好[4～4.5] C. 一般[3～4] D. 及格[2.5～3] E. 差[0～2.5]				

8.3.5 文件筐测试的操作流程

文件筐测试的操作流程包括公文筐测评准备阶段、开始阶段、正式测评阶段和评价阶段。

1. 测评准备阶段

测评准备阶段需要做的工作范围比较广，包括指导语的编写、各种文件及材料的准备、场地的测验、时间的安排等。

2. 测评开始阶段

在文件筐测试正式开始前，测评者要把测评指导语读一遍，并对测验要求和注意事项进行介绍。当被测评者理解了测试指导语后，每位被测评者就可以开始阅读有关的背景材料，背景材料具体包括被测评者的角色、组织机构表、工作描述、工作任务等。在这一阶段被测评者针对不清楚的问题向测评者进行提问，有利于被测评者明确自己的角色，尽快进入情境以便正式开始测试。

3. 正式测试阶段

正式测试阶段一般有时间限制，为了保证测试的公平性，被测评者需要将对文件的处理建议或意见写在答题纸上。测试是由被测评者独自完成还是合作完成需要依据评价中心测评的设计而定。

4. 评价阶段

这一阶段测评者要对被测评者的作答进行评价。虽然各被测评者处理文件的办法相同，但不同的处理理由会反映其不同的能力特征。所以测评者在评价被测评者时，不仅要注重被测评者处理文件的方式和方法，还要结合被测评者采用该种方法的理由进行评价。

【微课堂】

试题编制是公文筐测验过程中的核心环节，是直接影响测评效果的关键。为了保证测评效果，在进行公文筐题目的设计时应注意哪些问题？

复习与思考

1. 在实施评价中心技术之前，应该做好哪些准备工作？
2. 公文筐测试的目的是什么？适用于哪些情况？
3. 评价中心有哪些特点？
4. 评价中心的形式有哪些？

知识链接

"互联网+"时代，评价中心信息化

基于信息技术和互联网的发展，信息化已被广泛应用于人力资源管理的业务当中，其中评价中心信息化就是"互联网+"时代下人才测评发展的趋势之一。由于评价中心信息化具有成本低、操作简单以及能够及时反馈等优点，在企业中逐渐盛行开来，目前主要应用于以下 3 个方面。

1. 电子文档取代纸质文件

现在越来越多的企业实现了网络化办公，电子文档/邮件在工作中应用非常广泛。电子公文筐替代了传统的书面文件，更好地反映了现代办公环境，加强了测验的仿真性，进一步提高了评价中心的效度。

2. 线上测评师团队

通过网络技术将不同地方的测评专家组成线上的测评师团队。测评师团队通过远程操作观看测试的完整视频，从而对被测评者进行评价，能够做出更加全面科学的评估，进而保证测评结果的客观性和可靠性，减小误差。

3. 多媒体技术的应用

借助多媒体技术，给被测评者呈现更加逼真、更加接近实际工作场景的模拟环境，然后请被测评者就多媒体展现的情景案例进行分析、解决有关问题并提出建议，最后由测评者对被测评者的表现进行评价。

技能实训

实训内容：设计评分表

某企业需招聘销售经理一名，现有 4 名员工通过了前两轮的考核，现企业决定采用评价中心的技术——即兴演讲来最终确定销售经理的人选。请将表 8-4 填写完整。

表 8-4 即兴演讲评分表

评估内容	评估要点	评分标准
演讲内容	结构清晰	条理清晰，有层次，____分
	构思新颖	角度新颖，材料充分，____分
个人表现	语速	语速适中，发音清晰，____分
	形象	表情、肢体语言使用恰当，____分

【本章知识导图】

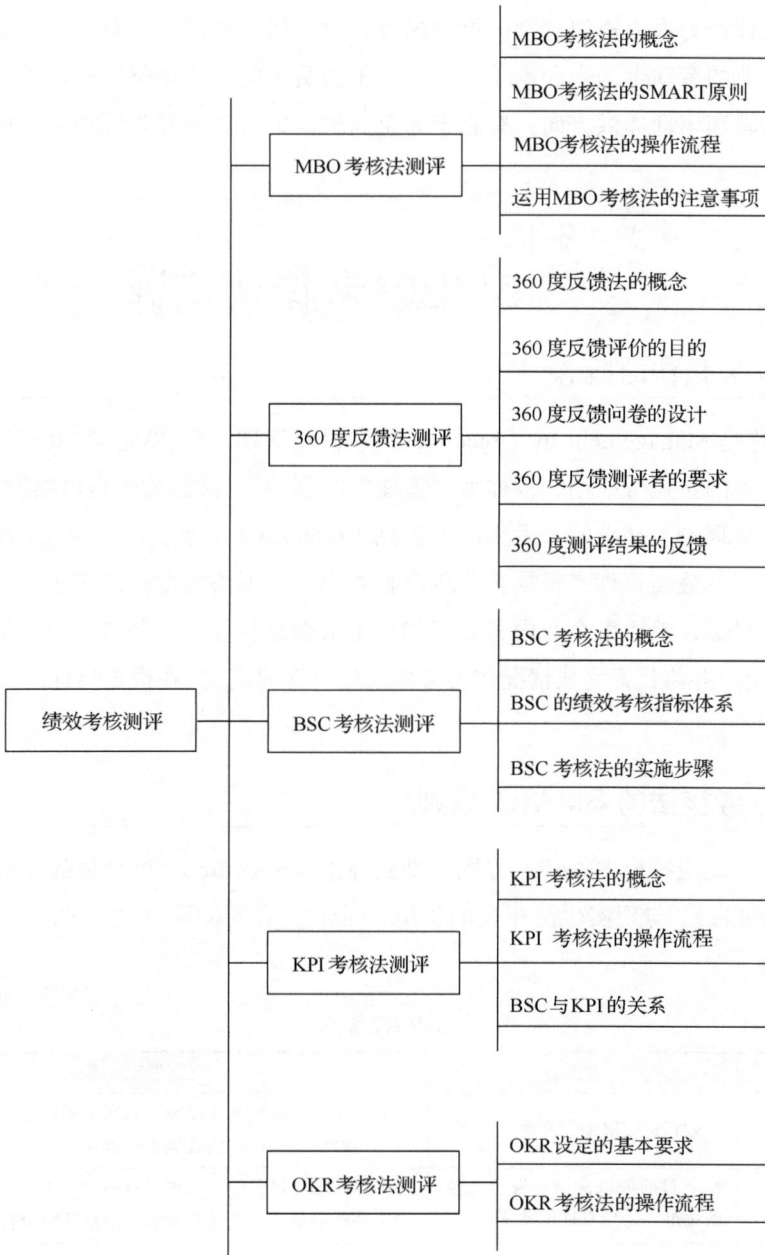

```
                                          ┌─ MBO考核法的概念
                                          ├─ MBO考核法的SMART原则
                          ┌─ MBO 考核法测评 ┼─ MBO考核法的操作流程
                          │               └─ 运用MBO考核法的注意事项
                          │
                          │               ┌─ 360 度反馈法的概念
                          │               ├─ 360 度反馈评价的目的
                          ├─ 360 度反馈法测评 ┼─ 360 度反馈问卷的设计
                          │               ├─ 360 度反馈测评者的要求
                          │               └─ 360 度测评结果的反馈
                          │
                          │               ┌─ BSC 考核法的概念
  绩效考核测评 ─────────────┼─ BSC 考核法测评 ┼─ BSC 的绩效考核指标体系
                          │               └─ BSC 考核法的实施步骤
                          │
                          │               ┌─ KPI 考核法的概念
                          ├─ KPI 考核法测评 ┼─ KPI 考核法的操作流程
                          │               └─ BSC 与 KPI 的关系
                          │
                          │               ┌─ OKR设定的基本要求
                          └─ OKR考核法测评 ┴─ OKR 考核法的操作流程
```

【学习目标】

职业知识	• 具备绩效测评的专业知识 • 熟悉各种绩效测评方法、绩效管理流程及注意事项
职业能力	• 根据测评目的和考核法的适用条件，能够选择合理的绩效考核测评方法 • 能够根据测评要求，编制测评实施方案
职业素质	熟悉绩效考核测评方法在人才测评中的应用，具备较强的分析能力、沟通能力和执行能力

绩效考核测评作为人力资源管理的重要内容，对任何企业而言都是一项十分重要的工作。它有利于提高企业的劳动生产率和竞争力；有利于为员工的岗位调整、薪酬管理提供依据；有利于为企业的招聘和培训提供方向；有利于为企业的人力资源开发与管理决策提供依据。

9.1 | MBO 考核法测评

9.1.1 MBO 考核法的概念

MBO 的全称是 Management by Objectives，即目标管理，自 20 世纪 50 年代中期在美国出现以来被越来越多的企业所应用，被称为"管理中的管理"。目标管理是以泰罗（Taylor）的科学管理和行为科学理论为基础的，后来由德鲁克（Drucker）发展为一个完整的体系。

目标管理是企业最高管理者根据企业所面临的内外部形势需要，制定出一定时期内经营活动所要达到的总目标，然后由企业内各部门和员工根据总目标确定各自的分目标及保证措施，形成一个目标体系，并将目标完成情况作为考核依据的管理模式。在设定目标时，要坚持 SMART 原则。

9.1.2 MBO 考核法的 SMART 原则

绩效目标的设定应符合 SMART 原则，即具体的（Specific）、可衡量的（Measurable）、可实现的（Achievable）、与现实生活相关的（Relevant）、有时间限制的（Time-bound）。具体内容如表 9-1 所示。

表 9-1　　　　　　　　　　　　　　　　　SMART 原则

原则	含义	考虑要素
S（Specific） 具体的	绩效目标应清晰、明确、详细	（1）需要完成哪些具体任务、实现该目标后有何预期效果 （2）一般用目标提高的数额进行衡量
M（Measurable） 可衡量的	绩效目标可以提供一种可比较的标准，获得具体的成果	（1）怎样知道自己是否实现了目标 （2）一般用数量、质量和影响范围描述绩效目标
A（Achievable） 可实现的	绩效目标应该可以执行，能在一个特定时期内完成	（1）目标切合实际且具有一定挑战性，管理者和员工双方都能够接受 （2）一般用提高、增加、取得来描述绩效目标

续表

原则	含义	考虑要素
R（Relevant） 与现实生活相关的	企业、部门、个人（岗位）的绩效指标一定要形成层层支持的指标体系，指向战略实现	（1）评价指标要与从事的具体工作相关，反映业绩期望 （2）绩效指标必须与企业战略目标、经营策略相连，成为企业整体战略管理系统的一部分
T（Time–bound） 有时间限制的	目标要有时限，要有合理的时间约束	该目标实现的进度安排、质量控制和管理

SMART 在使用中需区分正确的做法和错误的做法，如表 9-2 所示。

表 9-2   SMART 原则的使用方法

原则	正确做法	错误做法
S：具体的	切中目标、适度细化	抽象的、未细化
M：可衡量的	指标可以数量化、具体化	主观判断、非行为化描述
A：可实现的	在付出努力的情况下可以实现	制定的目标过高或过低
R：与现实生活相关的	指标是企业目标层层分解得到的	指标与企业的组织战略无关
T：有时间限制的	使用时间单位、关注效率	不考虑时效性、模糊时间概念

9.1.3   MBO 考核法的操作流程

1．确定目标体系

目标体系包括企业目标、部门目标和员工个人目标 3 个方面，具体如表 9-3 所示。

表 9-3   目标体系表

目标体系	目标体系形成	确定时间
企业目标	企业目标可以分为市场拓展目标和生产目标两部分。它们均由企业高层依据过去的经验、企业的现状以及对市场的预测制定	每年__月前
部门目标	企业领导把已确定的企业总目标分解到各个职能部门、各下属单位，即形成各职能部门、各下属单位的目标	每年__月__日前
员工个人目标	个人根据部门目标的相关项目指标，结合自己的职责，与部门负责人一起制定员工个人目标，保证部门目标的实现	每年__月__日前

2．分解目标

企业在进行目标分解前，应分别制作部门职能分解表，并按工作岗位编制职位说明书，在此基础上对各层次目标的确定就有章可循。在分解目标时，上级应注意不要有遗漏，也不要使几个下级的工作发生重复，同时尽可能使下级的分量之和大于或等于总量。同时，在分解目标时应按照 SMART 原则进行。

3．目标考核法的实施步骤

（1）确定总体目标和具体目标。所有目标必须明确、具体、可计量；每一层次的每一个员工都要以总体目标为前提，形成各自具体的执行目标。

（2）制订计划和业绩标准。目标确定以后，制订达到目标的具体计划和执行计划中的业绩评价标准；对计划执行中的各个过程、步骤实施情况做出评价。

（3）业绩评价。对照设定的目标和业绩评价标准，对员工完成目标的情况进行具体的评价。

（4）调整与反馈。通过业绩评价，员工找出并分析实际工作业绩与预定目标之间的差距，同时通过调整工作方法等手段消除上述差距，努力完成各自目标。

9.1.4 运用 MBO 考核法的注意事项

在目标考核法中，企业应该注意突出目标重点、避免平均分摊、划分目标主次 3 个方面。

1. 突出目标重点

目标考核法最大的特点在于，它突出的是工作职责中的重点，而并非越全面越好。例如，生产企业中，往往将生产部门的目标定为产量、产值、技术质量、成本、安全等。

2. 避免平均分摊

有的企业将年度目标平均分摊给各相关部门，各部门又将其目标平均分摊给各员工，从而忽视了员工能力等方面的差异，使目标设定失去了意义。

3. 划分目标主次

企业进行目标分解时，不仅要选择下级工作职责的重点作为目标，还应当对选择的目标指标进行主次划分，从而为进行科学、有效的考核奠定基础。

【微课堂】

> 1. 目标可以分为企业目标、部门目标、员工个人目标 3 个方面，它们分别是怎么确定的呢？
> 2. 目标设置是目标管理过程中最重要的阶段之一，在目标设置中应遵循哪些要求呢？

9.2
360 度反馈法测评

很多企业采用上级主管人员对员工进行评价来完成员工的考核。360 度反馈法的考核层面较窄，获得的信息较少，难以保证绩效考核的公正性和客观性。员工的工作是多方面的，工作业绩也分为多个维度，不同测评者对被测评者工作的印象是不同的，所以在企业中全方位、多角度考核员工是十分必要的。

9.2.1　360 度反馈法的概念

360 度反馈法又称"全方位评估反馈"，是通过不同的测评者（上级主管、下级、同级、供应商等）对被测评者进行多角度、全方位、准确性的考核，进而全方位地评估和反馈被测评者的工作行为与工作表现的过程。

360 度反馈法集中了多角度的反馈信息，综合性较强。该方法收集到的信息质量可靠，通过强调团队（上级、下级、同级）和客户（顾客和供应商），推动了企业的全面质量管理，有助于提高被考核者的自我认知能力。

但是 360 度反馈法也存在一些缺点，对同一个被考评者进行多角度、全方面的考核，考核成本较高，考核培训难度较大；员工在考核时的主观性会影响考核效果。另外，来自不同方面的考评意见可能会发生冲突，在综合统计数据时比较烦琐。

除了企业常用的上级测评之外，360 度反馈法还包括其他几方面的测评者，如图 9-1 所示。

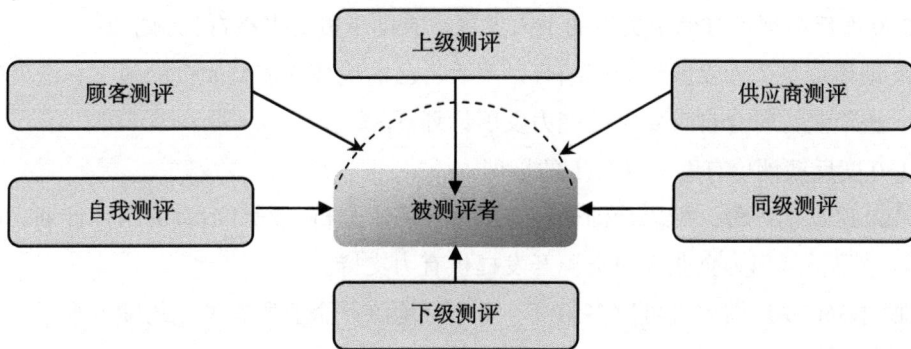

图 9-1　360 度反馈法中的测评类型示意图

1．自我测评

一般情况下，员工自评是让员工对自己的工作进行回顾。其中，自评的基准点是被测评者和其自己的标准而非别人为其设立的标准进行比较。自评的结果要和其他各方面（上级、同级、下属等）的评价结果相结合，这有助于员工对测评面谈进行准备，有利于测评的全面性。

2．上级测评

上级测评是由被测评者的上级对其工作目标完成情况、工作中的行为表现、工作态度等方面的考核。上级测评受个人主观影响明显，特别是在大企业中由于上级事务繁忙，无法时时观察员工的工作情况，所以上级测评应该和其他方面的测评相结合。

3．同级测评

上级只能观察到员工工作的一小部分，员工大部分的时间是与同级进行协作、沟通、分工来完成任务的，所以员工的大部分行为是同事、下属或顾客比较熟悉的。另外，同级有助于员工在工作中加强合作意识，而且有助于预测员工晋升的有效性，对员工晋升后的绩效也有较好的预测性。

4．下级测评

下级参与对上级的测评，有助于收集下级对上级的意见或不满，有利于上级有针对性地进行管理工作。

5．客户测评

企业的客户测评可以分为顾客测评和供应商测评。现今很多企业注重客户的评价，如餐饮企业、旅游企业等。它们会定期收集客户的意见，这有助于企业就服务、产品等方面加强改进，增强员工积极服务的意识。

9.2.2　360 度反馈评价的目的

360 度反馈评价具备评估的准确性、可接受性、高参与性的特点。它对企业、团队和个人有重要的价值，在企业人力资源管理的各个环节都可以采用 360 度反馈评价获得信息。根据企业对 360 度反馈评价的应用，其主要有以下 3 个目的。

（1）360 度反馈评价有助于员工的个人发展，有助于员工提高自我洞察力。

通过反馈评价与个人发展计划相结合，明确自己的优势和需要改进的地方，激发其积极向上的动力，进而制订符合自身要求的能力发展计划。

（2）360 度反馈评价有助于对员工的培训。

通过 360 度反馈评价，可以帮助企业完成培训需求分析、制订适宜的培训计划，能够有效地验证培训效果，从而为企业人力资源开发提供有力支持。

（3）通过 360 度反馈评价可以多角度、全方位地测评企业所有员工的绩效水平。

当 360 度反馈评价用于绩效评估，服务于薪酬确定、岗位晋升等方面时，测评者会考虑到自己的利益得失，其所做出的评价相对来说难以客观、公正。有时绩效类的评估不能给企业带来预期效果，而且还可能会产生许多负面影响，如人际关系矛盾、人力资源部和高层领导威信的降低等。

9.2.3　360 度反馈问卷的设计

360 度考核一般采用问卷调查法，常用的问卷形式有两种：一种是给测评者提供等级量表，如 5 分等级或 7 分等级的量表，让测评者选择相应的分值；另一种是提供开放式的问题，让测评者写出自己的评价意见。这两种形式也可以综合采用。问卷中的内容可以是与被测评者的工作情景密切相关的行为，也可以是比较共性的行为，或者二者的综合。

目前市场上经常见到的 360 度反馈问卷是等级量表的形式，有些同时包括了一些开放式的问题，其问卷内容一般涉及比较共性的行为。这种从市场上购买的问卷的成本比较低，实施起来比较容易，但是与公司的战略、企业文化、岗位工作情景的结合并不是很密切。因此，一些企业会选择编制符合自身实际的 360 度反馈问卷。

1．设计 360 度反馈问卷时应注意的问题

（1）问卷中考评项目的筛选。

测评项目的筛选应该遵循以下标准：问卷内容应以工作分析结果为标准，测量员工工作中

的素质、行为特征，而不是一般的特质；问卷中测评项目描述的行为应与企业的价值观相符；问卷中测评项目描述的行为也要反映出企业所期待的员工行为。

（2）问卷的设计。

问卷的设计应由企业内部专业人员或外派专家进行；问卷的设计长度要适中，过长会增大测评误差，过短则不能包含所有的测评项目，影响问卷的效度；问卷的考评指导语要保持清晰，避免使用较晦涩的专业术语或提供暗示性的语言；问卷的设计除等级式量表外，还要附有开放式的问题，有利于从不同的角度听取员工的意见；问卷的测评和反馈应采取匿名的原则，以确保问卷的准确性和客观性。

（3）问卷设计的差异化。

不同工作岗位的工作内容、职责及技能要求是不一样的，这就要求设计问卷时在测评指标和内容上应当有所差别。

（4）考虑不同测评者对测评内容的侧重点。

不同层面的测评者会从不同角度对被测评者的工作行为进行考核，如上级测评者注重考核被测评者的领导能力、创新能力等，同级测评者主要测评其协调能力。

2．考核问卷的设计样例

表 9-4 和表 9-5 所示为测评问卷的设计样例。

表 9-4　　　　　　　　　　管理人员能力 360 度测评表

测评项目	测评内容	评分（每小题 5 分）				备注
		上级测评	同级测评	下级测评	自我测评	
计划控制能力（20分）	按轻重缓急排定工作次序					
	每月能够制订出明确、具体的工作计划					
	对下属的工作进行跟进、回顾，确保目标的达成					
	能够将计划分解，按照员工的能力进行合理分配					
分析决策能力（20分）	决策及时、果断，能抓住要害					
	突发事件的处理较为及时、妥善					
	见微知著，能快速采取行动，将不良事件防患于未然					
	较强的逻辑思维能力和分析问题能力，并且考虑问题全面					
授权与激励能力（20分）	善于激发员工的工作激情与潜能					
	能够根据下属的表现进行及时反馈，做到赏罚分明					
	善于用人所长，有效地分配工作，并给予相应的职权和责任					
	有效地帮助下属设立明确的有挑战性的工作目标，在工作中适时地给予员工鼓励					
沟通协调能力（20分）	有效地化解矛盾和冲突					
	与下属沟通其工作目标的能力					
	制造一种让员工畅所欲言的氛围					
	积极听取下属的意见并有效地给予反馈					

续表

测评项目	测评内容	评分（每小题 5 分）				备注
		上级测评	同级测评	下级测评	自我测评	
团队协作能力（20 分）	接受和支持团队决定					
	积极促进团队成员间的合作					
	主动配合领导、同事及其他相关部门工作					
	能够与上级和下属分享工作成绩，乐于协助同事解决工作中的问题					

注：1. 本测评采用无记名方式，请测评者不要有任何顾虑。

2. 请测评者务必客观公正地对上面的内容进行测评，以保证测评结果的可靠性。

表 9-5   普通员工 360 度绩效测评表

被测评者姓名		被测评者职务		被测评者所属部门	
测评日期					

评价尺度及分数：1—有待提高 2—可以接受 3——般 4—好 5—优秀

测评项目		评分	备注
工作态度	出勤状况		
	工作主动性		
	服从性		
	纪律性		
	合作性		
	责任感		
工作业绩	工作任务完成情况		
	工作质量		
	工作效率		
工作技能	专业知识		
	职务技能		
	灵活应变能力		
	创新能力		
	发展潜力		
测评者意见			

9.2.4 360 度反馈测评者的要求

360 度反馈的科学性和准确性在很大程度上受到测评者的影响。因此，在使用 360 度反馈时，对测评者有 3 个要求。

1. 测评者要理解测评指标及其内涵

360 度反馈中的各种测评指标和标准必须清楚明确，并且能够被测评者认可和接受，如在计算人力资源部员工财务类的指标时有招聘费用预算达成率、培训费用预算达成率等指标。如果测评者对于测评指标没有清晰的认识，则测评无法得到有效开展。

2. 测评者在测评过程中要实事求是

从感情层面讲，测评者可能会无意识或有意识地歪曲对被测评者的测评。有些员工为了自己的利益，会给予自己较高的评价，而给予其他人较低的评价，在以绩效考核为目的的测评过程中尤为明显。所以 360 度反馈要求测评者能坦诚地、实事求是地进行评价，以保证测评结果的有效性。

3. 测评者之间要严格执行测评保密机制

企业实行 360 度测评是为了尽最大努力测评员工在实际工作中的表现，所以要确保测评信息的真实性。要确保测评信息的真实性，就必须要求测评者严格执行测评保密机制；否则将很难让测评者做到畅所欲言，从而使测评结果的有效性大大降低。

9.2.5 360 度测评结果的反馈

360 度测评的评估与反馈阶段非常重要，它意味着 360 度测评的落实。360 度测评的评估与反馈是一个双向反馈过程，主管领导应积极将 360 度测评统计结果反馈给被测评者，与被测评者进行面对面的交流，向被测评者解释每一项评价内容的含义，并协助被测评者制订发展计划。

1. 测评结果反馈概述

测评结果反馈主要是通过测评者与被测评者之间的沟通，就被测评者在测评周期内的绩效情况进行反馈，在肯定被测评者成绩的同时，也会找出其工作中的不足并促使其加以改进。

被测评者在评价结果反馈过程中，可以对测评者的考评结果给予认同，也可以针对测评结果中有异议的地方提出申诉，最终使测评结果得到认可。

通过测评结果的反馈要达到以下目的：对绩效测评的结果达成共识；使员工认识到自己在测评阶段工作中取得的进步和存在的缺点，从而使他们有针对性地改进绩效；根据绩效测评结果，结合面谈要点，制订绩效改进计划，确定下一个绩效周期的绩效目标和绩效计划等。

2. 测评结果反馈的分类

测评结果反馈按不同的方法分类如表 9-6 所示。

表 9-6　　　　　　　　　　　　　　测评结果反馈的分类

分类方法	类型	内容
按照反馈方法分类	语言沟通	公司管理人员/绩效测评专员将测评结果通过口头或书面的形式反馈给被测评者，对其良好绩效加以肯定，对其不良业绩给予建议指导
	暗示	公司管理人员/绩效测评专员以间接的形式对被测评者的评价结果予以肯定或否定
	奖惩	通过货币（如奖金或罚款）及非货币（如晋升、调岗或降级）形式对被测评者的绩效进行反馈
按照反馈中被测评者的参与程度分类	指令式	公司管理人员/绩效测评专员负责告诉员工：他们所做的哪些工作是对的，哪些是错的；员工应该做什么，不应该做什么；员工为什么应该这样做，而不应该那样做。而员工的任务是听、学，然后按领导的要求去做事情
	指导式	以教与问相结合为特点，这种方式同时以管理者和员工为中心，并且管理者对所反馈的内容更感兴趣
	授权式	以问为主、以教为辅，完全以员工为中心。管理者主要对员工回答的内容感兴趣，而较少发表自己的观点，而且注重帮助员工独立地找到解决问题的办法
按照反馈的内容和形式分类	正式反馈	事先计划和安排的，如定期的书面报告、面谈、有经理参加的定期小组或团队会等
	非正式反馈	如闲聊、走动式交谈等

3. 反馈面谈法

（1）反馈面谈法的概念。

反馈面谈法指在绩效管理的过程中，针对绩效测评结果，结合员工自身情况，由主管人员与员工进行面对面的交流与讨论，指导员工绩效持续改进的一项管理活动。

（2）反馈面谈法的反馈技巧。

在反馈面谈时应注重对测评结果进行描述而不是判断，管理者在对员工进行正面评价的同时要指出其优缺点；在面谈过程中应注意聆听员工的声音；面谈时语言要适度，避免使用极端化的字眼；通过反馈面谈来解决员工工作中出现的问题，建立未来绩效目标。

（3）反馈面谈法的策略。

管理者应针对不同类型的员工选择不同的面谈策略。一般依据工作业绩和工作态度将员工分为4种类型，如图9-2和图9-3所示。

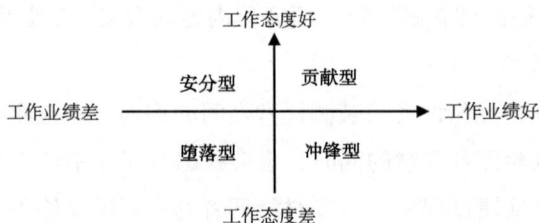

图 9-2　根据工作态度和工作业绩划分的员工类型

贡献型	该类员工是创造良好团队业绩的主力军，是最需要维护和保留的 面谈策略：在了解企业激励政策的前提下予以奖励，提出更高的目标和要求
冲锋型	该类员工的不足之处在于对工作忽冷忽热，态度时好时坏 面谈策略：沟通，通过良好的沟通建立信任，了解原因，改善其工作态度；辅导，通过日常工作中的辅导改善工作态度，不要将问题都留到下一次绩效面谈中
安分型	该类员工工作态度不错，工作认真，对上司和公司有很高的认同度，但工作业绩较差 面谈策略：以制订明确的、严格的绩效改进计划作为绩效面谈的重点；严格按照绩效考核办法予以考核
堕落型	该类员工会想尽一切办法来替自己辩解，或找外部因素，或自觉承认工作没做好 面谈策略：重申工作目标，澄清员工对工作成果的看法

图 9-3　面谈策略的选择

（4）反馈面谈的步骤。

① 面谈前的准备。在进行面谈前管理者应做的准备：确定一个双方适宜的谈话时间；选择一个不受干扰的谈话环境、地点，并通知对方；收集员工的相关资料（履历、职位说明书、测评表、测评结果、测评档案等），准备面谈提纲；通知面谈参加者准备工作案例等。

在进行面谈前员工应做的准备：回顾自己的工作行为，对应测评标准进行自我评估；准备工作中或评估方式方面的问题，提出疑惑和障碍，将自己手头的工作安排好。

② 面谈开始阶段。面谈开场时需要创造和寻求一种舒适的、开放的气氛，使被面谈者的心情放松，保障面谈过程轻松、自由。然后员工根据工作表现进行自我评价，上级根据 360 度反馈报告及员工的其他资料对员工进行能力评价，依照事实指出其成绩和不足。

③ 探讨评价表现，制订改进计划阶段。在这一阶段就工作中问题产生的原因进行讨论，着重探讨解决问题的方法，管理者需对重点问题进行记录。另外需对员工完成工作所需的资源和支持进行探讨，在探讨阶段应注意互相尊重，实现有效倾听，不要形成对峙的局面。在这一阶段管理者要给予员工发展的建议，制订改进计划。

④ 重申下阶段测评内容和目标。在这一阶段管理者要向员工重申下阶段的工作目标、阶段成果和目标达成时限。

⑤ 确认测评结果。管理者就面谈记录进行整理,面谈记录经双方签字后由相关部门完成备案。

【微课堂】

> 1. 请简述 360 度反馈法的优缺点。
> 2. 在实施 360 度反馈法过程中应注意哪些问题？

9.3 | BSC 考核法测评

罗伯特·卡普兰（Roberts.Kaplan，哈佛商学院教授）和大卫·诺顿（David P. Norton，复兴全球战略集团创始人兼总裁）用了一年的时间，在对绩效测评方面处于领先地位的 12 家企业进行研究后，于 1992 年发明了"平衡计分卡"。

9.3.1 BSC 考核法的概念

平衡计分卡（Balanced Score Card，BSC）把对企业业绩的评价划分为财务、内部运营、客户及学习与发展 4 个方面。它不仅是一个指标评价系统，还是一个战略管理系统，是企业进行战略执行与监控的有效工具，具体内容如图 9-4 所示。

平衡计分卡的特点是始终把战略和远景放在其变化和管理过程中的核心地位。构建"以战略为核心的开放型闭环组织结构"，使财务、客户、内部运营和学习与发展 4 个因素互动互联，浑然一体。

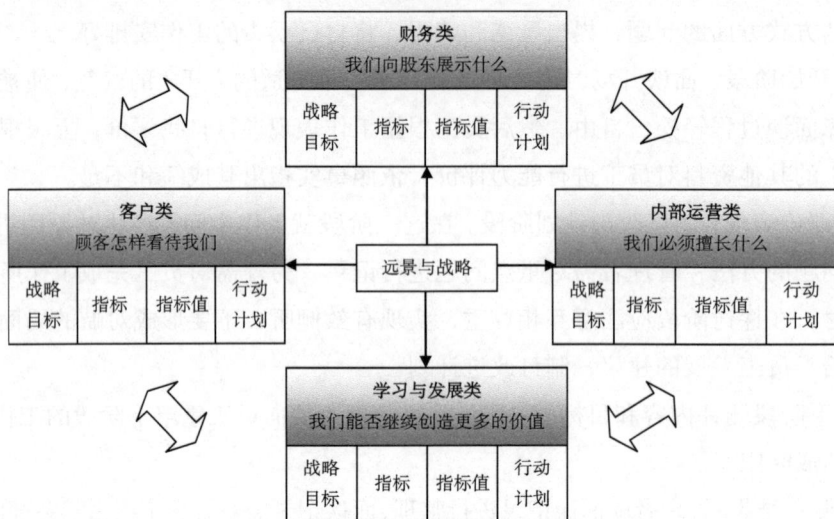

图 9-4　平衡计分卡的 4 个维度

　　平衡计分卡的构成要素包括维度、战略目标、指标和指标值、行动计划。

　　（1）维度。维度体现了企业战略的基本关注点，平衡计分卡分为财务、客户、内部运营和学习与发展 4 个维度。

　　（2）战略目标。平衡计分卡中的战略目标一般是从战略重点中分解、细化出来的关键性目标。

　　（3）指标和指标值。指标是在企业关键性战略目标的基础上推导出来的；指标值是对指标的具体化和数量化。

　　（4）行动计划。行动计划是支持平衡计分卡中每个指标得以实现和完成的具体项目计划。

9.3.2　BSC 的绩效考核指标体系

　　平衡计分卡从 4 个不同的维度，将企业的远景和战略转化为目标和考核指标，从而实现对企业绩效全方位的监控与管理。平衡计分卡的绩效考核指标体系如图 9-5 所示。

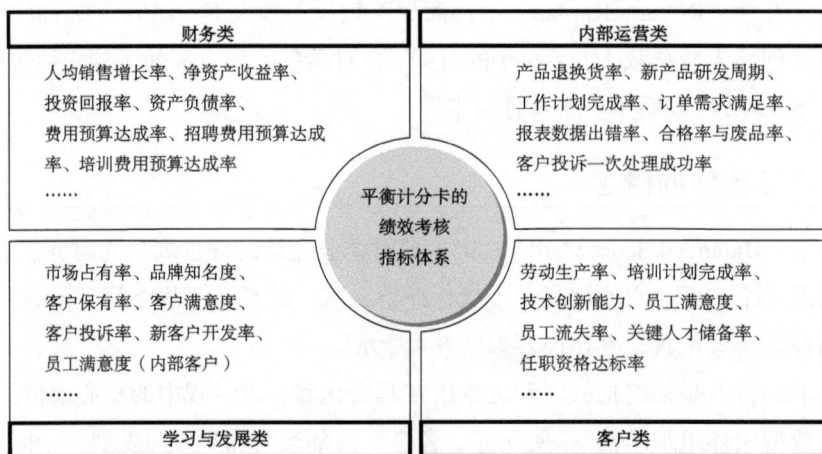

图 9-5　平衡计分卡绩效考核指标体系

9.3.3　BSC 考核法的实施步骤

（1）确立企业远景与战略。一个企业要存在并得到持续发展，首先必须明确自己的远景，这有利于企业高管就企业的使命和战略达成一致意见。企业战略和远景应简单明了，对每一部门、每个业务单元都有指导意义，并采用一些业绩衡量指标来反映企业远景和战略目标的要求。

平衡计分卡
考核的步骤

（2）达成共识。企业高层管理者对企业远景和战略达成共识，成立平衡计分卡小组，对企业的远景与战略做出解释。

（3）制定具体目标。制定财务、客户、内部运营及学习与发展 4 个方面的具体目标。

（4）确定最为贴切的指标。为 4 个方面的具体目标找出最贴切的业绩衡量指标。

（5）加强内部沟通与教育。利用各种沟通渠道，如刊物、信件、公告栏、会议等，让各层管理人员知道企业目标与业绩衡量指标。

（6）明确具体的数字。明确每年、每季、每月业绩衡量指标的具体数字，并与企业的计划和预算相结合。

（7）与奖惩制度挂钩。将每年的报酬奖励制度、处分惩罚制度与平衡计分卡挂钩。

（8）修正平衡计分卡指标。通过调查的方式了解员工的反应，经常采用员工意见修正平衡计分卡业绩衡量指标并改进企业战略。

【微课堂】

1. 请简述 BSC 考核法的特点。
2. 在构建 BSC 指标体系时，应考虑哪些方面的内容呢？

9.4

KPI 考核法测评

KPI 是连接个体绩效和企业目标的一座桥梁，是针对企业目标起增值作用的工作来设定的。它应该是可以量化的，如果确实难以量化，那么也必须是可行为化的。

9.4.1　KPI 考核法的概念

关键业绩指标（Key Performance Indicators，KPI），是通过对企业内部流程的输入端、输出端的关键参数进行设置、取样、计算、分析，衡量流程绩效的一种目标式量化管理指标，是对企业运作过程中关键成功要素的提炼和归纳。

关键业绩指标设计的思想是通过把影响80%工作的20%关键行为进行量化设计，变成可操作性的目标，来提高绩效考核的效率。

9.4.2　KPI考核法的操作流程

关键业绩指标考核法的操作流程如图9-6所示。

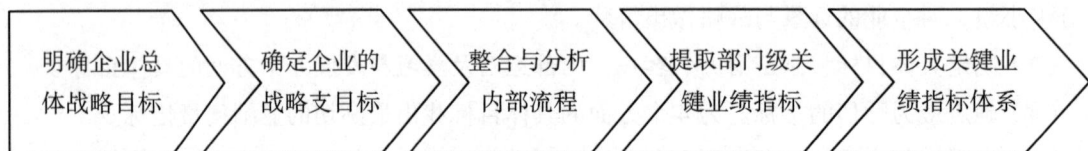

图9-6　关键业绩指标考核法的操作流程

1．明确企业总体战略目标

根据企业的战略方向，从增加利润、提高盈利能力、提高员工素质等角度分别确定企业的战略重点，并运用关键业绩指标的设计方法进行分析，从而明确企业总体战略目标。

2．确定企业的战略支目标

将企业的总体战略目标按照内部的某些主要业务流程分解为几个主要的支持性子目标。

3．整合与分析内部流程

以内部流程整合为基础的关键业绩指标设计，将使员工知道自己的指标和职责是为哪一个流程服务的，对其他部门乃至企业的整体运作会产生什么样的影响。所以说，进行关键业绩指标细化的前提是整合与分析内部流程。

4．提取部门级关键业绩指标

通过对组织架构与部门职能的理解，对企业战略支目标进行分解。在分解的同时要注意根据各个部门的职能对分解的指标进行调整、补充，并兼顾其与部门分管上级的指标关联度。

5．形成关键业绩指标体系

根据部门关键业绩指标、业务流程以及各岗位的工作说明书，对部门目标进行分解。根据岗位职责对个人关键业绩指标进行修正与补充，建立企业目标、流程、职能与职位相统一的关键业绩指标体系。

9.4.3　BSC与KPI的关系

平衡计分卡将经营绩效模型进行一步步的逻辑推导，最终将企业战略目标转化为可操作的行动目标。它是将企业战略转化为一整套全方位的运作目标和关键绩效指标的理论和方法，是对关键绩效指标的进一步细化。一方面它强调战略的导向作用；另一方面它对关键绩效指标进行结构上的划分，将其分为财务、客户、内部运营和学习与发展4个方面。表9-7较好地说明了这两者之间的关系。

表 9-7　　　　　　　　　　　　平衡计分卡与关键业绩指标法的比较

对比要素		平衡计分卡（BSC）	关键绩效指标法（KPI）
管理趋势	管理思想	全方位、立体测评	若干关键成功因素测评
	对应对象	战略、企业、部门、岗位	战略、企业、部门、岗位
管理趋势	应用业务	越大越复杂，就越有作为	范围相对独立
	对业务的影响	本位一体化最优，团队及其成员、顾客、供应商	重点突出、方向明确
行为方法	制作思路	战略目标，分层单独制定	从战略目标起，由上而下
	测评指标数	每个组织 15～20 个	5～8 个
	操作难易	难	难
	制作方法	战略目标—分多个角度—关键指标	鱼骨图列出关键成功因素、关键绩效指标等
结果特征	对企业的影响	对管理体系、方向有影响	对关键流程环节有影响
	时间特性	指出方向、向前看	支持部分特征、向前看
	可比性	自身不同期次部分可比	纵向、部分横向可比
	副作用	影响到管理系统	容易让工作不全面
	对绩效的影响	保持长远绩效，不偏倚	在工作的主要方面有进展

资料来源：付亚和，许玉林. 绩效管理. 上海：复旦大学出版社，2003.

【微课堂】

1. 请简述 KPI 考核法运用中的关键事项。
2. 与一般绩效考核指标体系相比，关键绩效指标体系有哪些特点？

9.5

OKR 考核法测评

9.5.1　OKR 设定的基本要求

目标与关键成果法（Objectives and Key Results，OKR），是一套定义和跟踪重点目标及其完成情况的管理工具和方法。Objectives 是目标，Key Results 是关键成果。OKR 要求公司、部门、团队和员工不但要设置目标，而且要明确完成目标的具体行动。对 OKR 设定的基本要求如图 9-7 所示。

下面来看一个例子，这是一个研发负责人提出并负责的 OKR，具体内容如图 9-8 所示。

1. O值设定需是具体的，可量化，具有一定挑战性的

2. 每个O的KR指向实现目标，以产出或成果为结果

3. OKR一旦制定，将进行公开，以保证透明度和公平性

图 9-7　OKR 设定的基本要求

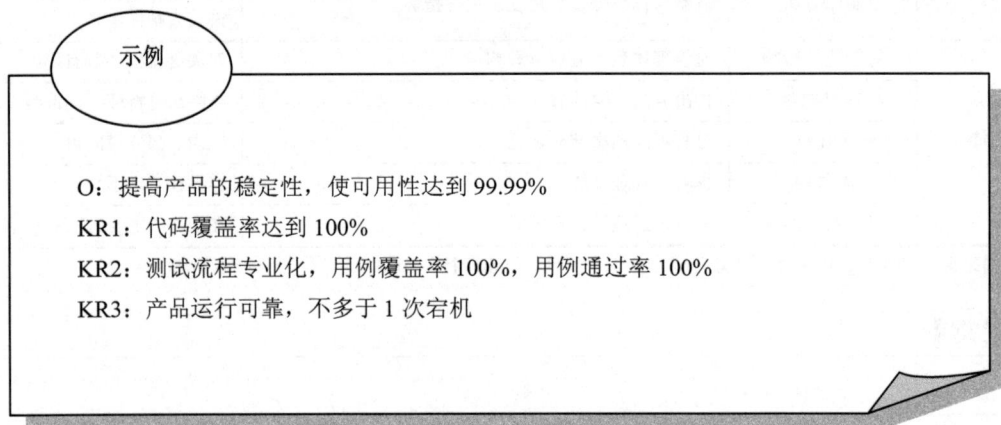

示例

O：提高产品的稳定性，使可用性达到 99.99%

KR1：代码覆盖率达到 100%

KR2：测试流程专业化，用例覆盖率 100%，用例通过率 100%

KR3：产品运行可靠，不多于 1 次宕机

图 9-8　OKR 设定示例

9.5.2　OKR 考核法的操作流程

OKR 考核法是为了更有效率地完成目标任务，并且依据项目进展来考核的一种方法。它的主要流程如图 9-9 所示。

1. 设定目标。设定的目标必是具体的、可衡量的，具体到时间段、数量、金额等。此外，设定的目标必须具有一定的挑战性

2. 对关键性结果进行可量化的定义，并且明确达成目标的/未完成目标的措施

3. 共同努力达成目标

4. 根据项目进展进行评估

图 9-9　OKR 考核法的操作流程

【微课堂】

1. 企业热衷于使用 OKR 这一考核方法的原因有哪些？
2. 请简述 OKR 考核法与 KPI 考核法的区别与联系。

复习与思考

1. 什么是 360 度反馈法？
2. 选择绩效考核方法时，应重点考虑哪些因素？
3. 如何选择绩效测评主体？
4. 简述 OKR 考核法的操作流程。

知识链接

谷歌的 OKR 考核

OKR（Objectives and Key Results）这一方法在谷歌成功转型、创新并实现指数级增长的过程中发挥着举足轻重的作用。下文就谷歌的 OKR 考核流程中的一环——目标设定 OKRs 进行简要介绍。

谷歌的目标设定 OKRs 里面，最重要的一个特点是它的透明制度，所有员工的目标设定 OKRs 在全公司都是公开的。每个季度开始的时候，公司 CEO 先设好公司 OKRs，放到自己的资料库里面，每个人都能看到。紧接着公司总裁、部门经理、公司员工自上而下设定自己的 OKRs。OKRs 的透明制度一方面可以做到更为公平和透明，另一方面也给每位同事提供了更好地学习和成长的样本，激励大家在工作中迎接更高质量的挑战和严格要求自己。

技能实训

实训内容：技术部门 KPI 指标

假如你是某企业人力资源部部门负责人，现在企业需要做一份研发部门的 KPI 指标表。表 9-8 所示为某企业技术部的 KPI 指标，仅供参考。

表 9-8　　　　　　　　　某企业技术部的 KPI 指标

指标类别	考核指标
财务类	技术改造费用控制
	技术研究费用控制
内部运营类	技术创新目标达成率
	技术研究项目完成率
	技术改进项目完成率
客户类	客户满意度
	技术服务满意度
学习与发展类	核心员工保有率
	部门培训计划完成率

【本章知识导图】

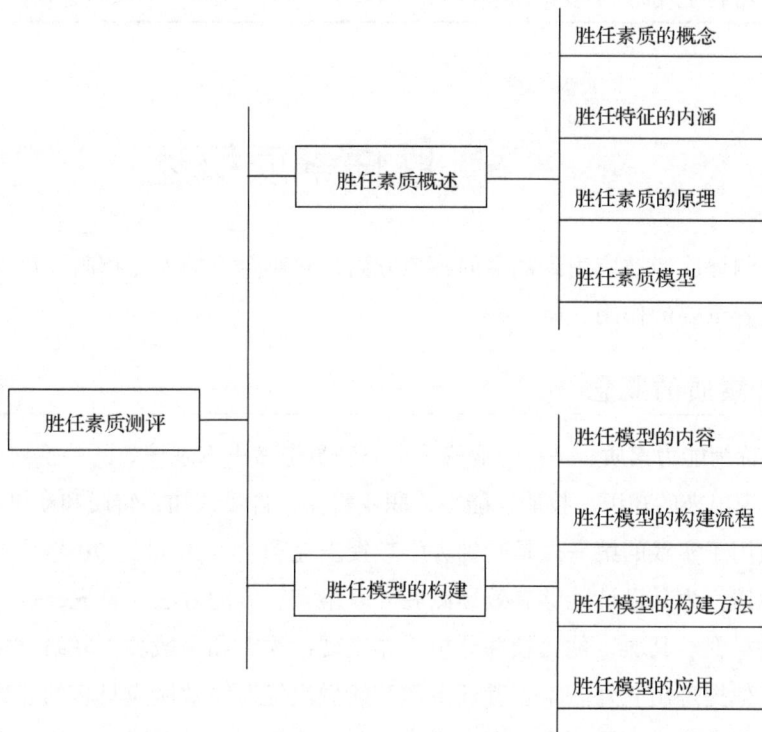

```
                                                    ┌─── 胜任素质的概念
                                                    │
                                                    ├─── 胜任特征的内涵
                                    ┌─ 胜任素质概述 ─┤
                                    │               ├─── 胜任素质的原理
                                    │               │
                                    │               └─── 胜任素质模型
                  胜任素质测评 ──────┤
                                    │               ┌─── 胜任模型的内容
                                    │               │
                                    │               ├─── 胜任模型的构建流程
                                    └─ 胜任模型的构建 ┤
                                                    ├─── 胜任模型的构建方法
                                                    │
                                                    └─── 胜任模型的应用
```

【学习目标】

职业知识	• 了解胜任素质测评的基本原理 • 明确胜任模型构建的方法和流程
职业能力	• 掌握胜任模型构建的原则和技术 • 能够应用各种技术组合进行胜任模型的构建 • 能够应用各种测评技术进行胜任力的测评
职业素质	具备较强的责任心，以及良好的数据统计分析能力、沟通表达能力以及观察判断能力

10.1
胜任素质概述

胜任素质的测评已经被应用到社会的各个方面，它对企业的人才招聘、培训、测评等人力资源管理活动起着重要的作用。

10.1.1 胜任素质的概念

胜任素质又称为能力素质，是在企业管理中驱动员工做出卓越绩效的一系列综合素质，是员工以不同方式表现出来的知识、技能、能力、职业素养、自我认知、特质和动机等素质的集合。

将胜任素质用于实践的第一人是哈佛大学教授麦克利兰。20世纪70年代初期，麦克利兰应美国政府的邀请，为其设计能够有效预测驻外联络官绩效的方法。首先，他采用行为事件访谈法收集第一手材料。其次，他比较并分析工作表现优秀者和一般驻外联络官之间具体行为的差异项。最后，他提炼出驻外联络官胜任工作和能做出优秀绩效所应具备的能力和素质。

胜任素质模型现已被应用到人力资源工作的各个方面。实践证明，它不仅可以提高企业的人力资源质量、提高企业的竞争力，还能促进企业发展战略的实现。

10.1.2 胜任特征的内涵

胜任特征的内涵可以概括为3个方面。

1. 胜任特征是个体深层次的特征

胜任特征是指个体潜在的特征，包括知识、技能、能力、动机、特质等各方面的内容。

2. 胜任特征能够引起或预测优劣绩效的因果关联

胜任特征显示了个体的思维方式和行为特征，具有跨情境和跨时间的相对稳定性。在人力资源管理中，胜任特征并不是对个人所有特征要素的简单加总，而是关注那些与岗位要求及管理绩效有因果关系的个人特性，以达到预测多种情境或多样工作中人的行为特征的目的。

3. 胜任特征是作为参照效标而存在的

胜任特征是指能够衡量个人在特定的环境下，完成工作所需知识、技能、性格、动机等深层次特征的参照效标。参照效标是胜任特征概念中最关键的一个方面，是衡量某种素质特征预测现实情境中工作/绩效优劣的效度标准。如果某种素质特征不能预测一些有意义的差异（如绩效方面的差异），则不能称为胜任特征。

10.1.3　胜任素质的原理

1．人的差异性

胜任素质的主体是人，只有当人的素质存在区别时，胜任素质才有现实的客观基础。如果每个人的素质没有区别，那么就无胜任素质可言，也不需要进行人才测评。由于受先天因素、后天自然因素和社会因素的影响，人的差异具有客观性，表现在性别、年龄、外表、体能、能力、技术/知识、动机、特质等方面。

本章所探讨的胜任素质指的是与个人完成一定工作任务相联系的素质。从人们完成工作的效果和效率可以看出，人的素质特征是不一样的，同一工作由不同的人去做会有不同的效率。

2．岗位、工作的差异性

胜任素质的另一客观基础是不同的岗位之间具有差异性。由于社会分工不同，各工作任务之间必然存在差异性，如大学教师与大学校长的工作就存在着明显的差异。

一方面，各工作岗位由于工作内容、工作权利、工作责任不同，就会对完成这些工作的人提出不同的要求，即不同岗位的工作需要拥有相应素质特征的人来承担。

另一方面，每个人的个性特征和兴趣爱好是不一样的，因而每个人适合做和喜欢做的工作就会有一定的区别。个人可以根据自己的实际情况选择适合自己的工作，以展现自己的特长、发挥自己的实力。

3．胜任素质的动态性

胜任素质是与一定的环境和岗位、工作任务相联系的。人具有主观能动性，这表现为人们在认识和改造世界的过程中有目的、有计划、积极主动、有意识地参与活动的能力。人的主观能动性表现在"想""做""精神状态"3 个方面。

社会的不断发展，外界环境的不断变化，使人们的主观能动性及素质均得到提高，有利于人们素质的全面发展。岗位、工作任务是处于一定的宏观环境、行业环境、企业环境中的，因此岗位素质会随环境的变化而不断发展变化。发生变化后的岗位胜任素质，要求该岗位员工的素质能够适应环境的动态调整。所以说，胜任素质具有动态性。

因此在实践中，人员的胜任素质与岗位的胜任特征、企业的环境特征是密不可分的。这三者的交集越大，员工的绩效就越高。

10.1.4　胜任素质模型

胜任特征是通过胜任素质的模型来展现的，胜任素质的模型是识别胜任力的主要方法。

1．胜任素质模型的概念

胜任素质模型是指为了达到企业的整体绩效目标，针对特定工作岗位的要求制定的一系列与高绩效相关的不同胜任素质及其可测量的等级差异的组合。胜任素质模型包括两个层面的内容：胜任素质要素和对胜任素质要素的等级描述。

合格的胜任素质模型应符合以下3个要求：关注引起或产生高绩效的关键性因素；与企业的愿景、战略、价值观紧密相关；胜任素质模型形式简单、通俗易懂，能够被企业成员接受，以便融入工作实践中转化为自觉行动。

2. 胜任素质模型的特点及其内容

胜任素质模型有3个特点，其具体内容如表10-1所示。

表 10-1 　　　　　　　　　　　　　　胜任素质模型的特点及其内容

特点	主要内容
具有行业特色	它反映了某行业对各岗位人员的素质要求，具体表现为对知识和技能的掌握、运用能力，对客户的认知程度等
具有企业特色	由于各企业的企业文化、企业战略和经营目标的差异，胜任素质模型针对不同的企业有不同的内容，它反映了单个企业对特定岗位、特定人员的要求，具体可以细化到行为方式的各个等级
具有阶段性特征	企业成长的各个时期对员工在胜任素质方面有不同要求，所以说胜任素质模型与企业的发展联系紧密，随着企业的经营目标、经营策略或经营环境的不同而不同

根据企业中从事某岗位的员工所应具备的胜任素质，从知识、技能/能力、职业素养3个层面构建其胜任素质模型，具体内容如图10-1所示。

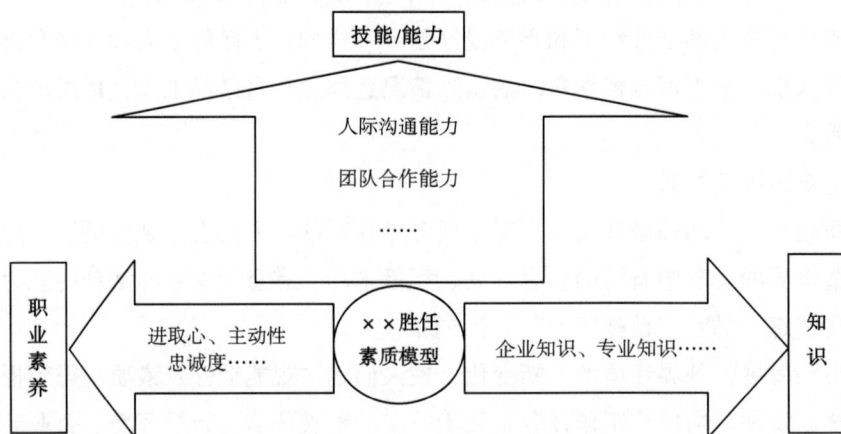

图 10-1　××胜任素质模型

3. 胜任素质模型

（1）麦克利兰的冰山模型。

麦克利兰（McClelland）的冰山模型对胜任特征的构成要素进行了形象的描述，如第3章"3.1.6　胜任素质"中的图3-1所示。"冰山以上部分"包括知识、技能和能力，是人的外在表现，属于容易了解与测量的部分；而"冰山以下部分"包括社会角色、自我认知、特质和动机，是人的内在部分，属于不易了解与测量的部分。

① 知识。知识层面不仅包括员工从事某一职业或某一领域工作所必须具备的专业知识，如物业管理、人力资源管理、生产运营管理等学科的知识，还包括员工在工作时所必须掌握的一

些相关知识，如公司的基本简介、产品销售和客户关系等知识。

② 技能和能力。技能是指员工掌握和运用某项知识来完成具体工作的技术或能力，如计算机操作技能、财务分析能力等。

能力属于个性心理特征之一，是指员工天生具备或在外部环境影响下不易改变的特质，如人际协调能力、问题分析能力、市场拓展能力、判断推理能力等。

③ 社会角色。社会角色是指与个人的某种社会地位、身份相一致的一系列权利、义务的规范和行为模式，是人们对有特定身份的人的期望，如团队合作精神。

④ 自我认知。自我认知是指个人对自己行为和心理状态的洞察和理解，主要包括自我观察和自我评价两个方面。自我观察是个人对自己的感知、思维和动机等方面的觉察能力；自我评价是个人对自己的行为及人格特征等方面的判断与评估能力。具有较强自我认知能力的人能够积极地调整自己的行为和心理状态，以达到胜任本岗位工作的目的。

⑤ 特质。特质是个体特性以及个体拥有的对情境或信息的持续性反应，是个人的某种倾向导致的某些行为，可以用描述个人人格特点的词汇进行描述，如自信、和蔼可亲等。

⑥ 动机。动机是指个人对某种事物或某个时间持续渴望，进而付诸行动的念头。它会指导个人选择朝着有利于目标实现的行为方向前进，对个人追求或避开某事物、开始或停止某活动具有推动作用。

（2）斯潘塞的冰山模型。

斯潘塞（Spencer，1993）等人从特征的角度，将麦克利兰冰山模型中的 6 个层次改为 5 个层次。该模型的"水上部分"为知识和技能，"水下部分"为自我概念、特质和动机。

相对来讲，知识和技能属于基准性素质，是裸露在水面的表层部分，是对员工基础素质的要求，很容易被测量、观察和模仿的，但难以把企业中的优秀者与一般者区别开来。这部分素质可以通过培训获得。

自我概念、特质和动机等属于鉴别性素质，是潜藏于水下的深层部分，是区分绩效优异者与一般者的关键因素：职位越高，该部分发挥的作用就越大。与基准性素质相比，鉴别性素质不容易被观察和测量到，因而难于改变和评价。这部分素质很难通过培训获得。

（3）R.博亚特兹等人的洋葱模型。

美国学者 R.博亚特兹（Richard Boyatzis）和斯潘塞（Spencer）等人对麦克利兰的冰山模型进行深入的研究后提出了"洋葱模型"。

洋葱模型把麦克利兰对素质划分的 6 个层次改为 3 个层次，即把胜任素质概括为层层包裹的结构。该模型中最核心的素质是特质和动机，中间部分是社会角色、价值观和自我概念，表面是知识和技能。洋葱模型中的素质越向外层，越易于培养和评价；越向内层，越难以培养和评价。

洋葱模型同冰山模型都强调核心素质或基本素质等胜任素质。相对而言，洋葱模型更能够突出潜在素质与表象素质的层次关系。

【微课堂】

请说明企业建立胜任素质模型的作用和意义。

10.2 胜任模型的构建

胜任模型的构建是制定企业中各岗位胜任力标准的科学有效的方法。标准而准确地构建胜任模型是应用胜任模型的前提条件。

10.2.1 胜任模型的内容

岗位胜任模型主要包括胜任素质要素、胜任要素的等级说明、胜任要素的权重，胜任模型的建立则包括建立胜任模型的目的、总体思路、构建情况、应用等方面的内容。

1. 胜任素质要素

胜任素质要素是经工作分析后获得的，为完成某个公司、某个岗位所需具备的基本要素或核心要素，如表10-2所示。

表10-2　　　　　　　　　　某公司某岗位胜任素质要素（部分表格）

要素	项目	内容
知识要素	公司知识	公司业务知识（业务分类、产品分类、收费标准、收费方式等）
		公司各部门职能、负责人、联系方式等
	客户知识	目标客户群、客户购买心理、客户满意理念等
技能要素	基本技能	计算机、网络的使用程度，商务礼仪知识，电话沟通技能等
	受理业务的技能	公司十三项业务受理技能（见销售岗位制度）和相应的设备使用技能
	推广业务的技能	激发购买欲望技能、促成交易技能、处理异议技能

2. 胜任素质要素的等级说明

胜任素质模型中的要素有很多，不同岗位、不同发展阶段所需的要素水平是不同的，所以对胜任素质要素的等级说明显得十分有必要。表10-3所示为胜任素质要素等级说明的示例。

表 10-3　　　　　　　　　　　　　　激励和关心下属的等级说明

激励和关心下属：通过给予下属正向激励，帮助下属提高能力	
等级	说明
一级	（1）与下属沟通不足，对下属的指导和建议较少 （2）不能很好地了解下属的需求，很少为下属的工作和职业发展提供指导
二级	（1）能与下属就其工作表现进行沟通，并给予适时的反馈和适当的指导 （2）当下属遇到问题时，能积极提供帮助，并协助其解决 （3）了解下属的职业、工作发展需求，并为其制订合适的培训计划
三级	（1）为下属的工作及时地提供正确的反馈与指导 （2）能够准确地判断下属的能力和技能水平，根据下属的不同特点制订相应的发展计划 （3）为下属提供发展和学习的机会、工具、辅导以及各种资源
四级	（1）为下属创造适合其发展的空间 （2）作为下属职业生涯发展的导师和教练，能做到真正以开发下属潜能为己任

3. 胜任要素的权重

胜任要素的权重是指该胜任要素在胜任素质模型所有素质中的重要程度，通常以百分比的形式呈现，它有利于对胜任模型进行有针对性的运用。

在完成胜任要素的制定、胜任要素等级的描述和胜任要素权重的分配后，胜任素质模型就得到了完整呈现。

10.2.2　胜任模型的构建流程

构建胜任模型的目的就是使员工获得高绩效，为企业的长远发展做出贡献。因此，了解胜任模型的构建原则及流程十分有必要。

1. 胜任模型的构建原则

（1）以企业的发展战略为导向。

企业的发展战略决定着企业的人才需求模式及人才标准。构建胜任模型要考虑企业发展战略中的核心竞争力，并据此确定员工的核心能力和素质要求。

（2）以职位为的工作内容依据。

在明确了企业的发展战略后，胜任模型应当主要以职位的工作内容为依据，从关键职位入手，循序渐进，直至全面铺开。

（3）以企业的经营思路和业务处理方式为标准。

同一行业中的两家企业对具体问题的处理会截然不同，因此一定要以本企业的经营思路和业务处理方式为标准。

2. 胜任模型的构建流程

构建胜任模型的具体流程如图 10-2 所示。

3. 胜任模型构建的具体步骤

（1）明确战略目标。

企业的发展战略目标是构建胜任模型的总指导方针。人力资源管理者应首先分析影响战略目标实现的关键因素，再研究企业面临的挑战，然后提炼出企业所要求员工应具备的胜任素质的要求，最终构建出符合企业文化及环境的胜任模型。

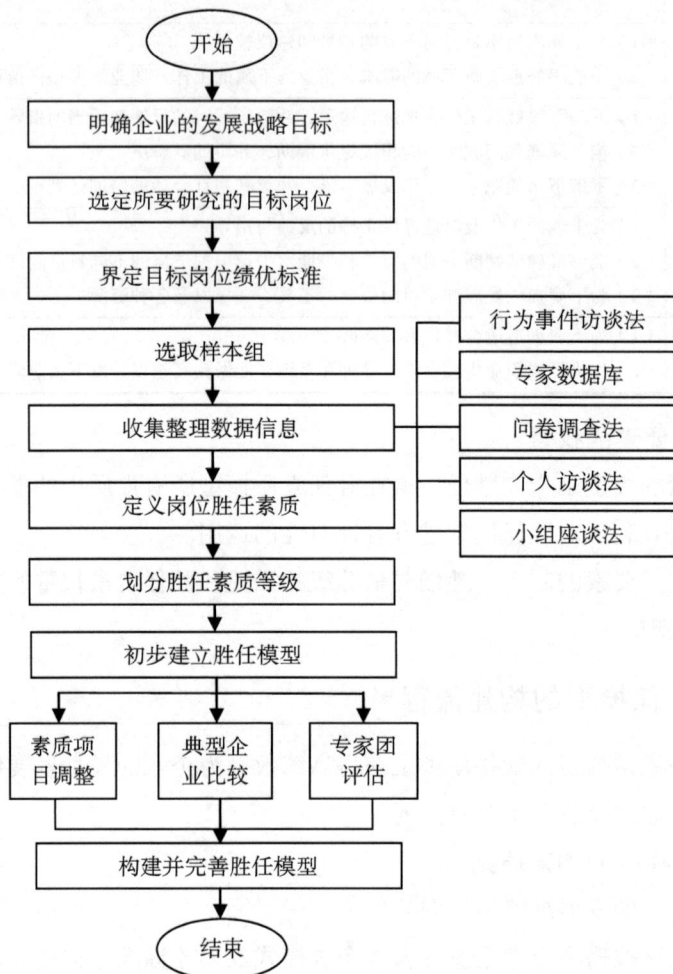

图 10-2　构建胜任模型流程

（2）确定目标岗位。

企业战略目标的实施往往与企业中的关键岗位密切相关。因此，人力资源管理者在构建胜任模型时应首先选择那些对企业战略目标的实现起关键作用的核心岗位作为目标岗位，然后分析目标岗位要求员工所应具备的胜任素质，最终构建出符合岗位特征的胜任模型。

（3）界定绩优标准。

完善的绩效考核体系是界定绩优标准的基础。人力资源管理者应通过对目标岗位的各项构成要素进行全面评估，区分员工在目标岗位中绩效优秀、一般和较差的行为表现，从而界定并将绩优标准细化到各项具体任务中去，最终提炼出绩效优秀员工的行为特征。

（4）选取样本组。

根据目标岗位的胜任特征，在从事该岗位工作的员工中随机抽取绩效优秀员工（3～6名）

和绩效一般员工（2～4 名）作为样本组。

（5）收集、整理数据信息。

收集、整理数据信息是构建胜任模型的核心工作。一般通过行为事件访谈法、专家数据库、问卷调查法等方法来获取样本组有关胜任特征的数据资料，并对获得的信息与资料进行归类和整理。

（6）定义岗位胜任素质。

根据归纳整理的目标岗位数据资料，重点分析对实际工作中员工的关键行为、特征、思想和感受有显著影响的行为过程或片段，发掘绩效优秀员工与绩效一般员工在处理类似事件时的反应及其行为表现之间的差异，识别出导致关键行为及其结果的具有显著区分性的能力素质，并做出规范定义。

（7）划分胜任素质等级。

在目标岗位胜任素质所有项目的定义后，应对各个项目进行等级划分，并对不同的素质等级做出行为描述，初步建立胜任模型。

（8）构建胜任模型。

结合企业的发展战略、经营环境及目标岗位在企业中的地位，将初步建立的胜任模型与企业、岗位、员工三者进行匹配与平衡，构建并不断完善胜任模型。

10.2.3　胜任模型的构建方法

行为事件访谈法是目前在构建胜任模型过程中使用最为普遍的一种方法。它是由美国哈佛大学教授麦克利兰通过对绩效优秀员工和绩效一般员工的访谈，获取与高绩效有关的信息开发出来的。

1．行为事件访谈法

行为事件访谈法（Behavior Event Interview，BEI）是一种开放式的行为回顾式调查法，类似绩效考核中的关键事件法。

行为事件访谈法主要以目标岗位的任职者为访谈对象。首先，通过对被访谈者的深入访谈，收集访谈对象在任职期间所做的成功和不成功的事件，挖掘出影响目标岗位绩效的细节性行为。其次，对收集到的具体事件和行为进行汇总、分析、编码。最后，在不同的被访谈者（绩效优秀者和绩效一般者）之间进行对比，找出目标岗位的核心素质。具体的操作流程如图 10-3 所示。

2．STAR 工具在行为事件访谈中的应用

行为事件访谈法对访谈者的要求非常高，只有经过专业培训的访谈者才能在访谈过程中通过不断的有效追问，获得与目标岗位相关的具体信息。在行为事件访谈中，访谈者访谈的重点应是在过去确实的情境中所采取的措施和行为，而不应是假设性的答复或包含哲理性、抽象性及信仰性的行为。因此，访谈者需借助 STAR 工具来深层次地挖掘出具体的行为细节。

运用 STAR 工具主要应提出以下 4 个问题。

（1）S（situation）：那是一个什么样的情境？什么样的因素导致了这样的情境？在这个情境中有谁参与？

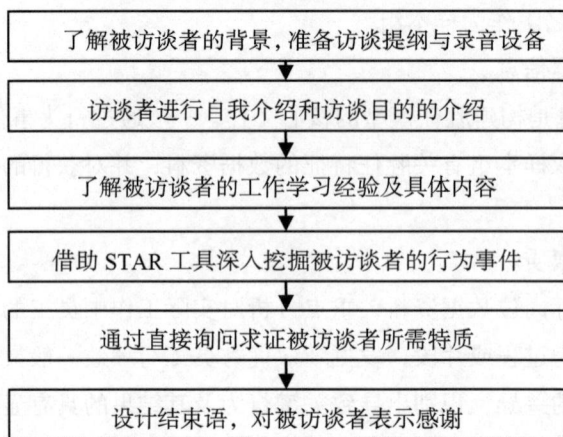

图 10-3　行为事件访谈操作流程

（2）T（task）：您面临的主要任务是什么？为了达到什么样的目标？

（3）A（action）：在那样的情境下，您当时心中的想法、感觉和想要采取的行为是什么？

（4）R（result）：最后的结果是什么？在这个过程中又发生了什么？

STAR 是一项比较复杂的技术，其关键点具体如下。

（1）从正向的事件开始。

（2）遵循事件本身的时间顺序。

（3）探究相关的时间、地点和心情，这样通常有助于被访谈者回忆起当时的情节。

（4）让被访谈者多说有用的素材。通过不断的强化，可以训练被访谈者描述此类事件的能力。

（5）了解访谈过程以及被访谈者可能会出现的情绪反应。

（6）一次只描述一种情况，注意探究其行为模式。具体为探究思想上的起因（S）和行为过程（A），即实例中技术问题的解决模式和策略规划的思考程序。

10.2.4　胜任模型的应用

胜任模型在企业人力资源管理各个模块中的应用，可以更好地帮助企业选拔、培养、激励员工，实现企业人力资源管理的目标。

1. 在招聘录用中的应用

（1）工作分析。

工作分析是企业进行招聘的基础，如果仅仅按照职位说明书（如岗位名称、特征、职责权限、工作条件和环境等）进行分析，将很难准确地识别出岗位的胜任特征要求。

基于胜任模型的工作分析，侧重于研究岗位要求与优秀绩效表现相关联的特征及行为。工作分析结合胜任特征及其行为表现对岗位的任职资格做出定义，使胜任模型具有了较强的绩效预测性，从而为企业招聘与录用人员提供了参考标准。

（2）录用决策。

企业招聘之难在于对应聘者潜在素质的识别，即如何通过应聘者过去的工作表现预测其未来的工作绩效。以应聘者的知识、技能及经验背景等外在特征做出录用决策，而缺乏对应聘者未来的预测，是一种不妥当的行为。

科学地判断与预测绩效，能降低企业人才录用带来的风险。基于员工胜任模型的招聘与甄选，旨在从应聘者过去经历中的行为表现发现其潜在素质（能力素质是其深层次特质，不易改变），分析其与应聘岗位胜任能力的契合度，并预测其未来工作绩效，从而做出录用决策。

（3）招聘录用示意图。

基于胜任模型，对某岗位应聘者进行招聘录用的流程如图 10-4 所示。

2. 在员工培训需求分析中的应用

企业设计培训环节是为了帮助员工弥补知

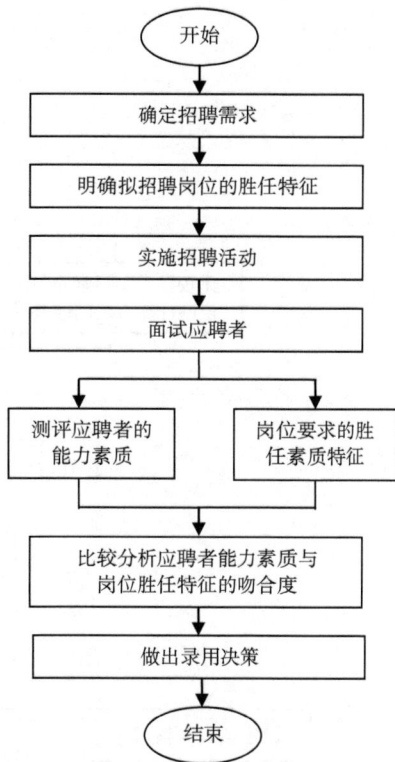

图 10-4　基于胜任模型的招聘录用流程

识和能力等方面的不足，以提高其岗位胜任素质，从而达到岗位的要求。可以说，科学、合理地分析员工的培训需求是培训的首要环节。只有结合员工的个人素质和岗位的胜任素质要求，才能制订出有针对性的培训规划。

基于胜任模型的培训体系不仅能够发现员工的不足，以便有针对性地培养员工的核心技能，激发、强化员工的优势与潜能，开发员工的潜在能力，还能够帮助企业储备具备核心能力素质的人才。

基于胜任模型的某岗位员工培训需求分析如图 10-5 所示。

3. 在建立绩效考核体系中的应用

建立绩效考核体系并设定相应的考核指标绩效标准是绩效考核工作的关键环节。其中，考核指标是关系到员工工作产出的关键项目；绩效标准是对员工行为表现、工作结果达到的目标或程度的描述。

胜任模型能够有效地区分绩效优秀者和绩效一般者的行为表现差异，这为设定考核指标和绩效标准等提供了进一步的支持。以胜任模型为基础的绩效考核体系，可以对员工履行岗位职责和执行岗位任务所获得的成果进行客观的绩效评价，有利于真实地反映员工的综合能力素质。基于胜任模型的某岗位绩效考核如图 10-6 所示。

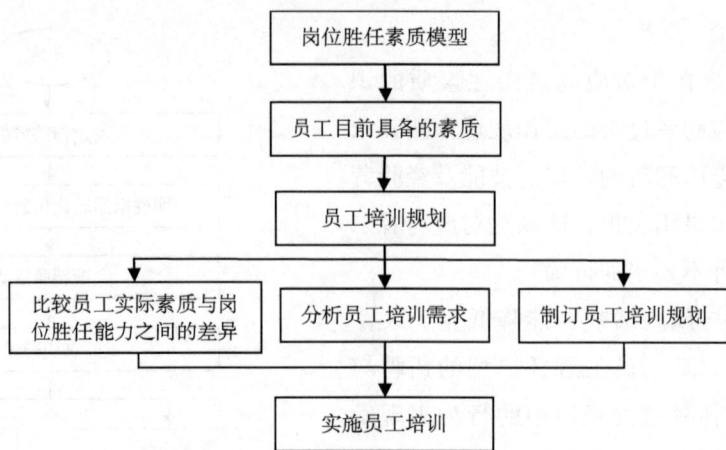

图 10-5　基于胜任模型的员工培训需求分析

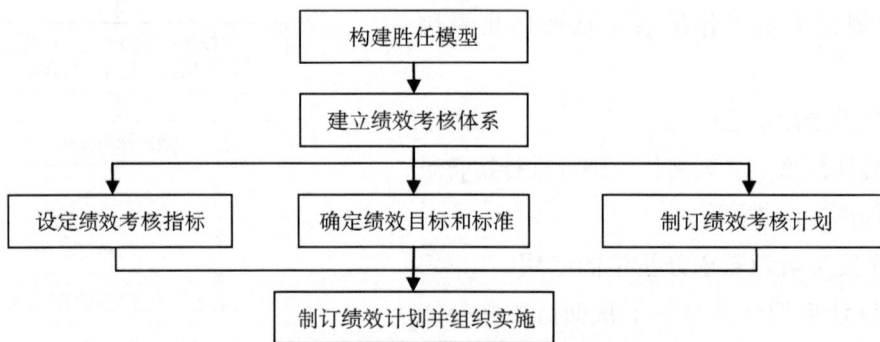

图 10-6　基于胜任模型的绩效考核

4．在员工职业生涯规划中的应用

胜任模型能够帮助企业员工明确个人发展方向和目标，从而更有效地进行个人职业生涯发展规划，做到对自己的职业生涯和工作任务负责。

由上述内容可知，胜任模型可以被应用到企业人力资源管理的各个模块中，但是注意在应用时一定要从企业自身的实际情况出发，根据组织结构、岗位特征等把胜任模型与日常工作紧密地结合起来，以提高胜任模型的构建质量和应用的有效性。

【微课堂】

1．小王被同事描述为正直可靠，用诚信和道德的态度对待工作、同事和客户，其素质可以概括成什么？

2．在对销售人员构建胜任素质模型时，最主要的胜任素质有哪几个？

复习与思考

1. 简述构建胜任模型的几种方法。
2. 胜任模型在企业招聘录用工作中有哪些应用？
3. 胜任模型在企业培训开发工作中有哪些应用？
4. 请说明人力资源部经理岗位胜任素质要素包括哪些项目。

知识链接

海尔特色的领导力模型及员工核心能力素质模型

胜任模型的概念自从被提出来之后，便在各国企业中得到广泛应用。图 10-7 和图 10-8 所示为海尔特色的领导力模型及员工核心能力素质模型，供大家参考。

图 10-7　海尔领导力模型

图 10-8　海尔员工核心能力素质模型

技能实训

实训内容：胜任素质指标行为分级

工作主动性是指在工作中，不需他人指派，主动承担相应工作的一种素质。请将表 10-4 填写完整。

表 10-4　　　　　　　　工作主动性的分级和行为表现

分级	行为表现
1级	只做一般性、必要的工作
	自觉完成工作，无须他人催促
2级	即使没有要求，也会付出额外的精力完成工作
3级	能承担远超要求的工作任务，并积极努力完成

【本章知识导图】

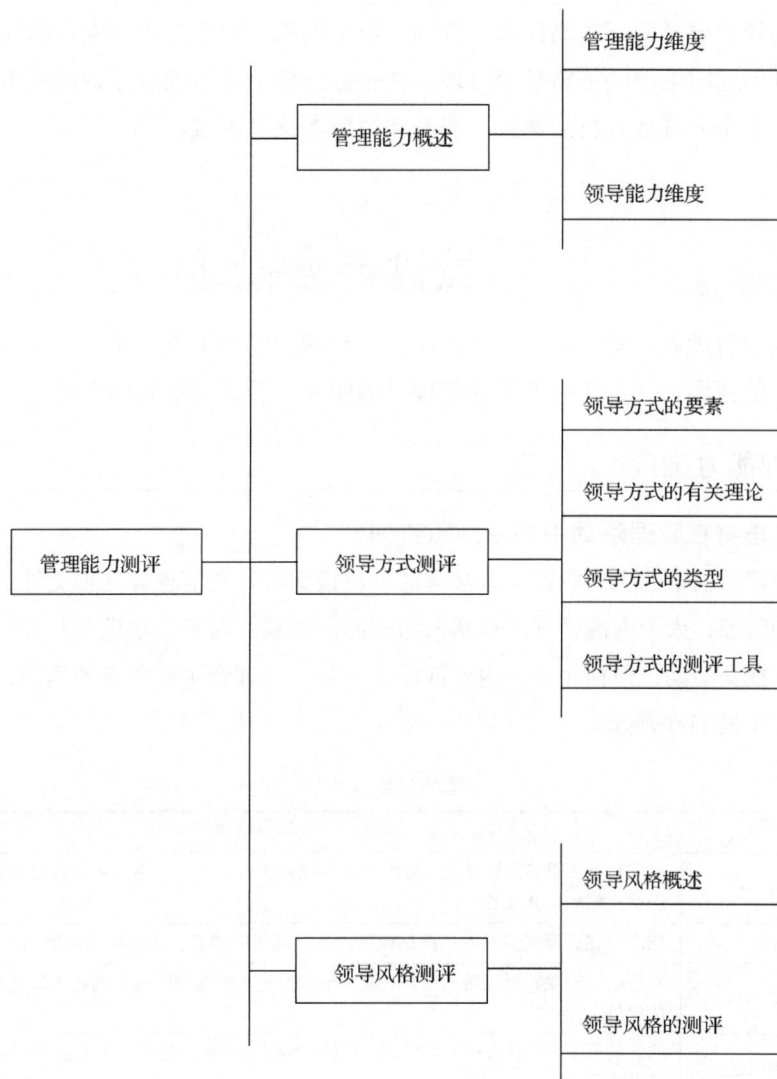

```
                                              ┌─── 管理能力维度
                      ┌── 管理能力概述 ───────┤
                      │                       └─── 领导能力维度
                      │
                      │                       ┌─── 领导方式的要素
                      │                       │
                      │                       ├─── 领导方式的有关理论
管理能力测评 ─────────┼── 领导方式测评 ───────┤
                      │                       ├─── 领导方式的类型
                      │                       │
                      │                       └─── 领导方式的测评工具
                      │
                      │                       ┌─── 领导风格概述
                      └── 领导风格测评 ───────┤
                                              └─── 领导风格的测评
```

【学习目标】

职业知识	• 明确管理能力的测评维度 • 知晓领导方式和领导风格的相关理论及所用测评问卷
职业能力	• 能够根据能力特点，编制合适的能力测评试题 • 能够通过对测评问卷结果的分析，了解领导者的具体工作方式和风格
职业素质	具备较强的分析能力、沟通能力和归纳思维能力

管理能力测评主要是测评被测评者（管理人员）的管理理念是否与企业的经营发展需求相一致，解决管理问题时采取的策略是否合理，在企业经营中是否拥有正确的决策力等。管理能力测评经常被用于企业管理人员的选拔、晋升和绩效考核等领域。

11.1 管理能力概述

管理能力是指管理者对企业中人、才、物进行合理利用与配置的能力，是提高企业效率的能力。管理能力的强弱对于企业的发展和管理者的职业生涯都有重要的影响。

11.1.1 管理能力维度

1. 依据管理者在管理活动中的主要职责划分

管理者在管理活动中的主要职责：日常沟通，包括交流日常信息和处理文件；传统管理，包括计划、决策和监控；人力资源管理，包括人力资源的规划、配置、培训与开发、绩效管理、人际关系管理等；社交活动，包括企业的内外部活动。基于管理者主要职责的达成，对管理者管理能力的测评维度如表 11-1 所示。

表 11-1　　　　　　　　　　　　管理能力测评维度

维度	行为描述
计划与协调	设定目标；明确目标任务；分配任务并提供工作工具；协调团队成员的活动，保持工作稳步进行；组织团队工作
员工配置	职位描述；审核应聘者；面试应聘人员；录用应聘者；为空缺岗位配置人员
培训与开发	确定培训对象；制订培训计划；监督培训实施；帮助团队成员制订发展计划；培训、指导团队成员工作
做出决策与解决问题	明确问题所在；在多个方案/策略中进行决策；处理日常工作中出现的危机；分析成本效益；开发流程
处理文件的能力	处理信件；阅读报告（文件、常规财务报表和记账）；处理一般案头工作
常规信息的交流能力	回答常规问题；接受和分派常规信息；传达会议结果/文件精神；接收和发出常规信息；交流信息的活动
监控与控制绩效的能力	考察、巡视、检查工作；对绩效数据进行监控；预防性维护；绩效反馈
激励与强化的能力	奖金安排；要求员工参与和贡献；传达欣赏、赞赏之意；给予员工相应的荣誉；倾听建议；提升挑战能力；维护团队；支持员工工作
纪律与惩罚	强调政策和纪律；降级、解雇、停职；斥责、批评员工；给予负激励

维度	行为描述
与外界接触的能力	处理公共关系；维护客户；处理供应商和顾客的关系；组织、参与外部活动/会议；组织、参与社区服务活动
管理冲突的能力	管理团队内外的人际冲突；使冲突双方达成一致意见等
基本素质	身体素质；专业素质/技能

2. 依据管理者在管理中的胜任力划分

管理者素质测评的测评要素包括组织管理能力、人际沟通能力和个人内在能力 3 个维度，其中组织管理能力是最重要的维度。

组织管理能力维度包括战略组织能力、目标管理能力、团队建设能力、果断决策能力、危机应变及处理能力；人际沟通能力包括语言表达能力、人际关系协调能力；个人内在能力包括生理素质、人格、价值观和动机、专业知识。

11.1.2 领导能力维度

关于领导能力，著名管理学大师彼得·德鲁克曾说过，"领导能力是把握企业的使命及动员人们围绕这个使命奋斗的一种能力；领导能力的基本原则是：领导力是怎样做人的艺术，而不是怎样做事的艺术，最后决定领导者能力的是个人的品质和个性。领导者是通过其所领导的员工的努力而成功的。领导者的基本任务是建立一个高度自觉的、高产出的工作团队；领导者要建立沟通之桥"。从德鲁克的定义来看，领导能力是指运用企业与个人的影响力来激励员工，调动员工的工作积极性以实现企业目标的能力。而管理能力是指直接影响管理者完成管理工作的效率及效能的能力要素。与管理能力相比，领导能力专注的是营造动力，动员员工解决难题。

因此，一名合格的领导者至少应具备 6 个基本特质（6P 特质），即领导能力应当包括 6 个维度：领导远见、领导热情、人才经营、优先顺序、自我定位、领导权力。

1. 领导远见（Purpose）

合格的领导者必须对未来有明确的规划，并向下属展示自己的目标，同时鼓励下属为实现目标而努力。领导者的首要责任是解释公司的目标，然后为员工分配任务，最后辅导员工工作。也就是说，领导者的责任是将明确的规划变为现实。

2. 热情（Passion）

领导者必须对所从事的工作和事业拥有极大的热情。合格的领导者在全心全意履行企业的经营信念和承诺的同时，还要努力调动下属工作的积极性。一个不能调动下属工作积极性、不会激励下属的人，是做不成好领导的。

3. 自我定位（Position）

领导者在企业中的角色包括：为人上司、为人下属、为人同事、作为自己。在工作中，领导者应明确自己扮演的角色以及应该担负的责任。

4. 优先顺序（Priority）

领导者每天都会被烦琐工作所包围，因而必须能够明确地判断处理事务的优先顺序。工作中要想加强领导绩效，就必须科学地进行取舍，在有限的时间和资源范围之内，根据事情的轻重缓急进行处理。

所以领导者既要决定做什么，又要决定放弃什么，这两个决定同等重要，而且都需要领导者的勇气和智慧做铺垫。

5. 人才经营（People）

企业中最重要、最具有能动作用的资源是人才。作为领导者，在专注业务运营和客户管理的同时，还要重视人才建设，做到严谨地识人、选人、用人、留人。

领导者应该相信上司、同事和下属都是企业中可以依赖的资源，都是企业的绩效伙伴。领导者应具备人才经营的观念和方法，使人才能力得到发挥，为企业创造价值。

6. 领导权力（Power）

领导者的影响力既与其自身的领导能力、领导方式和行为有关，也和领导权力有关。领导者恰当运用权力可以使其影响力倍增，而如果滥用权力或只使用权力进行管理则会使其影响力大打折扣。

根据以上介绍的领导能力的6个维度可知，进行领导能力测评时需要侧重于4个维度：生理和心理素质、知识素质、个人技能、人际技能，具体内容如表11-2所示。

表 11-2　　　　　　　　　　　　　　　领导能力测评维度

测评维度	测评内容
生理素质和心理素质	体力、精力、形象、人格特质、职业兴趣、职业素养等
知识素质	专业知识、基本知识（常识性知识）、相关法律法规知识、公司知识、客户知识、竞争对手知识等
个人技能	自我管理技能：时间管理、压力管理、情绪管理等
个人技能	自我觉醒技能：认知风格评估、价值和优先级选择、变革态度评估等
个人技能	解决问题的技能：运用理性方法、使用创造性方法、培养下属创新性
人际技能	支持性沟通技能：辅导、指导、咨询、倾听
人际技能	运用权力和获得影响力的技能：获得权力、施加影响、适当授权
人际技能	激励员工的技能：诊断员工行为、态度，创造激励环境，对成果给予回报
人际技能	冲突管理技能：分析原因、制定策略、解决冲突
组织管理能力	包括战略组织能力、目标管理能力、团队建设能力、果断决策能力、危机应变及处理能力

【微课堂】

1. 请简述各管理能力维度的内容。
2. 管理能力测评可采用的方法有哪些？

11.2 领导方式测评

领导方式是指企业中的领导者在一定的领导环境下，为完成特定目标，在与被领导者的交互活动中所表现出的行为方式。

11.2.1 领导方式的要素

领导是在领导者、被领导者和环境 3 个要素的影响下，需要不断变化的一个行动过程。所以，领导方式也受以下 3 个要素的影响。

领导方式的 3 个
影响要素

1. 领导者是主导性因素

领导者的知识素质、领导能力、对"人性"的假想以及对权力的认识等都对企业的发展有影响力。研究表明，当今的领导者至少应扮演 3 个角色：一是作为管理者的角色，能够自律、理性、有组织能力、有控制力、有战略眼光、能够做出正确决策等；二是作为艺术家的角色，要富有好奇心、富有感情、具有独立性和创造性等；三是作为教育者的角色，要富有同情心、能够鼓舞人心等。

2. 被领导者是领导行为的追随者和执行者

被领导者的素质特征、对企业愿景的认识程度、对领导者的信任程度、对工作的热情等都会影响企业的发展。

3. 环境

环境包括企业所处的宏观环境（如社会文化、技术、经济等）和微观环境（企业的组织结构、战略目标、经营方式、企业文化、组织任务等），对领导方式的形成有一定的影响。

11.2.2 领导方式的有关理论

西方学者对领导方式进行了大量的研究及各种分类，并产生了许多理论。

1. 勒温的领导方式理论

勒温（K. Lewin）等研究者于 1937 年在团体心理实验研究中将领导方式分为专制型、民主型和放任型 3 种。

专制型是由领导规定团体目标，制定并分配工作任务，靠权力和强制命令进行领导；下属必须奉命行事。该领导方式靠行政命令指示下属工作，靠惩罚维持权威，靠纪律约束下属行为。

民主型是指领导者与团体成员共同对将要采取的行动、步骤和决策等进行商议，充分发挥团体成员的工作积极性和参与意识。

放任型是指领导负责布置任务，极少运用其权力对下属的行为进行干预，团队成员具有完全的决策自由和独立性。

根据试验的结果，勒温认为放任型领导的工作效率最低，虽能够达到社交目标但不能完成工作目标；专制型领导通过严格的管理能够达到工作目标，但团队成员的责任感不强，情绪消极，士气低落；民主型领导工作效率最高，能够完成工作目标，而且团队成员之间关系融洽，工作的积极性和主动性均很强。

在现实中，很多领导的领导方式都是介于专制型、民主型和放任型之间的，很少有极端型的。

2．领导方式的连续统一体理论

1958年，美国学者坦宁鲍姆（R. Tannebaum）和施米特（W. H. Schmidt）提出了领导方式的连续统一体理论。他们指出，民主型和专制型的领导方式仅是两种极端的情况，即在专制型和民主型两种领导方式之间还存在着一系列中间型的领导方式。这些领导方式构成了一个连续的统一体，其对下级相应的授权程度和管理方式如图11-1所示。

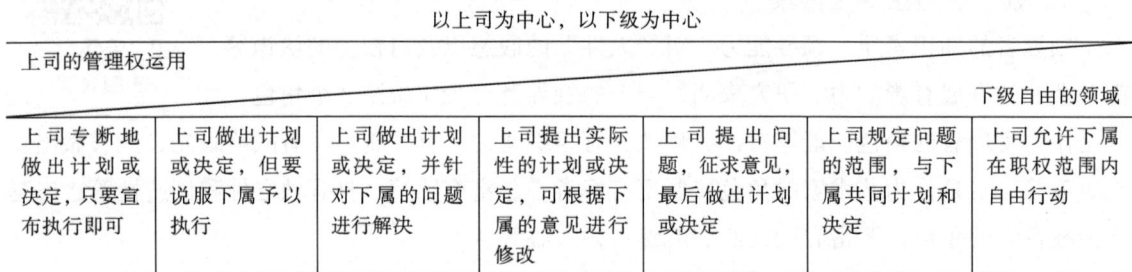

以上司为中心，以下级为中心

上司的管理权运用

下级自由的领域

上司专断地做出计划或决定，只要宣布执行即可	上司做出计划或决定，但要说服下属予以执行	上司做出计划或决定，并针对下属的问题进行解决	上司提出实际性的计划或决定，可根据下属的意见进行修改	上司提出问题，征求意见，最后做出计划或决定	上司规定问题的范围，与下属共同计划和决定	上司允许下属在职权范围内自由行动

图 11-1 领导连续统一体理论

11.2.3 领导方式的类型

1．集权式、分权式与均权式

按领导权力的控制和运用，领导方式分为集权式、分权式和均权式3种类型。具体内容如表11-3所示。

表 11-3 领导方式的类型

类型	说明
集权式	一切权力集中于领导集团或个人，偏重于运用集权形式推行工作，而不注意授权
分权式	领导者决定目标、政策、任务的方向，对下属完成任务的行为活动不加干预，下属有一定的自主决定权
均权式	领导者掌握一些重大权力，同时适当分权给下属，使下属在其职能范围内有一定的自主权。其特点是保持权力平衡，不偏于集权，也不偏于分权

2．强制命令式、自由放任式与教育激励式

按领导的指挥模式，领导方式分为强制命令式、自由放任式与教育激励式3种类型。具体内容如表11-4所示。

表 11-4 领导方式的类型

类型	说明
强制命令式	注重正式组织结构、企业规章及纪律的作用，通过企业系统采取命令方式实施。采用这种方式，领导效率较高，但下属的主动性和积极性不易发挥

续表

类型	说明
自由放任式	不注意权力和规章制度、纪律的作用，对下属采取自由放任的态度。采用这种方式容易导致混乱和失控的状况
教育激励式	注重思想教育和激励工作，运用灌输、对话、启发、商讨等说服教育的方法和各种激励手段，激发人的内在动力，使下属心悦诚服地领会和接受领导的意图，自觉地为实现特定领导目标而努力

3. 重人式、重事式与人事并重式

按领导活动的侧重点，领导方式分为重人式、重事式与人事并重式 3 种类型。具体内容如表 11-5 所示。

表 11-5 领导方式的类型

类型	说明
重人式	建立和谐的人际关系和宽松的工作环境，以人为中心进行领导活动
重事式	注重企业的目标、任务的完成和领导效率的提高，以事为中心进行领导活动
人事并重式	既关心人，也注重工作，做到关心人与关心事两方面的辩证统一

11.2.4 领导方式的测评工具

企业根据测评目的，运用测评技术对领导方式进行测评，可以了解领导者的具体工作方式，为企业工作任务和工作关系的改善提供事实依据。具体来说，可以通过角色扮演、文件筐测试、小组讨论和笔试等评价中心技术对领导方式进行有效测评。

领导个性与领导方式存在相关性，对于领导个性的心理测验可以采用加利福尼亚心理测验（CPI）。至 1956 年正式出版时，该测验含有 480 个项目、18 个分量表。具体内容如表 11-6 所示。

表 11-6 CPI 量表

分组	分量表
测量自我确认和人际适应性	支配性（Dominance）、进取能力（Capacity for Status）、社交性（Sociability）、社交风度（Social Presence）、自我接受（Self—acceptance）
社会价值内化程度	责任心（Responsibility）、社会化（Socialization）、自我控制（Self-control）、好印象（Good Impression）、同众性（Communality）、宽容性（Tolerance）、适意感（Sense of Wellbeing）
测量成就潜能	顺从成就（Achievement via Conformance）、独立成就（Achievement via Independence）、智力效率（Intellectual Efficiency）
其他	心理感受性（Psychological Mindedness）、灵活性（Flexibility）、女性气质（Feminity）

（1）支配性。

支配性旨在评估领导能力及社会主动性等因素。高分表示：自信，有毅力，专断，有支配力，办事有计划，有领导潜能；低分表示：拘谨，较少激情，沉默寡言，思维及行动迟缓，回避紧张的场合，自信心不足。

（2）进取能力。

进取能力是人们达到某种地位能力的一种指标。高分表示：具有雄心，力求进取和成功，精力旺盛，洞察力强，足智多谋，能够进行有效沟通，有独立的见解和广泛的兴趣，多才多艺；低分表示：没有太高追求，眼界和兴趣狭窄，性情温和，迟缓，单纯质朴，不喜欢参与竞争。

（3）社交能力。

社交能力用于评估个人的交际能力。高分表示：爱交际，聪明，喜欢人多的场合，开朗，坦率，合群，思维新颖；低分表示：容易害羞，态度超然，传统，在新的社交场合中易表现出不安的情绪。

（4）社交风度。

社交风度用于评估个人是否镇定自若及其在社会交往方面的自信心和风度。高分表示：思维聪敏活跃，言行热情奔放，精力充沛，在各种社交场合无拘无束，想象力丰富，善于表达、沟通；低分表示：谨慎，独创性不强，想象力缺乏，迟疑不决，自我克制。

（5）自我接受。

自我接受用于评估个人的自我价值感以及自我确定感等因素。高分表示：自我评价较高，相信自己的才能和魅力，并对他人有吸引力，能言善辩；低分表示：自我怀疑，容易自责和内疚，行为被动，自我否定。

（6）责任心。

责任心用于评估个人认真负责和可靠性等品质。高分表示：有纪律性，办事严谨、认真，一丝不苟，理智；低分表示：不够关心职责和义务，马虎，懒散。

（7）社会化。

社会化用于评估个人的社会成熟水平和自我整合程度。高分表示：自觉接受并遵从规章制度、常规和准则等，谦虚诚挚，能自我克制，顺从社会准则；低分表示：抵制常规和准则，不守惯例，任性，强求，易生怨恨。

（8）自我控制。

自我控制用于评估个人的自我调节、摆脱冲动性的能力以及自我中心的程度。高分表示：善于进行自我克制，能够控制自己的情绪，审慎，有耐心，好思考；低分表示：容易冲动，感情和情绪强烈且难以掩饰，易被激惹，直言不讳，以自我为中心，过分追求个人快乐。

（9）好印象。

好印象用于评估个人创造良好印象的能力，关注别人对他的看法和反应的程度。高分表示：试图做一些取悦别人的事，以留给别人好的印象，注重别人对自己的看法和反应；低分表示：行为自发，喜欢保持自己的本来面目。

（10）同众性。

同众性用于评估个人反应与问卷中所设立的共同模式相一致的程度。高分表示：通情达理，随遇而安，容易合作相处，把自己视为普通人中的一员；低分表示：把自己看成独特的个体，与大家共同的观点与爱好不一致。

（11）适意感。

适意感用于评估个人身心健康，不受自我怀疑和幻想破灭情绪干扰的程度。高分表示：对个人身体和情绪有良好的感受，能尽力工作，对未来持有乐观态度；低分表示：过分关注健康问题，有太多顾虑，对前途感到担忧，做事瞻前顾后，思想和行动受限。

（12）宽容性。

宽容性用于评估个人容纳和接受他人（信念和价值等）的程度。高分表示：能够容纳他人的信念和价值观，有和而不同的理念；低分表示：多疑，对人和事等持明显的审视与怀疑态度，敏感，对他人不信任。

（13）顺从成就。

顺从成就用于确定促成顺从成就的兴趣和动机因素。高分表示：喜爱智力活动和知识成就，有强烈的成就动机，喜欢在对任务和要求有明确规定的场所工作，易于合作；低分表示：在有严格的规则和要求的场所难以做好工作。

（14）独立成就。

独立成就用于确定促成独立成就的兴趣和动机因素。高分表示：个人有很强的成就动机，喜欢并会选择在能够激励自由和个人首创精神的场所工作；低分表示：成就动机不强烈，在缺乏明确规定、明确方法和明确场所时难以做好工作。

（15）智力效率。

智力效率用于确定个人智能能够得到有效发挥的程度。高分表示：学习能力强，追求知识，见识广博，有社交能力，效率高，专心，能够发挥智能；低分表示：保守、刻板，主动性差。

（16）心理感受性。

心理感受性用于评估个体对内部需求、动机等因素，以及对别人内心体验的兴趣和反应。高分表示：感受性强，对动机的兴趣强，对人们的感受和对事物的看法能够进行准确的评估；低分表示：严肃，审慎，对实际和具体的事物更感兴趣。

（17）灵活性。

灵活性用于评估个人思想和社会行为的活跃性、适应性。高分表示：灵活，不拘社会习俗，喜欢纷繁多变的事物，不喜欢重复性，敢于冒险；低分表示：缺乏变通性，古板，喜欢平静安稳和有规律的生活，可能有些固执、迂腐甚至僵化。

（18）女性气质。

女性气质用于测量个人兴趣的男性化和女性化程度。高分表示：欣赏他人，有耐心，乐于助人，有鉴赏力和忍耐性，尊重他人，诚实，谦逊，被人接纳，受人尊重；低分表示：有雄心，男子汉气概，果断，有实干精神和首创性，不易屈服，冷静。

【微课堂】

1. 简述领导方式的类型。
2. 简述领导方式有关理论的内容。

11.3 领导风格测评

领导风格是领导者在长期的个人经历、领导实践和领导情境中形成的，在跨时间和跨情境的情况下有相对稳定的特点。每位领导者都有与工作情境、实践经历和个性相联系且属于自己的领导风格。

11.3.1 领导风格概述

领导风格一般是指领导方式所表现出的种种特点，如团队导向、参与性、人本取向、自我保护倾向等特点。领导风格的理论价值和实践意义是：能够反映现实的领导行为和活动，能够解释领导的有效性。

1. 领导风格的相关理论

（1）李克特的领导风格论。

1947年，李克特等人发现了两种不同的领导风格：任务（生产）导向型和员工导向型。任务导向型的领导风格关心工作的过程和结果，领导者往往通过管理和施加压力来争取获得良好的绩效，这时下属是实现绩效的工具；员工导向型的领导风格关心员工，重视人际关系，领导者往往通过对员工需求、晋升、职业发展等的满足来争取获得良好的绩效。

（2）丹尼尔·戈尔曼的领导风格论。

在《Primal Leadership》一书中，哈佛大学心理学博士丹尼尔·戈尔曼描述了6种不同的领导风格，每一种都源于情商的不同组成部分。具体内容如表11-7所示。

表11-7   丹尼尔·戈尔曼的领导风格论

领导风格	内容
权威型	权威型领导动员员工为了一个共同的想法而努力，往往为每个个体采用什么手段来实现该目标留出充分的余地，它适用于几乎所有的商业情形。该风格中领导者的情商基础是自信、移情能力、改变激励的方式
合作型	合作型领导风格是以人为中心，努力在员工之间营造一种和谐、合作的氛围。这种风格适用于促进团队和谐、加强沟通、提升士气。但该方法不能单独使用，否则容易使员工认为平庸可以容忍。该风格中领导者的情商基础是移情能力、建立人际关系、沟通
民主型	民主型领导风格通过团队人员的参与而达成一致意见，当企业发展方向不明确或需要新的思想时可以使用该种方法。但是由于众人思想要想达成一致意见比较耗时耗力，所以这种方法应该限于危急时刻使用。该风格中领导者的情商基础是协调合作、团队领导、沟通
教练型	教练型风格的重点在于培养人才，教潜在人才如何改进自身表现，并帮助其将个人目标与团队目标联系起来。这种风格对表现主动积极、想获得更多职业发展的员工更为有效。但运用该风格管理时应适度，否则会适得其反。该风格中领导者的情商基础是发展别人、移情能力、自我意识
示范型	示范型领导会树立很高的绩效标准，并且自己带头去实现，想更快更好地完成任务。该风格可能会打击员工士气，让他们觉得自己很失败，应当谨慎运用。该风格中领导者的情商基础是责任心、成就动机、开创精神
强制型	强制型领导需要别人的立即服从。只有在绝对需要的情况下才可以使用这种风格，如企业转型时期；如果长期使用这种风格，会导致员工士气低迷以及对员工感受漠视，给公司的发展带来长期毁灭性的影响。该风格中领导者的情商基础是成就动机、开创精神、自我控制

2．领导风格的影响要素

菲德勒权变理论认为，影响领导风格有效性的因素主要有以下 3 个。

（1）领导者和下属之间的关系。

这是指领导者是否能得到下属的拥护、尊重和信任，是否能吸引并使下属愿意追随他，反映领导者的影响力和吸引力。

（2）任务结构。

这是指下属工作任务程序化和结构化的程度。

（3）职位权力。

这是指与领导者职位相关的权力，即领导从上级和整个企业中所得到支持的程度。

3．领导风格评价

由于领导风格的实质是领导者待人接物的行为模式，所以每个人的领导风格都是其带给别人的"感受"，也可以说是"印象"。

对此，赫塞博士指出："领导者的领导风格是根据领导者在他人眼中的表现来确定的。这与领导者如何看待自己无关，而与他们想要影响的被领导者的看法有关。"也许你认为自己是个善解人意的主管，或者是一个善于聆听的经理，但如果你的被领导者认为你强势、自以为是的话，那么他们对于你的领导风格的评价就已经形成了。

11.3.2 领导风格的测评

影响领导者成功的重要因素之一是其基本领导风格。为测评领导风格，菲德勒设计了 LPC 问卷（见表 11-8）。该问卷由 16 组对应的形容词构成，在做测试前先让被测评者回想一下与自己共过事的所有同事，并找出一个最不喜欢的，然后针对 16 个词汇按从 1（最消极）到 8（最积极）进行排列，对被测评者最不喜欢的同事进行测评，最后针对测评结果判断被测评者最基本的领导风格。

表 11-8　　　　　　　　　　　　　　　LPC 问卷中的量表

项目	评分								项目
愉快的	8	7	6	5	4	3	2	1	不愉快的
友好的	8	7	6	5	4	3	2	1	不友好的
拒绝的	1	2	3	4	5	6	7	8	接受的
助人的	8	7	6	5	4	3	2	1	敌意的
不热情的	1	2	3	4	5	6	7	8	热情的
紧张的	1	2	3	4	5	6	7	8	轻松的
疏远的	1	2	3	4	5	6	7	8	亲近的
冷淡的	1	2	3	4	5	6	7	8	热心的

项目	评分								项目
合作的	8	7	6	5	4	3	2	1	不合作的
支持的	8	7	6	5	4	3	2	1	敌对的
烦人的	1	2	3	4	5	6	7	8	有趣的
好争的	1	2	3	4	5	6	7	8	和睦的
自信的	8	7	6	5	4	3	2	1	犹豫的
高效的	8	7	6	5	4	3	2	1	拖拉的
忧郁的	1	2	3	4	5	6	7	8	快活的
开放的	8	7	6	5	4	3	2	1	保守的

在测试时，如果被测评者把最难共事的同事描述得比较有利（即 LPC 得分高），表示被测评者乐于与同事形成良好的人际关系，其领导风格属于关系取向型；如果被测评者对最难共事的同事评分不是很有利（即 LPC 得分低），则表示被测评者可能更关注生产，其领导风格属于任务取向型。

【微课堂】

> 菲德勒权变理论认为影响领导风格有效性的因素主要有哪些方面？请简要说明。

复习与思考

1. 简述各管理能力维度的内容。

2. 领导方式有哪些要素？

3. 勒温将领导风格划分为哪几种？

4. 结合个人实际情况，谈谈如何提高自身的沟通能力。

5. 结合管理能力相关理论，请阐述领导者需要具备哪些素质。

知识链接

通用电气（GE）的 4E 领导力

通用电气（GE）在整个公司推行"4E"领导力，即所有主管都应该有充沛的个人精力（energy）来迎接和应对变革；有能力创造激励（energizes）别人的环境；有做出艰难决定的决断力和锋芒（edge）；有不断执行（execute）的能力。

技能实训

实训内容：编制测评试题

假如你是某企业人力资源部的工作人员，现在企业准备招聘产品研发经理，需要对应聘者的管理能力进行测试。经理安排你编制一套包含创新能力、学习能力、激励能力的测试题，请你结合招聘岗位的特点进行编制（见表 11-9）。

表 11-9   测评试题

测试点	问题举例
创新能力	工作中您曾尝试过什么样的新方法、新技术，获得了怎样的效果
学习能力	列举一个您从被动学习变为主动学习的事例，并谈谈您从中学到了什么
激励能力	您一般会用哪些激励方法来激励团队成员

第12章 | 各类人员素质测评

【本章知识导图】

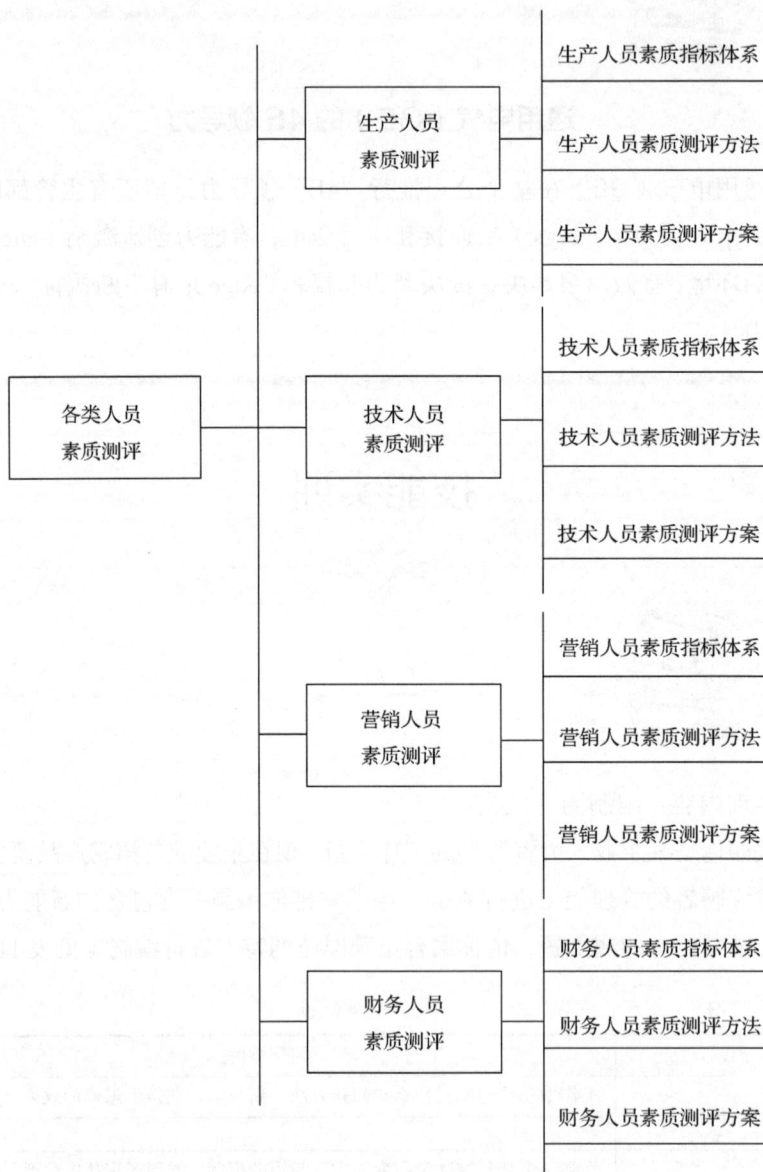

```
                                              ┌── 生产人员素质指标体系
                              ┌─ 生产人员 ────┼── 生产人员素质测评方法
                              │   素质测评    └── 生产人员素质测评方案
                              │
                              │               ┌── 技术人员素质指标体系
              各类人员 ───────┼─ 技术人员 ────┼── 技术人员素质测评方法
              素质测评        │   素质测评    └── 技术人员素质测评方案
                              │
                              │               ┌── 营销人员素质指标体系
                              ├─ 营销人员 ────┼── 营销人员素质测评方法
                              │   素质测评    └── 营销人员素质测评方案
                              │
                              │               ┌── 财务人员素质指标体系
                              └─ 财务人员 ────┼── 财务人员素质测评方法
                                  素质测评    └── 财务人员素质测评方案
```

【学习目标】

职业知识	• 了解各类人员素质测评的主要内容和方法 • 熟悉各类人员素质测评的方案及操作流程
职业能力	掌握人员素质测评的工具和技术，能够应用所学知识制订人员素质测评方案
职业素质	具备较强的原则性和责任心，以及良好的综合分析能力、判断推理能力和沟通协调能力

在实际工作中，各企业的工作岗位多种多样，本章通过一些有代表性的部门来说明各岗位人员的素质要求及其测评方法的选择。

12.1 生产人员素质测评

生产人员是企业产品生产的直接参与者，因而应该熟悉公司的产品知识，熟悉设备的保养工作，能熟练操作生产设备，并对产品的数量和质量负责。生产人员的素质水平会影响到企业的工作质量和生产效率，在人力资源管理活动中应注重生产人员的素质测评工作。

12.1.1 生产人员素质指标体系

企业对生产人员的基本要求包括生产人员要喜欢与物打交道、操作技能强、技术操作熟练、反应敏捷、工作积极、具备一定的专业技能。概括而言，生产人员素质应当包括生理与心理素质、知识和经验素质及能力与技能素质。

生产人员的生理素质要良好，需要通过常规体检证实身体健康无疾病，能够耐高强度的体力劳动；生产人员的心理素质包括人格特质、职业兴趣、职业素养等；生产人员需具备相应的生产专业知识和经验，以符合岗位的基本任职要求；生产人员胜任工作岗位需具备生产专业能力，如智力水平、质量控制能力、安全生产能力等。

针对上述生产人员素质，其素质测评指标体系如表 12-1 所示。

表 12-1 生产人员素质测评指标体系

测评要素	权重	测评内容
知识素质	A%	生产工具知识、生产专业知识……
能力/技能素质	B%	思维能力、思维反应水平、机械/操作能力、生产专业技能……
生理素质	C1%	体质、体力、精力……
职业素养	C2%	纪律性、成本意识……
职业兴趣	C3%	现实型、常规型……
人格特质	C4%	独立性、主动性、责任感、忠诚度、团队合作精神……

注："权重：……%"是指每项素质对生产人员胜任工作的相对重要性，一般需要通过资料分配或专家调查来确定。

12.1.2 生产人员素质测评方法

生产人员的素质测评应主要从 3 个方面进行，即专业技能测试、操作能力测试、职业适应性与职业素养测试。生产人员素质测评常用的测评方法如表 12-2 所示。

表 12-2 生产人员素质测评通用方法

测评要素	测评内容	测评方法（测评工具）
生理/心理素质	体质、体力、精力	书面信息分析法（体检表）
	职业兴趣	心理测试（霍兰德职业兴趣与价值观测评量表）
	职业素养	笔试及结构化面试
	人格特质	结构化面试
知识素质	生产工具知识和专业知识	成就测试（知识测试试卷）
能力/技能	智力水平（思维能力、思维反应水平）	心理测试（韦克斯勒成人智力量表）
	能力倾向	心理测试（一般能力倾向成套测试量表、机械能力测试）
	生产专业技能	现场操作
	操作技能	现场操作

12.1.3 生产人员素质测评方案

生产人员素质测评方案如下所示。

××公司生产工艺工程师素质测评方案

××公司对生产工艺工程师的素质测评过程如下。

1. 组建测评小组

人力资源部经理全权负责本次对工艺工程师的素质测评，最终筛选出生产部经理、工艺总工程师、人力资源部招聘主管为小组成员。

2. 工作职责分析

通过分析工艺工程师的工作职责，得出工艺工程师需具备以下技能：对化工原料、溶剂的性质有较深的认识；在化工涂料异常问题的处理方面有丰富的现场实践经验；能按产品生产要求编制关键工序作业指导书；工艺改进和创新能力较强。

通过分析以上工作职责，人力资源部经理初步打算从专业能力、通用素质两个方面来实施测评。

3. 构建测评指标体系

① 通过分析工艺工程师工作说明书和相关资料，运用工作分析法、问卷调查法、素质结构分析法、行为事件访谈法等多种方法，对测评要素进行归纳整合。

② 发放调查表，让测评小组按每个要素的重要程度进行打分。

表 12-3 所示为对测评要素的简单定义及调查表的结构和内容。

表 12-3		化工制造工艺工程师素质测评要素重要程度调查表	
测评要素		简明定义	重要程度打分
测评维度	测评内容		
专业能力	专业知识	对化工制造工艺的掌握和运用程度，对相关学科知识的了解程度；运用专业知识制订工艺方案和改进生产工艺的能力	
	专业技能	工艺操作与设计水平、AutoCAD 操作水平	
通用素质	独立工作能力	独立性的强弱，需要指导、检查的频次	
	主动学习能力	为提高本职位的胜任水平，主观学习和努力的程度	
	创新能力	创造或引入新思维、新方法对化工制造工艺的改进能力	
	沟通能力	就产品制造工艺问题与相关人员进行沟通的能力；对车间工人执行工艺情况进行指导和监督的能力	
	职业兴趣	被测试者的性格是否适合从事工艺流程类工作	

注：根据对工艺工程师胜任工作的重要程度，给每个要素打分。其中，重要程度按数字"1→10"逐渐递增。

③ 根据每个人的打分，计算每个要素的最终得分，再运用加权平均法计算指标权重。

④ 根据上表中的简明定义，对各个要素进行分级定义，并附上每一级相应的得分，为测评者提供评分标准。

4. 选择测评方法

根据测评内容，运用心理测试、面谈、笔试、情景模拟测验等方法有针对性地进行测评。

5. 组织实施工艺工程师的素质测评

（1）培训测评小组成员

人力资源部经理意识到，本次测评小组成员都没有参与过人员素质测评工作，因而需要对所有成员进行集中培训。培训内容包括测评的相关事宜及施测过程中的注意事项。

（2）安排测评场地、时间

人力资源部经理根据测评方法的需要，将成就测试、心理测试、操作场地选在有计算机及相关设备的机房进行，而面谈则选在会议室里进行。

（3）准备测评所需的其他材料

注意准备测评用的白纸、笔、计时器、面谈提纲与评分表等。

（4）实施测评阶段

实施心理测验、笔试等测评项目时，人力资源部经理负责主持测评的具体实施，宣读指导语和注意事项，维持测评现场纪律，控制测评时间。实施面谈时，测评小组成员需认真观察记录面谈对象回答的内容，为评分提供原始材料。

（5）评分阶段

测评小组成员先用上表独立评分，然后由人力资源部经理主持讨论评分理由，直到得出最终的分数。

6. 统计处理数据，撰写测评报告

通过定性和定量的方法对数据进行整合，由测评专家根据整合后的数据共同撰写测评报告，具体需要经过撰写人员再培训、拟定初稿、共同商讨、统一标准、正式撰写、统筹定稿，从而保证测评报告格式的统一性、结论的准确性。

测评报告可分两种形式撰写：一种是单个工艺工程师的素质测评报告，另一种是所有工程师的整体素质测评报告。其中，单个工程师的测评报告需向其个人及时进行反馈。

【微课堂】

1. 生产人员应具备的素质有哪些?
2. 对生产人员的素质测评方法有哪些?

12.2 技术人员素质测评

技术人员对企业的可持续发展起着重要的作用，他们参与企业产品的研发、调试、持续改进和产品创新等工作，为企业各个部门的业务发展提供技术支持。对技术人员进行合理的招聘、配置、培训开发、绩效考核等，是企业人力资源管理的重点。

12.2.1 技术人员素质指标体系

技术人员是企业内从事技术研究和发展、技术支持等其他类似工作的非职能人员。企业技术人员应具备的素质可以概括为生理与心理素质、知识经验素质、技能与能力素质 3 个方面。

表 12-4 从上述 3 个方面出发，初步分析了技术人员的测评要素，同时还列出了不同级别的技术人员在各项测评要素上应达到的标准。

表 12-4　　　　　　　　　　技术人员素质测评要素及应达到的标准

测评要素		权重	各级人员胜任力的概念	
测评维度	测评内容		高级技术人员	基层技术人员
生理与心理素质（A%）	体质、精力	A1%	健康状况良好、无"器质性"疾病	
	职业兴趣	A2%	在霍兰德各量表中，调研型得分最高	
	职业素养	A3%	达到良好以上	
	人格特质（以 16PF 为例，主要包括聪慧性、稳定性、实验性、独立性、兴奋性、敏感性）	A4%	技术人员各指标得分标准：B、C、Q1、Q2 这 4 种人格特质处于高分值域；F、I 等人格特质处于低分值域；L 人格特质处于中高分值域；其他各项人格特质处于中等水平	
知识素质（B%）	专业技术知识	B1%	达到优秀水平	达到良好以上
	专业技术基础知识	B2%	达到良好以上	达到中等以上
技能与能力（C%）	智力（侧重于空间想象力、思维方式、思维变通能力）	C1%	IQ 在 130 以上	IQ 在 100 以上
	创造力（独创性、想象力、好奇性、疑问性、挑战性）	C2%	达到优级水平	达到良好水平

测评要素		权重	各级人员胜任力的概念	
测评维度	测评内容		高级技术人员	基层技术人员
技能与能力（C%）	关注细节能力	C3%	达到高级水平	达到中级水平
	归纳思维能力	C4%	达到高级水平	达到中级水平
	技术创新能力	C5%	达到中高级水平	达到初级水平
	技术需求转化能力	C6%	达到中高级水平	达到初级水平
	问题发现与解决能力	C7%	达到中高级水平	达到初级水平

12.2.2　技术人员素质测评方法

对技术人员的素质测评主要从生理与心理素质、知识经验素质和技能与能力素质 3 个方面进行测评，针对不同的测评内容需使用不同的测评方法和工具。表 12-5 列出了技术人员通用的素质测评方法。

表 12-5　　　　　　　　　　技术人员素质测评通用方法

测评要素		测评方法（测评工具）
生理与心理素质	体质、精力	书面信息分析、体检（体检表）
	职业兴趣	面谈、心理测试（霍兰德职业兴趣与价值观测评量表等）
	职业素养	面谈（结构化面谈提纲等）、笔试（笔试试卷等）
	人格特质	面谈、书面信息分析、心理测试（卡特尔 16 种人格因素问卷等）
知识经验素质	专业知识	面试（面试提纲）、笔试（知识测评试卷）
	专业基础知识	
技能与能力素质	智力	面谈、心理测试（智力测评量表等）
	创造力	面谈、心理测试（威廉斯创造力倾向测评量表等）
	各项技能	面试、笔试、操作测试

12.2.3　技术人员素质测评方案

技术人员素质测评方案如下所示。

××化工有限公司产品开发工程师素质测评

本项测评是根据××化工有限公司产品开发工程师这一岗位的具体任职要求，经过严格的工作分析而设计的。本测评的目的在于对公司内产品开发工程师的基本素质有一个全面的了解，以便有针对性地实施培训和晋升计划。

1. 组建素质测评小组

一般来说，素质测评小组由人力资源部经理、相关专员、产品开发部部长、总工程师等组成。在请求外援的情况下，素质测评小组还包括测评专家。

2. 建立产品开发工程师素质测评指标

首先，确定产品开发工程师的测评要素。通过分析和调查，最终确立知识经验、专业能力和性格为其素质维度，据此调查各个维度的相对重要性以确定维度权重。

其次，分析每个维度的具体测评内容。确定二级测评指标，并调查各个指标的重要程度来确定指标权重。表12-6所示为设定好的产品开发工程师素质测评指标。

表 12-6 　　　　　　　　××化工有限公司产品开发工程师素质测评指标

测评维度（权重）	二级指标	权重（%）	测评维度（权重）	二级指标	权重（%）
知识经验（10%）	专业技术知识	5	专业能力（49%）	创新开拓能力	14
	工作经验	5		团队合作能力	8
性格（18%）	内外向性	9		指导教练能力	7
	成长适应能力	9		自信决断能力	6
专业能力（23%）	分析思维能力	8		学习进取能力	8
	专业应用能力	15		信息敏感性	6

最后，对测评要素进行分级定义，即对每项测评要素进行描述，并确定评价标准，为后期的素质评分提供依据。

3. 选择测评方法实施素质测评

（1）知识经验测评

对专业知识、工作经验的测评，可采用简单易行、成本较低的履历分析法。

（2）性格测评

一般来说，性格测评均采用心理测试自陈量表，可由卡特尔16PF测评量表实施。

（3）专业能力测评

对专业能力的测评，可采用面谈和笔试测评法。根据需要测评的具体指标，事先设计好相应的问题；由被测评者在面谈和笔试中的表现来估测其各方面的能力。

4. 统计测评数据

通过两种测评方法获得的数据需要分别进行处理，尤其是心理测试得出的数据。

（1）处理心理测试数据

例如，工程师程××在16PF测试中的原始得分，需要根据《16PF原始分与标准分换算表》换算成标准分，再根据内外向性计算公式 $Y_1=[(2A+3E+4F+5H)-(AQ_2+11)]\div10$ 和成长适应能力公式 $Y_3=B+G+Q_3+(11-F)$ 计算内外向性和成长适应能力。将各因素的标准分分别代入公式中可得到得分为3，得分为27（见表12-7）。

表 12-7 　　　　　　　　　　工程师程××在16PF中的得分

因素	A	B	C	E	F	G	H	I	L	M	N	O	Q_1	Q_2	Q_3	Q_4
原始分	2	11	13	11	4	6	8	2	15	16	9	4	14	15	15	5
标准分	2	9	5	5	5	5	5	1	7	7	6	2	8	7	7	3

（2）处理知识经验、专业能力测评数据

在知识经验、专业能力测评中的得分，通过加权法计算各项指标得分，最后得出维度得分。

5. 分析、报告测评结果

对统计后的测评数据进行分析，并运用语言性的文字对工程师的素质能力进行描述，针对其具体的能力素质做出相应的人事决策。

【微课堂】

1. 技术人员应具备的素质有哪些？
2. 对技术人员的素质测评方法有哪些？

12.3 营销人员素质测评

营销人员在企业中负责市场渠道的开发、产品的销售等工作，而且与客户的接触频率很高。营销人员的言行代表着企业的形象，他们的素质水平在一定程度上会影响到客户对公司的印象、信任度和满意度。在企业管理中，注重对营销人员的素质测评，有针对性地进行营销人员的选拔、培训开发，十分必要。

12.3.1 营销人员素质指标体系

营销人员的素质主要包括生理与心理素质、知识经验素质、技能与能力素质 3 个，根据营销人员的素质结构，将这 3 个方面一一细化，得到其素质测评的内容，如表 12-8 所示。

表 12-8 营销人员素质测评通用要素

一级指标	二级指标	三级指标
生理与心理素质	体质	健康状况，抵抗疾病的能力
	精力	高强度工作承受能力、持久力
	外在形象	第一印象指数、外在形象指数
	个性倾向	职业兴趣与职业素养等
	性格特征	内外向性、自信心、乐群性、稳定性、兴奋性、敢为性、独立性、忧虑性、紧张性
	意志力	坚韧性、抗受挫能力、乐观程度
知识经验素质	专业知识	市场营销的基本知识和专业技能（如行为分析技能、市场预测技能等），测评其掌握知识的深度、运用知识的熟练程度
	与岗位相关的其他知识	对企业与产品知识、市场与客户知识、相关法律法规知识的掌握程度
	生活知识	了解社会、历史、地理、经济学、文学、美学等方面的知识，测评其掌握知识的广度
技能与能力素质	亲和力	个人形体上所具备的能让周围的人感觉其和蔼可亲，不受职位、权威的约束所真挚流露出的一种情感力量

一级指标	二级指标	三级指标
技能与能力素质	影响力	说服或影响他人接受某一观点，推动某一议程，或领导某一具体行为的能力
	人际沟通能力	正确倾听他人倾诉，理解其感受、需要和观点，并做出适当反应的能力
	市场拓展能力	应用沟通、组织、管理等技能和相关知识，开展市场拓展工作，提高个人业绩和产品的市场占有率的能力
	商务谈判能力	在谈判中有效地达成共识并最大限度地争取和维护公司利益的能力

12.3.2 营销人员素质测评方法

对营销人员素质的测评，针对不同的测评内容应采用不同的测评方法与工具，具体如表12-9所示。

表 12-9　　　　　　　营销人员心理素质测评指标与测评方法对应表

测评要素		测评方法（测评工具）
测评维度	测评内容	
生理素质	体质、精力、外在形象等	体检、查阅体检表、面试
心理素质	个性倾向（职业素养、职业兴趣）	投射测试、心理测试（霍兰德职业兴趣与价值观测评量表）
	性格特征	心理测试（艾森克人格测试问卷、卡特尔16种性格因素测量等）
知识经验素质	专业/岗位/生活知识	面试、笔试、文件筐、情景模拟等
技能与能力素质	语言理解与表达能力	心理测试（一般能力倾向测试）
	知觉速度	
	创造能力	心理测试（威廉斯创造力倾向测评量表）
	人际沟通能力	面谈、角色扮演、无领导小组讨论
	市场拓展能力	
	商务谈判能力	

12.3.3 营销人员素质测评方案

营销人员素质测评方案如下所示。

××公司对品牌推广人员素质测评方案

公司总经理意识到，一流的品牌要由一流的人才及团队来塑造。为了全面了解当前公司现有品牌推广人员的胜任能力及其潜在素质，总经理决定面向这类人员开展一次全面的素质测评。人力资源部经理接到任务后，分析了此次测评的特殊性和重要性，决定寻求专业测评机构的帮助。这一决定得到了总经理的批准。

1. 组建测评小组

人力资源部经理在两位测评专家的帮助下，从公司内部挑选了 5 位人员组成此次测评小组，并对测评小组成员的工作进行了分配。

2. 建立胜任素质模型

（1）收集资料，确立初步的测评要素

首先，了解基本信息。在人力资源部经理的协助下，测评专家查阅了品牌推广人员的职位说明书，了解和收集有关品牌推广人员工作职责和任职资格等方面的基本信息。

其次，访谈公司领导。人力资源部经理安排测评专家与总经理、营销副总、市场部经理等相关管理人员进行沟通，了解公司的企业文化、发展战略，询问品牌推广人员的任职资格要求、工作业绩现状及高层管理人员对他们的期望与要求等。

测评专家分析整理品牌推广人员的工作职责、任职资格和访谈结果，结合测评机构在相关方面的胜任素质库，确立初步的要素。

（2）关键行为事件访谈，修订测评要素

选择部分绩效良好和绩效较差的品牌推广人员进行关键行为事件访谈，访谈内容包括岗位的工作职责、工作内容、工作流程、工作障碍以及面临的挑战等。通过分析比较两组人员的访谈结果，添加一些未涉及的胜任素质，并对所有的要素进行归类。

测评专家运用德尔菲法组织测评小组成员对品牌推广人员的胜任素质发表意见。例如，将"自信心""意志力"归入个性特征，增加"应变能力""市场洞察与分析能力"等胜任素质要素，删掉"体质"这一非胜任素质要素。

（3）建立胜任素质模型

首先，查阅素质词典，分析整理测评维度和各个要素的定义，并根据公司的实际情况确定每个要素的评价标准。其次，组织测评小组调查各个要素的相对重要性，确定每个要素的权重。

（4）建立品牌推广人员的测评指标体系

经过上述一系列工作，最终形成品牌推广人员的测评指标体系，具体如表 12-10 所示。

表 12-10　　　　　　　　　品牌推广人员素质测评指标体系

测评要素		得分	权重	高分标准定义
测评维度	测评内容			
知识素质	知识素质水平			熟练掌握并运用专业知识，广泛了解多学科知识
能力倾向	判断推理能力			思路清晰，能抓住事物的本质特征和联系，对事物间的相互联系能做出正确的分析与判断
	语言理解与表达能力			语言沟通与交流能力强，能准确领会对方的意图，并能将自己的想法用语言准确地表达出来
	综合分析能力			能够对市场现象与规律之间的依存关系进行分析和阐述，并能对这种现象的发展趋势进行预测
……				

3. 选择测评方法

在建立测评指标体系后，就需要根据具体的测评内容选择合适的测评方法。针对综合知识测试、结构化面试、无领导小组讨论等方法，需要编制相应的测评工具，如编制知识测试试卷、结构化面试提纲与评分表、无领导小组讨论的试题与评分表等。

4. 统计处理测评数据

运用各种统计学的方法处理数据，使其更具系统性和可比性；并绘制相应的图表，使测评结果更直观，更方便分析。

5. 评价被测试者的素质

分析测评数据所呈现的测评结果，评价公司品牌推广人员的个人素质水平及品牌推广队伍的整体素质水平，并针对其优势和劣势提出相应的人事决策建议。

6. 撰写素质测评报告

素质测评结束后，测评专家应将此次素质测评的实施过程、获得的测评数据、反映的结论以及人事决策建议写成书面报告，提交公司领导。

【微课堂】

1. 营销人员应具备的素质有哪些？
2. 对营销人员的素质测评方法有哪些？

12.4 财务人员素质测评

企业的管理决策信息与会计信息（资产负债表、现金流量表、损益表等）高度相关，财务人员的专业水平和职业素养与会计信息的严密性和真实性也高度相关，企业雇用具备良好素质的财务人员可以为企业节约管理成本和决策失误的成本。

12.4.1 财务人员素质指标体系

财务人员的素质构成主要包括生理与心理素质、知识经验素质和技能与能力素质3个方面。根据其素质构成，可以初步分析出财务人员的素质测评内容。另外，基础财务人员和投资融资人员对各种能力素质的要求不同，测评的重点也不同，如表12-11所示。

表 12-11 财务人员素质测评指标

测评要素		财务人员分类	
测评维度	测评内容	基础财务人员	投资融资人员
生理素质	体质	良好的身体素质	良好的身体素质
	精力	工作精力充沛，注意力集中	工作精力充沛，注意力集中
	外在形象	职业化形象	职业化形象

测评要素		财务人员分类	
测评维度	测评内容	基础财务人员	投资融资人员
心理素质	个性特征	较低的乐群性和忧虑性、较高的有恒性和敏感性、一般的敢为性	
	职业兴趣	常规型	常规型
	职业素养	廉洁自律性、团队意识、忠诚度、严谨求实、责任心	成就动机、责任心、敬业精神、自信心、严谨求实、成本意识
知识经验素质	专业知识、公司相关知识、常识性知识	财务专业知识、会计从业经验	财经知识,金融、证券、投融资管理知识
技能与能力素质	人际沟通能力、判断分析能力、会计核算能力等	智力、数字敏感性、自控能力、数字反应能力、理解判断能力、书面表达能力、关注细节能力、会计核算能力	智力、数字敏感性、沟通能力、数字反应能力、关注细节能力、财务管理能力、投资分析能力、财务分析能力、预期应变能力

12.4.2　财务人员素质测评方法

财务人员素质测评可采用表 12-12 中所示方法。

表 12-12　　　　　　　　　　　财务人员素质测评通用方法

测评维度		测评方法	工具（量表）	素质水平
生理素质		体检表分析	体检表	（1）体质：身体健康状况良好，无"器质性"疾病 （2）精力：良好的耐力、较强的承受力
心理素质	个性特征	心理测试	16PF 测评量表	低乐群性（A）、低忧虑性（O）、高有恒性（G）、高敏感性（I）、一般敢为性（H）
	职业兴趣	心理测试	霍兰德职业兴趣测评量表	职业兴趣倾向于常规型（C 型得分最高）
	诚信倾向	面谈、笔试	诚信倾向问卷	诚实，讲信用
知识素质		笔试	自制测试试卷	财务专业知识达到良好以上的水平
技能与能力素质		评价中心技术	评价中心技术	财务操作技能必须达到熟练程度

12.4.3　财务人员素质测评方案

财务人员素质测评方案如下所示。

××公司基于聘用目的的会计人员素质测评方案

　　××公司人力资源部在发出会计人员招聘广告后,收到很多求职简历。经过对简历的分析,初步筛选出 10 名合格人选。接下来需要从这 10 名求职者中挑选出一名与本企业会计岗位相宜的会计人员。

　　1. 成立测评小组

　　人力资源部经理选择人力资源招聘主管、财务经理、会计主管与自己共同组成测评小组,负责测评过程中的全部事宜,包括分析职位说明书、确定岗位胜任素质、建立测评指标体系、确定合适的测评方法,实施素质测评、评分,处理评分结果、评价被测评者的素质以及报告测评结果。

　　2. 建立测评指标体系

　　（1）确定岗位胜任素质

　　通过分析会计人员的工作职责、任职资格及职业技能要求,结合行为事件访谈法,调查会计人员的岗位胜任素质。经分析和调查，最终确定会计人员的岗位胜任素质主要包括职业素养、一般能力倾向、专业知识与技能、沟通协调能力4个方面。

（2）确立测评要素

分析上述4个胜任要素，将其分解成更详细的测评要素，并对每个要素进行简单的定义，使得每个测评者都理解其含义，以便进行科学的评分。

（3）确定权重

运用调查表调查每个要素对会计人员胜任岗位的重要程度，从而确定每个要素的权重，以便进行综合评价。

（4）确定测评标志和测评标度，建立指标体系

3．选择测评方法

① 财务专业知识测试：编制财务专业知识测评试卷。

② 心理测试：选择GATB测评量表中的部分题目，方向侧重于数理能力、语言理解与表达能力、判断推理能力、资料分析能力4个角度，编制成《一般能力倾向试卷》以测评所有应聘者的一般能力倾向。

③ 结构化面试：对于职业素养和沟通协调能力，可运用结构化面试来测评，并编写基于上述胜任素质的面试提纲。

4．实施素质测评

整个测评分成两个单元进行，共用2天时间完成。第一单元为笔试，主要包括财务专业知识测试和心理测试。通过这一单元，从10人中筛选出5人进行第二单元的结构化面试。上午实施测试，下午出测试结果并决定面试人选。第二单元为结构化面试，主要由人力资源部经理主持。

5．处理测评结果及素质评价

对心理测试和知识测试的结果进行统计处理，得出最终的素质评分。针对素质测评的结果为会计人员个人和整体会计人员编写测评报告，并提出相应的人事建议。

【微课堂】

1．财务人员应具备的素质有哪些？
2．对财务人员的素质测评方法有哪些？

复习与思考

1．简述生产人员素质测评指标体系。
2．简述营销人员素质测评通用要素指标。

3. 列举几种使用频率较高的人才测评工具。
4. 阐述在设计测评内容时应注意的问题。

知识链接

诺姆四达的人才测评简介

诺姆四达以帮助一流企业建立真正的人才竞争优势为使命，全方位提供包括人才测评、人才管理平台开发、领导力发展、胜任力模型构建及应用、评价中心构建、行动学习、人才战略发展规划、绩效体系构建、薪酬体系构建、培养体系构建等在内的人才管理与人力资源咨询等服务。

诺姆四达结合多年的研发成果，在原有测评系统的基础上，开发出了一系列有针对性的特色经典测评产品，包括大学生职业心理稳定性测评、工作行为风格测评、员工满意度测评等。

技能实训

实训内容：设计一则采购人员的素质测评方案

某公司为了提高招聘的采购人员的质量，现在需要做一份关于采购人员素质的测评方案。假如你是人力资源部的负责人，请参照下面的格式完成该类人员素质测评方案的设计。

采购人员素质测评方案

一、组建测评小组

二、确定采购人员的胜任素质

三、选择测评方法和工具

四、测评的组织与实施

五、测评结果的统计与反馈